EL LIBRO DE LOS TRANSPORTES

SOBRE EL AUTOR

Las obras de Clive Gifford han sido premiadas por la Royal Society Young People y la School Library Association. Ha escrito más de 150 libros, entre los que están *Wow! Science*, *Car Crazy* y *Super Trucks*.

EL LIBRO DE LOS TRANSPORTES

ESCRITO POR **CLIVE GIFFORD**

DK India
Edición del proyecto Sneha Sunder Benjamin
Edición de arte del proyecto Vaibhav Rastogi
Edición Medha Gupta
Edición de arte Rakesh Khundongbam
Asistencia editorial Isha Sharma
Asistencia editorial de arte Anusri Saha, Riti Sodhi
Diseño de cubierta Dhirendra Singh
Edición ejecutiva de cubierta Saloni Singh
Diseño de maquetación Jaypal Chauhan
Diseño de maquetación sénior Harish Aggarwal, Neeraj Bhatia
Documentación iconográfica Aditya Katyal
Edición ejecutiva Rohan Sinha
Edición ejecutiva de arte Sudakshina Basu
Dirección de preproducción Balwant Singh
Dirección de producción Pankaj Sharma

DK Reino Unido
Edición sénior Francesca Baines
Edición de arte sénior Rachael Grady
Diseño de cubierta Mark Cavanagh
Asistencia de cubierta Claire Gell
Edición ejecutiva Linda Esposito
Edición ejecutiva de arte Philip Letsu
Control de preproducción Nikoleta Parasaki, Gillian Reid
Control de producción Srijana Gurung
Dirección de desarrollo de diseño Sophia MTT
Dirección editorial Andrew Macintyre
Dirección de arte Karen Self
Subdirección de publicaciones Liz Wheeler
Dirección de publicaciones Jonathan Metcalf

De la edición en español:
Coordinación editorial Cristina Gómez de las Cortinas
Asistencia editorial y producción Eduard Sepúlveda

Servicios editoriales Tinta Simpàtica
Traducción Ruben Giró Anglada

Publicado originalmente en Gran Bretaña
en 2015 por Dorling Kindersley Limited
DK, One Embassy Gardens, 8 Viaduct Gardens,
Londres, SW11 7BW
Parte de Penguin Random House

CONTENIDOS

KTM 350 SX-F

Peel P50

New Holland T6.140

Prólogo

Bienvenido al mundo de los coches rápidos y los aviones mucho más rápidos, las embarcaciones imponentes, fantásticas motocicletas y camiones y trenes de potencia nunca vista. En las páginas de este extraordinario libro sobre el transporte encontrarás todo tipo de máquinas que sirven para desplazar personas, bienes y materiales.

Toda la vida me ha fascinado el transporte. Mi padre volaba con planeador y trabajó para una de las primeras líneas aéreas británicas, con las que muchas personas pudieron hacer sus primeros viajes aéreos. Recuerdo que, cuando yo tenía once años, me llevó a un espectáculo aeronáutico: vimos todo tipo de naves fantásticas, desde enormes bombarderos hasta ligeros biplanos acrobáticos. Fue increíble, igual que los camiones gigantes y dos Ferraris que había en el aparcamiento. Quedé fascinado, y siempre me ha atraído cualquier forma de transporte.

Este libro está lleno de vehículos, naves y barcos que nos han permitido desplazarnos más lejos, más rápido y con mayor facilidad, desde la bicicleta urbana más ingeniosa hasta el tren diésel más potente. Muchos han cambiado la vida de las personas y cómo y dónde viven y trabajan. Antes de la aparición de los coches, los trenes,

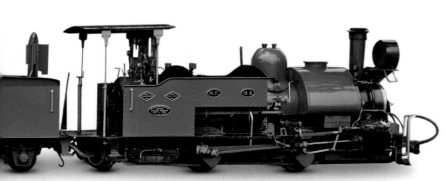

DHR Clase B

De Dion-Bouton Tipo O

Bücker Bü133C Jungmeister

Globo aerostático de los Montgolfier

los barcos y los aviones modernos, muy pocas personas se alejaban del lugar en el que habían nacido, y muchas menos se embarcaban en grandes viajes a países de ultramar. Hoy, viajes que antes duraban semanas son cuestión de horas; además, puedes cruzar el planeta entero en menos de un día a bordo de un gran avión de reacción. Los avances en el transporte han hecho que las personas exploren y colonicen nuevas tierras, hagan grandes descubrimientos en el mundo e incluso salgan del planeta para explorar la inmensidad del espacio.

Clive Gifford

En el libro encontrarás recuadros que ilustran el tamaño de los tipos de transporte comparados con un niño o un autobús escolar.

Niño = 1,45 m de altura

Autobús escolar = 11 m

Monociclo

Sea-Doo® Spark™

John Deere 650K XLT

En el asfalto

El primer automóvil apareció en 1769 y fue un carro con motor de vapor que se desplazaba a una velocidad máxima de 4 km/h. Con los años, un gran número de invenciones han ayudado a dar forma a los vehículos de motor modernos. Más de 1000 millones de coches circulan hoy por las carreteras del mundo.

1769
El inventor francés Nicolas-Joseph Cugnot fabrica el primer automóvil funcional.

1868 Se instalan en Londres, Reino Unido, los primeros semáforos. ¡Pronto se popularizarían!

1927
El Napier-Campbell *Blue Bird* establece el récord de velocidad en tierra en 314 km/h.

1876
El ingeniero alemán Nikolaus Otto construye el primer motor de combustión interna.

1885
El Benz Motorwagen, el primer vehículo con ruedas y motor de combustión interna, llega a las carreteras.

Blue Bird

1850

1900

1894
En Alemania, Hildebrand y Wolfmüller fabrican la Motorrad, la primera motocicleta de producción.

1880
Varios inventores desarrollan las llamadas «bicicletas de seguridad», propulsadas por un mecanismo de pedales y cadena.

1908
El Ford Modelo T sale al mercado de Estados Unidos. Se convierte en el primer coche producido en masa en una cadena de montaje.

1871
Se diseña el biciclo, la primera bicicleta con una enorme rueda delantera para ganar velocidad.

1916 El primer tanque armado funcional, el Mark 1, entra en los campos de batalla de Francia en la Primera Guerra Mundial.

Ford Modelo T

1979 Bob Chandler crea en Estados Unidos Bigfoot, el primer *monster truck*, para circular fuera de pista.

2013 La empresa británica FlashPark inventa una multa de aparcamiento que habla.

1938

El Volkswagen Tipo 1, o Escarabajo, empieza a salir de las cadenas de producción en Alemania. Con los años, se fabrican 21,5 millones.

1997

El Thrust SSC establece el récord mundial de velocidad en tierra a 1228 km/h, más rápido que la velocidad del sonido.

1950

El italiano Giuseppe Farina gana el primer Campeonato del Mundo de Fórmula 1 con su Alfa Romeo 159.

1980

El atasco de tráfico más largo del mundo, de 170 km, bloquea las carreteras de Francia.

1950

2000

1946

En Italia, Vespa produce su primer escúter e inicia una moda que dura todavía.

1981

Stumpjumper, la primera bicicleta de montaña de producción masiva, sale a la venta en Estados Unidos.

2005

Un Bugatti Veyron establece el récord de velocidad de un coche de serie al alcanzar 407 km/h.

1940

Aparece el todoterreno, camioneta polivalente ligera.

Jeep

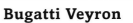

Bugatti Veyron

1949 Sierra Sam es el primer maniquí de prueba de choque integral usado para probar las características de seguridad de los coches.

9

Por la vía

Las locomotoras de vapor iniciaron una revolución en el transporte a principios de la década de 1800 que aceleró el movimiento de personas y productos por todo el mundo. Hoy, las locomotoras diésel y eléctricas han sustituido a las de vapor.

1913
Se inaugura la Grand Central en Nueva York. Se trata de la estación de ferrocarril que tiene más vías: un total de 67.

1829
La primera locomotora de vapor moderna, la *Rocket*, construida por Robert Stephenson, marca nuevos récords de velocidad.

1830 Primer servicio interurbano de pasajeros de vapor, la línea de tren entre Liverpool y Mánchester.

1881
Empieza el primer servicio de tranvía eléctrico en Berlín, Alemania.

1770
El inventor escocés James Watt inventa la máquina de vapor compuesta, que propulsará las primeras locomotoras.

1869
Se completa el primer ferrocarril transcontinental que cruza todo Estados Unidos, con un total de 3069 km de vías.

1800

1850

1900

1804
El inventor británico Richard Trevithick fabrica la locomotora *Pen-y-Darren* para utilizarla en las minas.

1863
El primer tren subterráneo urbano, la Metropolitan Line, abre en Londres, Reino Unido.

1906
Se abre el túnel Simplon, que conecta Italia y Suiza por debajo de los Alpes. Es el túnel ferroviario más largo del mundo.

1914
En la Primera Guerra Mundial, el tren muestra su gran valor para mover tropas y suministros.

Locomotora Pen-y-Darren

L N E R 4468

Golden Eagle, exprés transiberiano

1916

Se completa la línea ferroviaria más larga del mundo: el ferrocarril transiberiano en Rusia. Tiene un recorrido de 9289 km.

1937

El inventor alemán Hermann Kemper desarrolla la levitación magnética (maglev) para impulsar trenes.

1960

Los ferrocarriles franceses introducen el primer servicio a 200 km/h del mundo: el Le Capitole.

1964

El primer tren bala del mundo, el *Shinkansen*, conecta Tokio con otras ciudades de Japón.

1984

En el Reino Unido se inaugura el primer sistema de transporte maglev comercial del mundo, conecta el aeropuerto internacional de Birmingham con sus terminales.

1994

Se inaugura el Eurotúnel, el servicio de alta velocidad entre Londres y París.

2012

El metro de Tokio transporta 3290 millones de pasajeros en un año y se convierte en el sistema de metro más usado del mundo.

1950

2000

1955

Tiene lugar la prueba inicial de la locomotora English Electric *Deltic*, la locomotora diésel más potente del mundo.

1975

En el Reino Unido, el InterCity HST se convierte en el tren diésel más rápido del mundo.

2007

Un TGV francés experimental establece el récord del tren eléctrico más rápido del mundo a una velocidad de 574 km/h.

2015

Primer viaje de prueba con pasajeros del nuevo sistema ferroviario maglev de Japón. Los trenes llegan a una velocidad de 600 km/h.

1938

La *Mallard* establece el récord del mundo como la locomotora de vapor más rápida de la historia, a una velocidad de más de 200 km/h.

1988 Se construye el túnel más largo del mundo bajo el agua, el túnel Seikan, de 53,9 km, para conectar dos islas japonesas.

Por el agua

Llevamos tanto tiempo viajando por el agua que es imposible saber con exactitud cuándo se construyeron los primeros barcos. Aunque algunos hayan cambiado poco con el paso de los siglos, hoy también tenemos modernas lanchas, buques imponentes y gigantescos cruceros que surcan las aguas del mundo.

1768
El capitán James Cook leva anclas en Inglaterra para explorar el Pacífico sur. Realiza un viaje de tres años y cubre más de 48 000 km.

Santa María

1492
El explorador Cristóbal Colón parte hacia occidente desde España en la *Santa María*. Cruza el océano Atlántico y llega a las Bahamas.

1661
Tiene lugar la primera regata de vela entre el rey inglés Carlos II y su hermano Jaime, en el río Támesis, en Londres, Reino Unido.

1500

1600

1700

1510
El barco inglés *Mary Rose* es uno de los primeros que cuenta con portas, ventanas para disparar los cañones.

1620
El *Mayflower* leva anclas en Plymouth, Inglaterra, con 102 peregrinos que van a colonizar el Nuevo Mundo (América).

1716
A principios del siglo XVII, el Caribe era un mar muy peligroso, lleno de piratas que asaltaban los barcos españoles cargados de tesoros.

Mayflower

1519
El navegante portugués Fernando de Magallanes parte con una flota de cinco barcos. Solo uno conseguirá volver en 1522, tras completar el primer viaje alrededor del mundo.

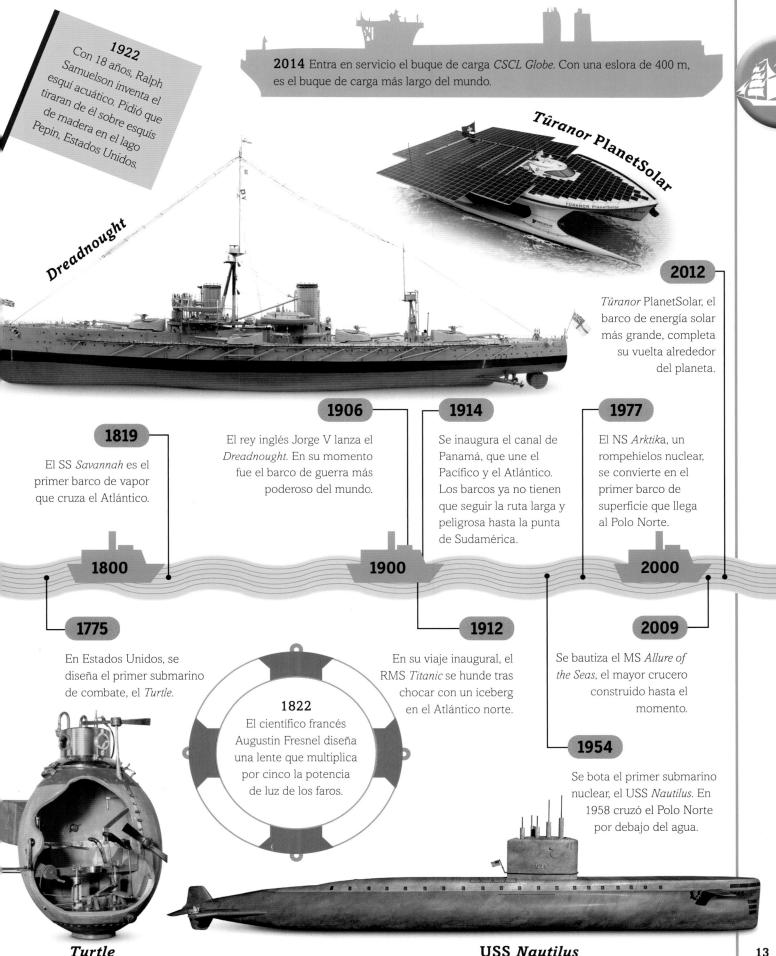

1922
Con 18 años, Ralph Samuelson inventa el esquí acuático. Pidió que tiraran de él sobre esquís de madera en el lago Pepin, Estados Unidos.

2014 Entra en servicio el buque de carga *CSCL Globe*. Con una eslora de 400 m, es el buque de carga más largo del mundo.

Tûranor PlanetSolar

Dreadnought

2012
Tûranor PlanetSolar, el barco de energía solar más grande, completa su vuelta alrededor del planeta.

1906
El rey inglés Jorge V lanza el *Dreadnought*. En su momento fue el barco de guerra más poderoso del mundo.

1914
Se inaugura el canal de Panamá, que une el Pacífico y el Atlántico. Los barcos ya no tienen que seguir la ruta larga y peligrosa hasta la punta de Sudamérica.

1977
El NS *Arktik*a, un rompehielos nuclear, se convierte en el primer barco de superficie que llega al Polo Norte.

1819
El SS *Savannah* es el primer barco de vapor que cruza el Atlántico.

1800

1900

2000

1775
En Estados Unidos, se diseña el primer submarino de combate, el *Turtle*.

1822
El científico francés Augustin Fresnel diseña una lente que multiplica por cinco la potencia de luz de los faros.

1912
En su viaje inaugural, el RMS *Titanic* se hunde tras chocar con un iceberg en el Atlántico norte.

2009
Se bautiza el MS *Allure of the Seas*, el mayor crucero construido hasta el momento.

1954
Se bota el primer submarino nuclear, el USS *Nautilus*. En 1958 cruzó el Polo Norte por debajo del agua.

Turtle

USS *Nautilus*

En el aire

La historia del vuelo a motor despegó el año 1903, cuando los hermanos estadounidenses Wilbur y Orville Wright instalaron un motor a un planeador y se mantuvieron en el aire 12 segundos. Este breve vuelo fue el primer paso hacia los reactores supersónicos, los aviones gigantes de pasajeros e incluso las naves espaciales.

1913 El ruso Pyotr Nesterov es el primer piloto capaz de realizar un bucle en el aire.

1785 El francés Jean-Pierre Blanchard y el estadounidense John Jeffries cruzan el canal de la Mancha a bordo de un globo.

1783

En París, Francia, el globo aerostático de los hermanos Montgolfier protagoniza el primer vuelo tripulado, que dura 25 minutos.

1900 La primera aeronave rígida, el Zeppelin LZ1, realiza su vuelo inaugural en Alemania.

1903

La primera máquina voladora de motor de los hermanos Wright, el *Wright Flyer*, despega en Estados Unidos.

1850

1900

1907

Paul Cornu, un ingeniero francés, realiza el primer vuelo en un autogiro, el precursor del helicóptero.

1896

El inventor estadounidense Samuel Pierpont Langley hace volar su aeronave de vapor, el *Aerodrome*.

1891

El alemán Otto Lilienthal, el «hombre volador», hace más de 2000 vuelos con una serie de planeadores de alas fijas.

1852

La aeronave con motor de vapor del francés Jules Henri Giffard hace su primer vuelo, lo que confirma que es posible el vuelo controlado.

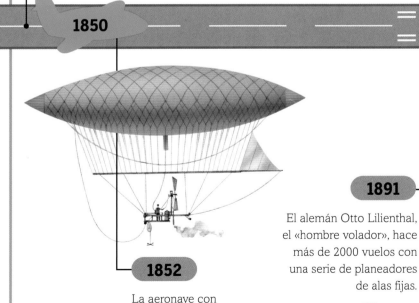

El Normal Apparatus de Lilienthal

1930 Ellen Church, enfermera de profesión, se convierte en la primera asistente de vuelo.

Transbordador espacial Columbia

USA

1969

En el Reino Unido, el Hawker Siddeley Harrier es el primer reactor militar con despegue y aterrizaje vertical.

1969

La nave espacial *Apolo 11* despega rumbo a la Luna. Dos de sus astronautas son las primeras personas que caminan por el satélite.

1981

El transbordador espacial *Columbia* despega de cabo Cañaveral, Estados Unidos, en su primera misión espacial.

1938

El estadounidense Boeing 307 Stratoliner, el primer avión de pasajeros con cabina presurizada, hace que el vuelo sea una experiencia agradable para los pasajeros.

1950

2000

1952

Entra en servicio en el Reino Unido el primer reactor comercial de pasajeros, el De Havilland Comet.

British airways

1927

El estadounidense Charles Lindbergh realiza el primer vuelo sin escalas a través del Atlántico norte con su Ryan NYP *Spirit of St. Louis*; cubre una distancia de más de 5800 km.

1961

El cosmonauta ruso Yuri Gagarin es el primer hombre que va al espacio. Orbita la Tierra durante 108 minutos a bordo de la nave espacial *Vostok 1*.

1976

El avión supersónico británico-francés Concorde empieza a ofrecer sus servicios.

2014

Tras un trayecto de diez años, la nave espacial *Rosetta* de la Agencia Espacial Europea llega a un cometa y su sonda aterriza en su superficie.

1949 Un B-50 Superfortress hace el primer vuelo alrededor del mundo sin escalas. ¡Reposta combustible cuatro veces en pleno vuelo!

15

TIERRA

Fuerza animal

El piloto, o musher, da órdenes a los perros

Trineo de huskies Región ártica

Los carros romanos de **cuatro caballos** podían alcanzar 50 km/h.

Rueda con radios de madera

Carro
Roma, 200 a. C.

Arnés de cuero

Cubierta de lona sobre una estructura de hierro para proteger de las inclemencias

Respaldo recto

Calesa Liverpool
Reino Unido, década de 1800

Las riendas van unidas al bocado

Carreta chuckwagon
Estados Unidos, 1866

Carro Conestoga
Estados Unidos, siglos XVIII y XIX

El Glass Coach se emplea en las **bodas** de la familia real británica.

Linternas de cristal

Glass Coach
Reino Unido, 1881

Durante miles de años, se ha aprovechado la fuerza de los animales para transportar personas y cosas. Se han usado caballos, mulas, bueyes, perros y renos para tirar de trineos o carros; y en algunos lugares todavía se hace así.

Hacia el año 3000 a. C. ya se usaban animales para tirar de los primeros carros de batalla en Oriente Medio y Asia. Más tarde, los romanos convirtieron las carreras de carros en un deporte. Los carros crecieron cuando los pioneros cruzaron Norteamérica en los siglos XVIII y XIX. El carro

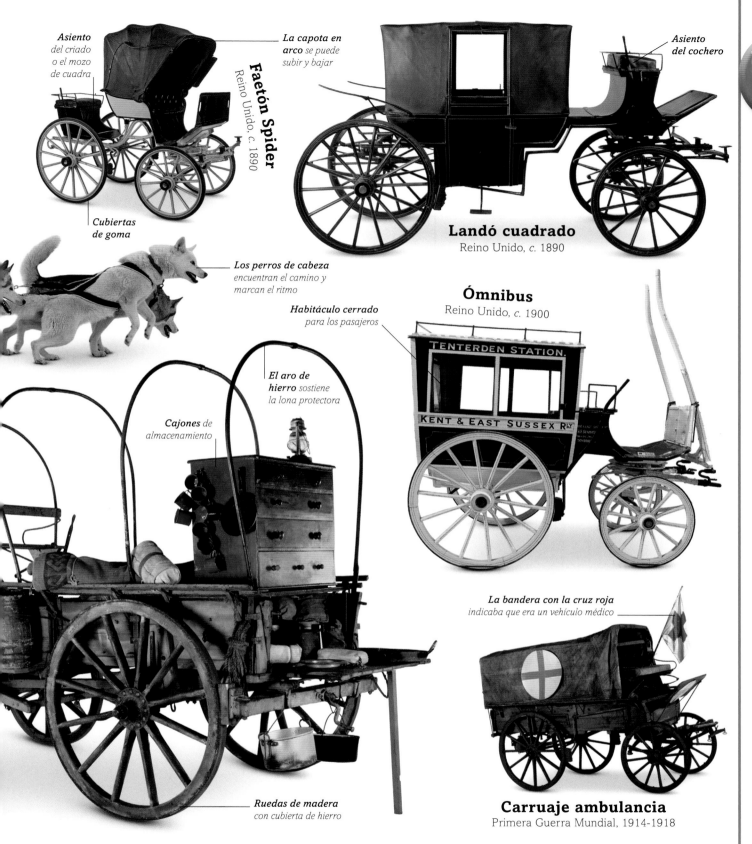

Faetón Spider
Reino Unido, *c.* 1890

Asiento
del criado
o el mozo
de cuadra

La capota en
arco se puede
subir y bajar

Asiento
del cochero

Cubiertas
de goma

Landó cuadrado
Reino Unido, *c.* 1890

Los perros de cabeza
encuentran el camino y
marcan el ritmo

Ómnibus
Reino Unido, *c.* 1900

Habitáculo cerrado
para los pasajeros

TENTERDEN STATION.

El aro de
hierro sostiene
la lona protectora

KENT & EAST SUSSEX RLY

Cajones de
almacenamiento

La bandera con la cruz roja
indicaba que era un vehículo médico

Carruaje ambulancia
Primera Guerra Mundial, 1914-1918

Ruedas de madera
con cubierta de hierro

Conestoga, cubierto y de cuatro ruedas, podía llevar hasta 5 toneladas de herramientas, comida y enseres; normalmente iba tirado por bueyes. Pronto hubo cocinas totalmente operativas sobre ruedas, las carretas *chuckwagons*, que seguían a los vaqueros que cuidaban de sus rebaños por todo el país. En las ciudades, los carruajes ligeros, como la calesa Liverpool o el faetón Spider, llevaban hasta dos personas en trayectos cortos, mientras que los carruajes más grandes, como el Square landau, podían transportar hasta cuatro personas con una mayor comodidad.

CARAVANA DE CAMELLOS
¡Abran paso, que llega un convoy! La expedición se compone de camellos cargados de sal, el oro blanco de Etiopía, de las salinas de Danakil. La sal, muy apreciada tanto para condimentar la comida como para conservarla, se extrae en losas, que se cortan en bloques y se empaquetan a lomos de los camellos, el mejor animal de carga para el desierto.

Las caravanas de animales (camellos, caballos, mulas, yaks, llamas e incluso elefantes) se han utilizado para transportar alimentos, materiales y productos para el comercio. Los camellos son conocidos por su capacidad para soportar el calor y la escasez de agua, lo que los hace perfectos para el transporte de carga a través del desierto. La ruta que cruza Etiopía, desde Danakil a Mekele, es un trayecto de 100 km a través de uno de los lugares más calurosos de la Tierra, con abrasadoras temperaturas de más de 50 °C. Las caravanas de sal llevan más de 2000 años cruzando el Sahara. En el pasado, las hileras se componían de miles de camellos, pero actualmente son más habituales los grupos de entre 20 y 30.

Bicicleta

Las bicicletas son una buena forma de desplazarse. Se va cuatro o cinco veces más rápido que a pie consumiendo la misma energía. Pese a su variedad, casi todas tienen las mismas partes principales. La cadena, arrastrada por el plato que impulsan los pedales, transmite la fuerza a la rueda trasera, que gira y hace avanzar la bicicleta.

Sillín ❯ El asiento de la bicicleta puede ser sólido o acolchado para hacerlo más cómodo. Está fijado a la barra del sillín, que se desliza por el tubo del sillín.

Barra del sillín

Cable de freno trasero

Tubo del sillín

Freno trasero

Rueda y cubierta ❯
La cubierta puede tener varios diseños en su superficie. Esta bicicleta tiene las cubiertas con dibujo liso para ir por carretera. Las de las bicicletas de montaña tienen un dibujo con más relieve para un mejor agarre.

Cable del cambio

Desviador trasero ❯
El desviador mueve la cadena entre los distintos piñones.

Radios ❯ Los radios, finos y fuertes, conectan la llanta con el centro, o buje. Gracias a ellos las ruedas son resistentes y ligeras; además, dejan pasar el aire cuando la rueda avanza de cara al viento.

Plato

Buje del pedalier

Cadena

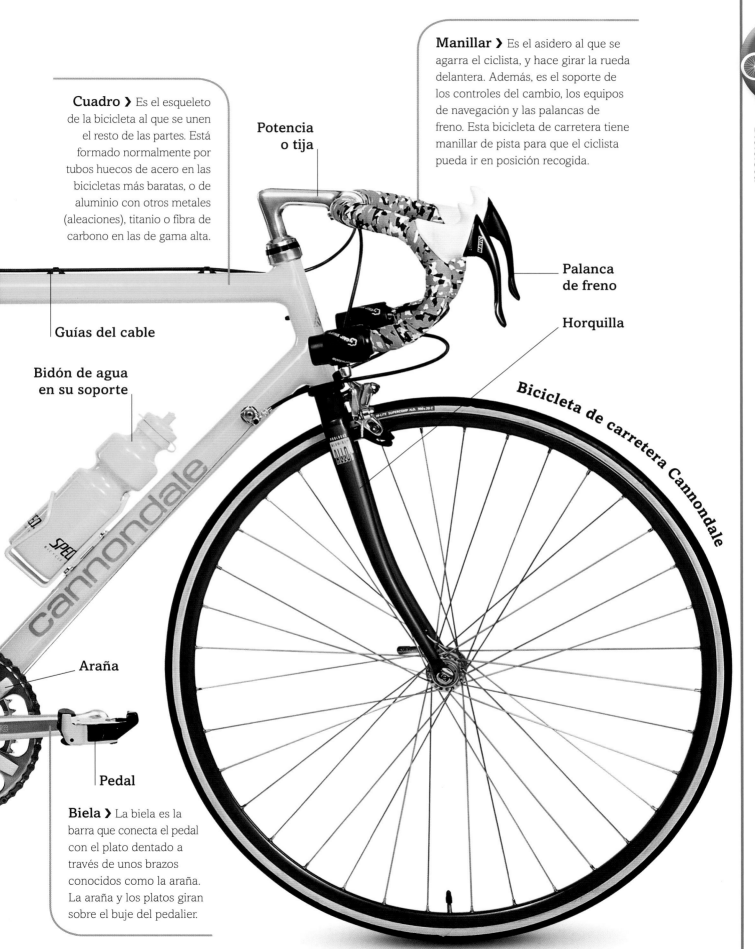

Cuadro > Es el esqueleto de la bicicleta al que se unen el resto de las partes. Está formado normalmente por tubos huecos de acero en las bicicletas más baratas, o de aluminio con otros metales (aleaciones), titanio o fibra de carbono en las de gama alta.

Potencia o tija

Manillar > Es el asidero al que se agarra el ciclista, y hace girar la rueda delantera. Además, es el soporte de los controles del cambio, los equipos de navegación y las palancas de freno. Esta bicicleta de carretera tiene manillar de pista para que el ciclista pueda ir en posición recogida.

Palanca de freno

Horquilla

Guías del cable

Bidón de agua en su soporte

Bicicleta de carretera Cannondale

Araña

Pedal

Biela > La biela es la barra que conecta el pedal con el plato dentado a través de unos brazos conocidos como la araña. La araña y los platos giran sobre el buje del pedalier.

A golpe de pedal

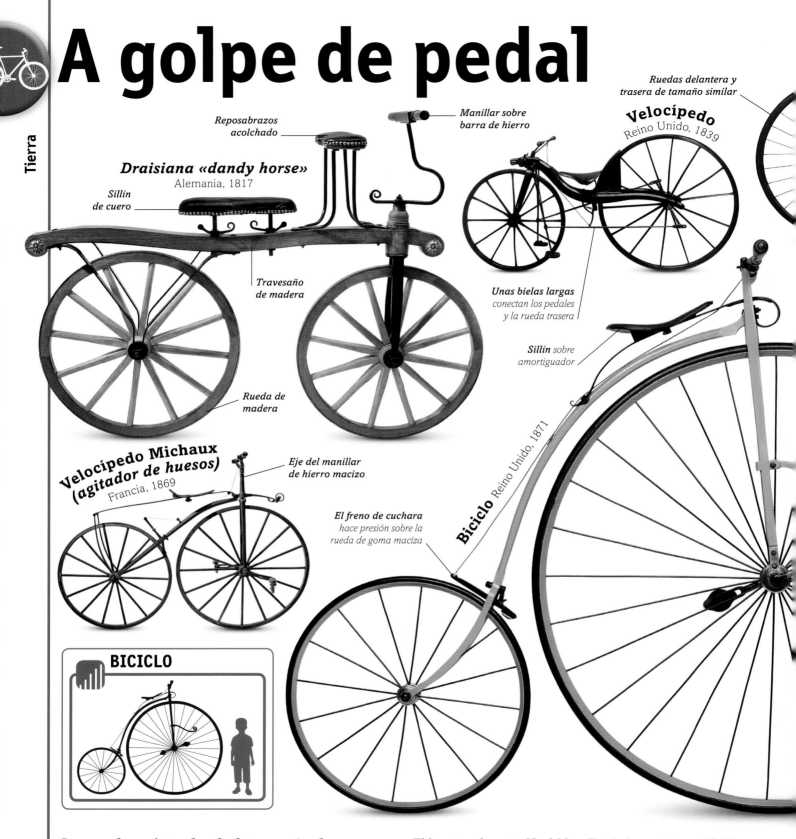

Draisiana «dandy horse»
Alemania, 1817

Reposabrazos acolchado

Manillar sobre barra de hierro

Sillín de cuero

Travesaño de madera

Rueda de madera

Velocípedo
Reino Unido, 1839

Ruedas delantera y trasera de tamaño similar

Unas bielas largas conectan los pedales y la rueda trasera

Sillín sobre amortiguador

Velocípedo Michaux (agitador de huesos)
Francia, 1869

Eje del manillar de hierro macizo

El freno de cuchara hace presión sobre la rueda de goma maciza

Biciclo Reino Unido, 1871

BICICLO

La rueda existe desde hace más de 5000 años, así que es sorprendente que haga solo 200 años que alguien tuviera la idea de colocar dos ruedas en un armazón para crear un medio de transporte personal a pedales.

El barón alemán Karl Von Drais inventó en 1817 el **«dandy horse»**, con sillín y manillar; el piloto la propulsaba empujándose con los pies en el suelo. Fue el primer paso hacia otras máquinas de propulsión humana, incluido el **velocípedo de Michaux**, con su rueda delantera con pedales.

Bicicleta Rover Reino Unido, 1885

Los tubos de acero tienen forma de rombo

La rueda delantera del biciclo funciona como una rueda trasera

Triciclo Singer Reino Unido, 1888

Horquilla delantera recta

La cadena transmite la fuerza de los pedales a la rueda trasera

Gran rueda delantera de hasta 1,5 m de diámetro

En **1885** la bicicleta Rover ganó una carrera de **160 km** en el Reino Unido en 7 h y 5 min.

Ruedas de goma maciza, sustituidas por ruedas neumáticas (con aire) a partir de 1888

Bicicleta Swift Reino Unido, 1887

Un guardabarros cubría la pequeña rueda trasera

Horquilla delantera curva

Bicicleta enana Facile Reino Unido, 1888

Bicicleta Singer Reino Unido, 1888

En **1884**, Thomas Stevens cruzó **Estados Unidos** con un **biciclo**.

El sillín, de 40 m de cuerda trenzada, pesa 100 g

Bicicleta Dursley Pedersen Reino Unido, 1898-1899

La experiencia de sus «cubiertas» de hierro sobre los adoquines le valió el apodo de *agitador de huesos*. Los primeros **biciclos** no tenían cadena, platos o piñones, pero contaban con unas ruedas delanteras más grandes para alcanzar mayor velocidad. El ciclista iba muy alto y solía caer.

Se buscaron alternativas, como unir dos ruedas delanteras de biciclo para formar las traseras del **triciclo Singer** o usar una cadena para impulsar la rueda trasera, como en la **bicicleta Rover**. El diseño acabó siendo el de la bicicleta moderna de ruedas de tamaño similar.

Ruedas veloces

Dedacciai Strada Assoluto Italia, 2011

Rueda trasera con radios y llanta de fibra de carbono

Manillar encintado

Isaac Force Alemania, 2005

Barra del sillín

Neumáticos hinchados con helio para ahorrar 10-15 g por rueda

Cuadro de fibra de carbono moldeado

Esta revolucionaria bicicleta de pista pesaba solo **9 kg**.

Las bicicletas para mujeres suelen tener el manillar más estrecho

De piñón fijo

Marin Ravenna A6WFG Estados Unidos, 2012

Si te fascina la velocidad, nada como una bicicleta de carreras. Diseñadas para ir rápido sobre superficies lisas, las bicicletas de carreras son ligeras, tienen el sillín elevado y el manillar bajo.

No todas las bicicletas de carreras se usan para competir. Muchos ciclistas las tienen para llegar rápido al trabajo o para hacer ejercicio. El diseño de su cuadro es distinto para hombres y mujeres; la **Ravenna A6WFG** es una bicicleta de carreras para mujeres para competiciones de resistencia.

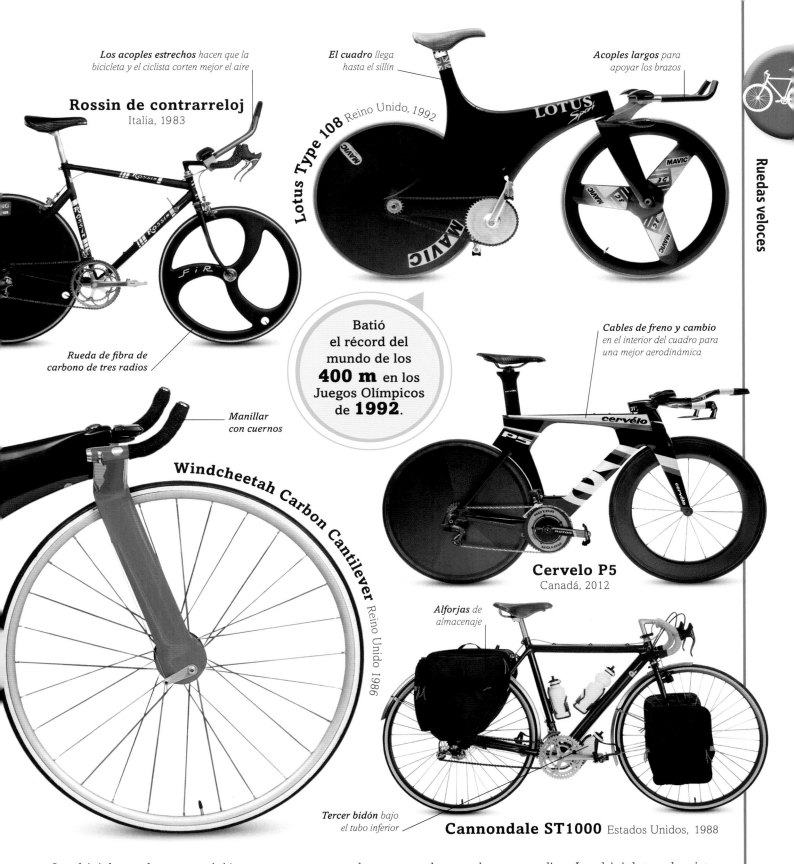

Los acoples estrechos *hacen que la bicicleta y el ciclista corten mejor el aire*

Rossin de contrarreloj
Italia, 1983

El cuadro *llega hasta el sillín*

Acoples largos *para apoyar los brazos*

Lotus Type 108 *Reino Unido, 1992*

Rueda de fibra de carbono de tres radios

Batió el récord del mundo de los **400 m** en los Juegos Olímpicos de **1992**.

Cables de freno y cambio en el interior del cuadro para una mejor aerodinámica

Manillar con cuernos

Windcheetah Carbon Cantilever *Reino Unido 1986*

Cervelo P5
Canadá, 2012

Alforjas *de almacenaje*

Tercer bidón *bajo el tubo inferior*

Cannondale ST1000 *Estados Unidos, 1988*

Las bicicletas de competición cuentan con cuadros superligeros de aleaciones de aluminio o titanio, o fibra de carbono. El cuadro de fibra de carbono de la **Assoluto** pesa tan solo 1,1 kg. Las de pista, contrarreloj y triatlón, como la **Cervelo P5**, llevan ruedas traseras lenticulares, más aerodinámicas que las ruedas con radios. Las bicicletas de pista de cuerpo sólido, como la **Windcheetah Carbon Cantilever**, aparecieron en la década de 1980 con cuerpo sólido de fibra de carbono. Se hicieron pruebas en el túnel de viento para hacerlas lo más aerodinámicas posible.

ESPRINT FINAL
Se nota el sufrimiento de estos esprínteres esforzándose en los metros finales de una durísima etapa de la carrera ciclista más famosa del mundo: el Tour de Francia. En esta etapa, la décima del Tour 2011, recorrieron 158 km. André Greipel de Alemania (derecha) cruza la meta un instante antes que Mark Cavendish del Reino Unido (izquierda). Ambos marcaron un mismo tiempo de 3 horas, 31 minutos y 21 segundos.

El Tour de Francia se disputa durante tres semanas cada verano y cubre más de 3500 km, divididos en 21 etapas. Cada año cambia la ruta por Francia, a veces pasa por otros países europeos, pero siempre supone un desafío para los ciclistas por todo tipo de terrenos, con etapas de llano, de media montaña y de montaña. Suelen participar unos 20 equipos, cada uno con nueve integrantes. Cada día se suma el tiempo que marca cada ciclista y el competidor con el menor tiempo global acaba poniéndose el prestigioso maillot amarillo. Además, también hay premios para el mejor esprínter (maillot verde), el mejor escalador (maillot de lunares rojos), el mejor ciclista menor de 25 años (maillot blanco) y el mejor equipo.

Utilitarias

Cesto de mimbre de 25 kg de capacidad

Bicicleta de urgencias
Reino Unido, 2000

Alforja con equipo médico de urgencia

Pashley Delibike Reino Unido, 1948

Tornillo de palomilla para plegar el cuadro

Caballete plegable para aparcar la bicicleta

Intermitentes en el lateral de la bolsa

BSA Airborne Reino Unido 1943

Bicicleta policial de montaña
Alemania, década de 2000

Bolsa de herramientas colgada del cuadro

Plegada, tiene una altura de 57 cm y una longitud de 55 cm

La bicicleta plegable Brompton está compuesta por más de **1200 piezas**.

Bicicleta plegable Brompton Reino Unido, 1981-1983

Ir en bicicleta puede ser muy divertido, pero hay personas que las usan como medio de transporte, o para trabajar con ellas. Es una forma barata, rápida y cómoda de desplazarse, de transportar personas y de entregar productos.

Las **bicicletas policiales de montaña** permiten a los agentes llegar muy deprisa a donde se los requiere. Las **bicicletas de urgencias**, con sus alforjas con material médico, pueden evitar atascos y llegar con más rápidez a pacientes de lo que lo harían vehículos más grandes.

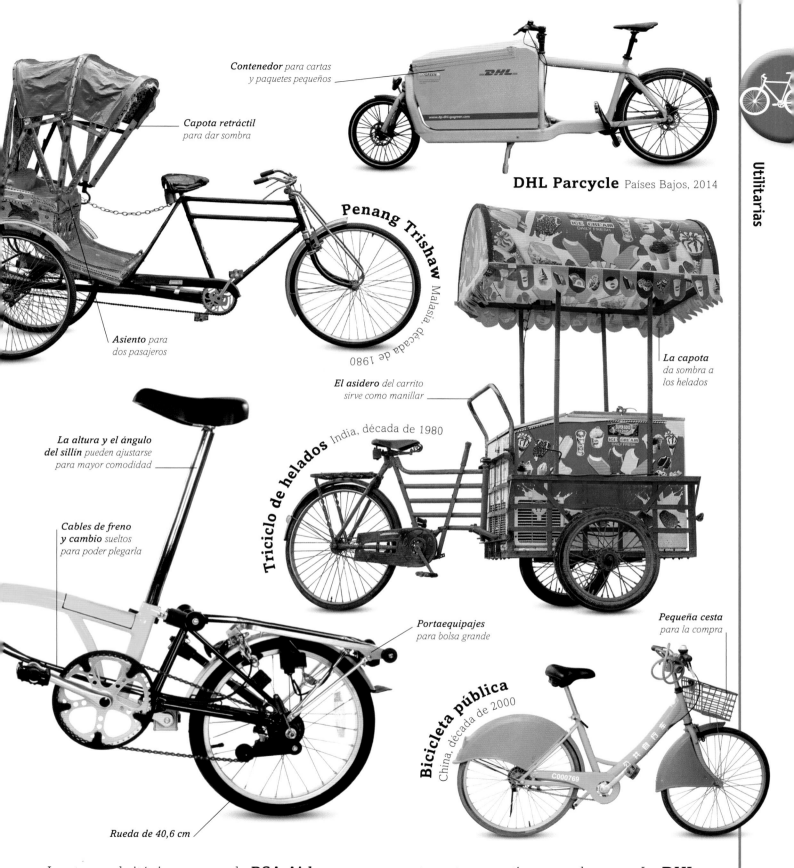

Contenedor para cartas
y paquetes pequeños

DHL Parcycle Países Bajos, 2014

Capota retráctil
para dar sombra

Penang Trishaw Malasia, década de 1980

Asiento para
dos pasajeros

La capota
da sombra a
los helados

El asidero del carrito
sirve como manillar

Triciclo de helados India, década de 1980

*La altura y el ángulo
del sillín* pueden ajustarse
para mayor comodidad

*Cables de freno
y cambio* sueltos
para poder plegarla

Portaequipajes
para bolsa grande

Pequeña cesta
para la compra

Bicicleta pública China, década de 2000

Rueda de 40,6 cm

Las tropas británicas usaron la **BSA Airborne** en la Segunda Guerra Mundial. Su cuadro se plegaba por la mitad aflojando dos tornillos de palomilla. Miles de personas utilizan bicicletas plegables, como la **Brompton**, para ir al trabajo. Las bicicletas de reparto están equipadas con cestas o transportines para la carga. La **DHL Parcycle** tiene un gran contenedor para llevar paquetes. Las bicicletas también se pueden modificar y fijarles accesorios al cuadro, como remolques. Es el caso del **triciclo de helados** o el taxi a pedales **Penang Trishaw**.

Divertidas

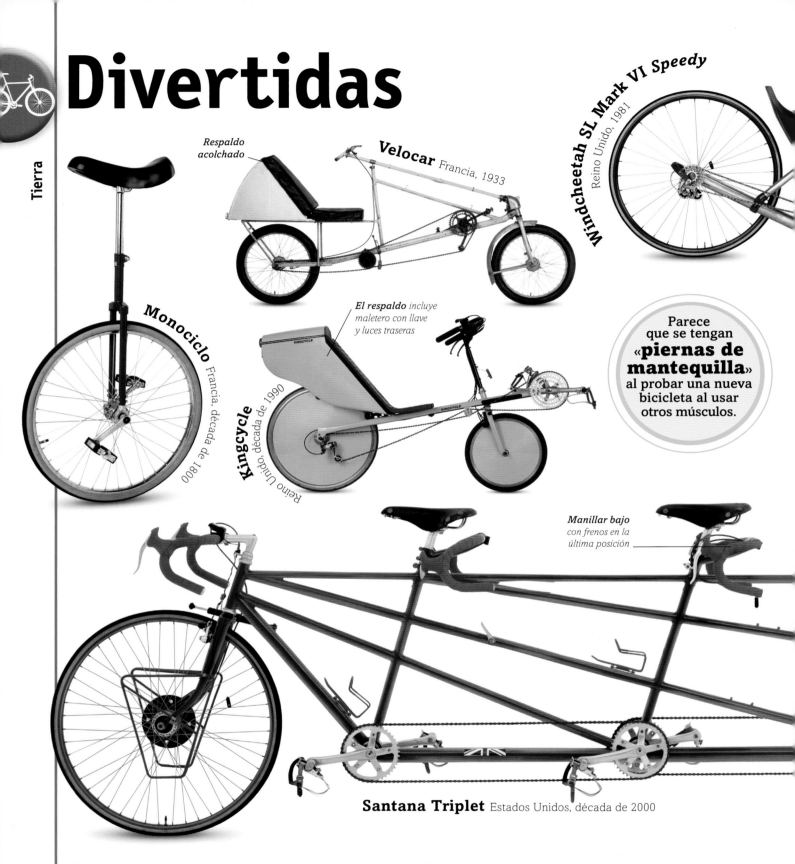

Windcheetah SL Mark VI *Speedy*
Reino Unido, 1981

Respaldo acolchado

Velocar Francia, 1933

Monociclo Francia, década de 1800

El respaldo incluye maletero con llave y luces traseras

Kingcycle Reino Unido, década de 1990

Parece
que se tengan
«piernas de mantequilla»
al probar una nueva
bicicleta al usar
otros músculos.

Manillar bajo con frenos en la última posición

Santana Triplet Estados Unidos, década de 2000

Si crees que todas las bicicletas son para un único ciclista o que todas tienen dos ruedas, ¡estás muy equivocado! Se han variado muchas cosas del diseño básico de la bicicleta para ganar velocidad o comodidad, o para divertirse un rato.

El **monociclo** tiene una sola rueda, va a pedales y exige tener un buen equilibrio. Los triciclos son muy fáciles de llevar y algunos, como el **Pashley Tri. 1**, incluso cuentan con una plataforma para llevar grandes cargas. En las bicicletas tándem, como la **Dawes Galaxy Twin**, los dos ciclistas

Kingcycle Bean Reino Unido, 1984

Palanca

Frenos *en las ruedas delanteras*

El carenado y la bicicleta pesan 37,2 kg

Twike Suiza, 1995

El parabrisas articulado *sirve de puerta*

Dos plazas

Para girar, tiene **palanca** en lugar de **manillar**.

Con motor eléctrico y los pedales *alcanza una velocidad de 24 km/h*

Manillar *bajo las rodillas*

Sinclair C5 Reino Unido, 1985

Plataforma *de carga*

Pashley Tri.1 Reino Unido, 2013

El cuadro articulado *se dobla para guardarla*

Portaequipajes

Dawes Galaxy Twin Reino Unido, 2008

La cadena *sincroniza platos y pedales de los dos ciclistas*

pedalean, pero solo el de delante puede girar. La **Santana Triplet** cuenta con tres sillines y una cadena muy larga que une los platos de los tres ciclistas para que pedaleen de manera sincronizada. En las bicicletas reclinadas, los ciclistas se sientan o se estiran. La bicicleta es muy baja y veloz. La **Windcheetah *Speedy*** cruzó el Reino Unido entero en solo 41 horas, 4 minutos y 22 segundos. Algunas reclinadas tienen una estructura alrededor del ciclista para que el aire circule mejor. En 1990, la **Kingcycle Bean** batió el récord del mundo de velocidad con 76 km/h.

Ciclismo extremo

Trek 8900 Pro Estados Unidos, 1990

Suspensión para que la horquilla delantera absorba los baches

Cambio de marchas del manillar para controlar las 15 velocidades de la bicicleta

Specialized Stumpjumper
Estados Unidos, 1981

Cuadro de tubos de fibra de carbono con uniones de aluminio

Raleigh Kool Max Reino Unido, década de 2000

Neumático de 6,4 cm de ancho para un buen agarre en arena, tierra y barro

Algunas bicicletas de montaña cuentan con hasta **30 marchas**.

Fat Chance Yo-Eddy Estados Unidos, 1991

Trek 6000 Estados Unidos, 1991

El amortiguador suaviza los baches

Calapiés para mantener los pies en los pedales

Frenos de disco hidráulicos

Stumpjumper FSR Pro Estados Unidos, 2004

Aunque una bicicleta común puede rodar fuera del asfalto, no es adecuada para terreno exigente. En la década de 1970 se empezaron a rediseñar para que fuera más fácil ir por pistas no asfaltadas. ¡Así nació el ciclismo de montaña!

La primera bicicleta de montaña fabricada a gran escala fue la **Specialized Stumpjumper**. Su producción inicial fue de 500 unidades, pero ¡inició una revolución! Pronto, muchos fabricantes presentaron sus propios diseños. La **Trek 6000** tenía un cuadro ligero de aluminio integral, y el

Manillar con
puños de goma

Sillín acolchado con
cubierta de plástico

Un solo piñón
en la rueda trasera

Cuadro grande

Horquilla
rígida

Cubrecadenas
para evitar que la
ropa se enganche

El desviador ofrece
20 velocidades

La horquilla delantera tiene
una suspensión de 99 mm de
recorrido para absorber baches

Marin Nail Trail
Estados Unidos, 2014

Reflectante en los
radios de la rueda

Estribo para
realizar trucos

Sillín bajo para que el
peso del ciclista quede
sobre la rueda trasera

**Bicicleta *freestyle*
MBM Instinct BMX**
Italia, década de 2000

**Bicicleta de competición Haro
Freestyler BMX** Estados Unidos, 2012

de la **Trek 8900 Pro** era de fibra de carbono para que pesara poco. Muchas bicicletas llevan suspensión. Algunas, como la **Marin Nail Trail**, tienen una horquilla delantera que reduce el impacto de baches y saltos, y las de doble suspensión, como la **Stumpjumper FSR Pro**, tienen amortiguadores en ambas ruedas. Las bicicletas BMX son resistentes y tienen ruedas pequeñas, ideales para lanzarse a toda velocidad por pistas de tierra. Las bicicletas BMX de estilo libre, o *freestyle* como la MBM Instinct, permiten ejecutar trucos y maniobras imposibles.

DESAFIO MÁXIMO
Louis Reboul se lanza con su bicicleta de montaña por una rampa gigante de 16 m de altura en el Red Bull Rampage de 2014. Gira la bicicleta y su posición en pleno vuelo para ejecutar un aterrizaje perfecto según los jueces. Cualquier error podría ser un desastre absoluto, ya que la caída sobre la dura arenisca sería fatal.

En el ciclismo de montaña *freeride*, los ciclistas ejecutan maniobras y trucos afrontando una bajada complicada, llena de accidentes naturales imponentes y, a veces, obstáculos artificiales, por ejemplo, enormes rampas. Los participantes usan bicicletas de doble suspensión para absorber el gran impacto de los aterrizajes. Se juzga la velocidad, el control y la ejecución y complejidad de las piruetas. Algunas de ellas incluyen giros de 360°, *backflips* y pilotar sin manos. El Red Bull Rampage es un torneo anual celebrado ante el Parque Nacional Zion en Utah, Estados Unidos, al que solo se invita a algunos de los mejores ciclistas de *freeride*. Cada uno elige su ruta para bajar por los despeñaderos casi verticales.

Motocicleta

Desde que en el siglo XIX comenzaron a montarse motores en las bicicletas, ya no ha habido vuelta atrás. Hoy, millones de personas gozan de la velocidad, la comodidad y la libertad que brindan las motocicletas. Esta **Yamaha XJR 1300** es un modelo «naked», porque el motor no queda oculto bajo un carenado. Con una velocidad máxima de 210 km/h, es más rápida que muchos coches.

Chasis ❯ Es el cuadro al que se unen las otras partes de la moto. Hace que las ruedas estén bien alineadas para un buen manejo. Suele ser de acero o de aleación (una combinación de metales).

Asiento trasero ❯ Las motos grandes tienen un asiento para el pasajero, con un asidero detrás.

Yamaha XJR 1300

Intermitente

Amortiguador ❯
Un cilindro con muelle y aire amortigua los baches y da mayor comodidad.

Rueda trasera
❯ Recibe la potencia del motor a través de una barra de transmisión o una correa o, como aquí, una cadena de metal como la de las bicicletas.

Tubo de escape ❯ Dirige los gases del motor hasta la parte trasera de la moto.

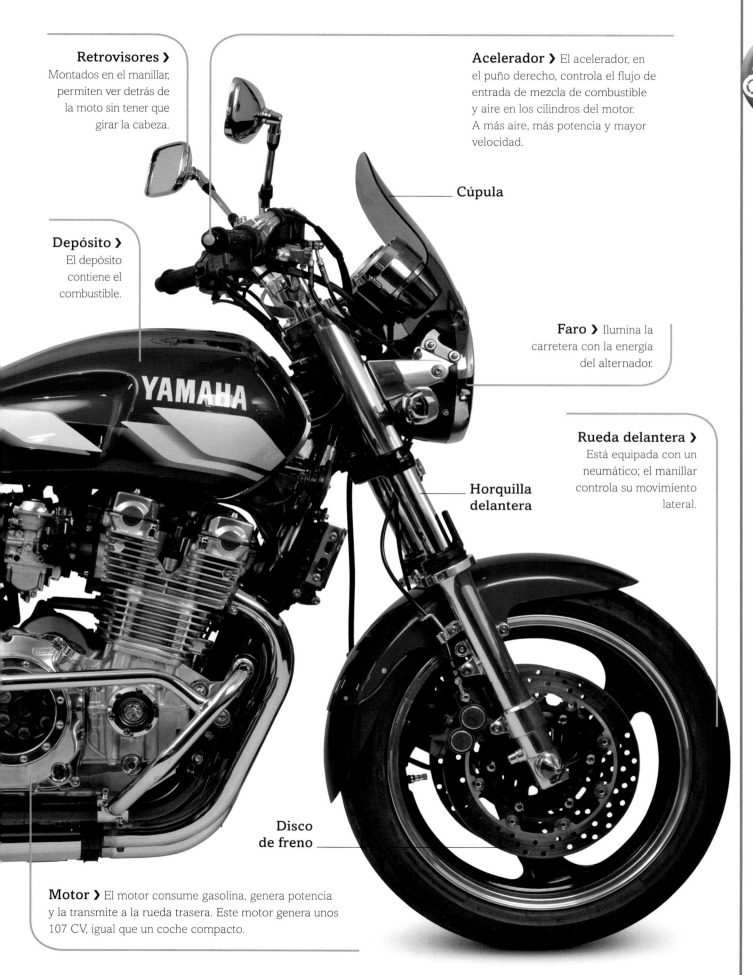

Retrovisores ❯
Montados en el manillar,
permiten ver detrás de
la moto sin tener que
girar la cabeza.

Acelerador ❯ El acelerador, en
el puño derecho, controla el flujo de
entrada de mezcla de combustible
y aire en los cilindros del motor.
A más aire, más potencia y mayor
velocidad.

Cúpula

Depósito ❯
El depósito
contiene el
combustible.

Faro ❯ Ilumina la
carretera con la energía
del alternador.

Rueda delantera ❯
Está equipada con un
neumático; el manillar
controla su movimiento
lateral.

**Horquilla
delantera**

**Disco
de freno**

Motor ❯ El motor consume gasolina, genera potencia
y la transmite a la rueda trasera. Este motor genera unos
107 CV, igual que un coche compacto.

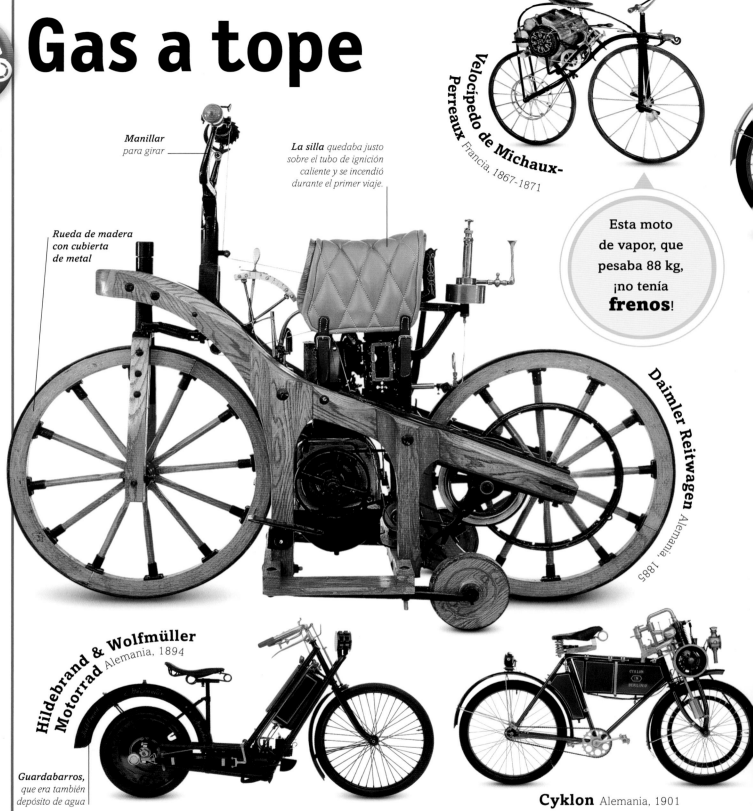

Gas a tope

Velocípedo de Michaux-Perreaux Francia, 1867-1871

Esta moto de vapor, que pesaba 88 kg, ¡no tenía **frenos**!

Manillar *para girar*

La silla *quedaba justo sobre el tubo de ignición caliente y se incendió durante el primer viaje.*

Rueda de madera con cubierta de metal

Daimler Reitwagen Alemania, 1885

Hildebrand & Wolfmüller Motorrad Alemania, 1894

Guardabarros, *que era también depósito de agua*

Cyklon Alemania, 1901

Las primeras motocicletas tenían una pequeña máquina de vapor que movía la rueda trasera, pero el gran salto llegó cuando los motores de combustión interna fueron lo bastante pequeños para poder montarlos en un cuadro de bicicleta.

Con un motor de 0,5 CV, la **Daimler Reitwagen** se considera la primera moto «real», pese a ser de madera. Sus ruedas rígidas y la falta de suspension la hacían realmente incómoda. La **Motorrad**, más rápida, fue la primera de la que se fabricaron muchas unidades, unas 2000. Algunas de las

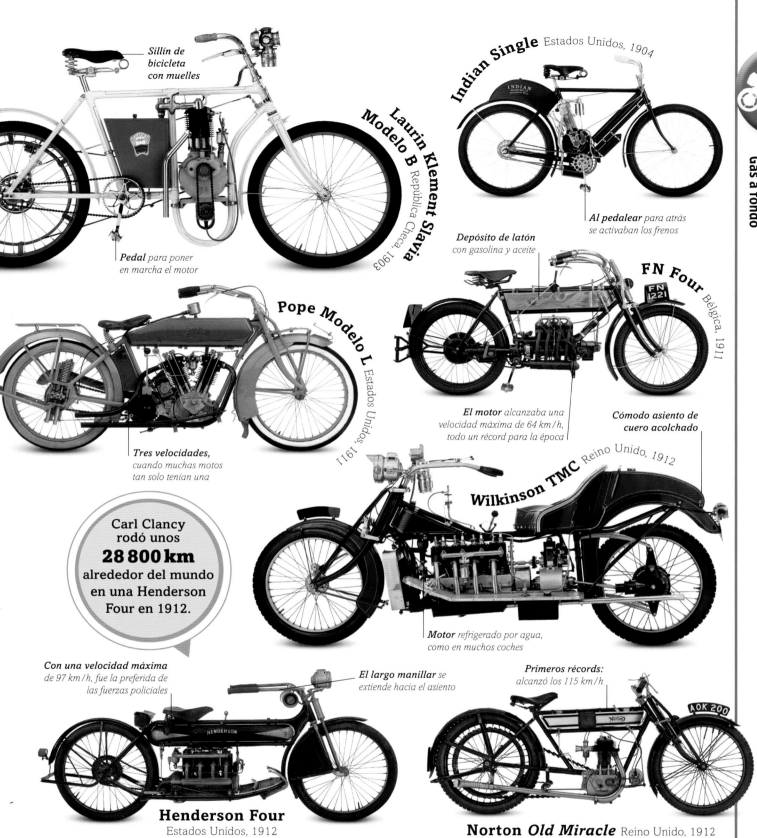

Sillín de bicicleta con muelles

Laurin Klement Modelo B República Checa, 1903

Pedal para poner en marcha el motor

Indian Single Estados Unidos, 1904

Al pedalear para atrás se activaban los frenos

Depósito de latón con gasolina y aceite

FN Four Bélgica, 1911

Pope Modelo L Estados Unidos, 1911

Tres velocidades, cuando muchas motos tan solo tenían una

El motor alcanzaba una velocidad máxima de 64 km/h, todo un récord para la época

Cómodo asiento de cuero acolchado

Wilkinson TMC Reino Unido, 1912

Carl Clancy rodó unos **28 800 km** alrededor del mundo en una Henderson Four en 1912.

Motor refrigerado por agua, como en muchos coches

Con una velocidad máxima de 97 km/h, fue la preferida de las fuerzas policiales

El largo manillar se extiende hacia el asiento

Primeros récords: alcanzó los 115 km/h

Henderson Four
Estados Unidos, 1912

Norton *Old Miracle* Reino Unido, 1912

primeras motos tenían el motor en lugares extraños. El de la **Cyklon** estaba situado delante del piloto e impulsaba la rueda delantera, y el de la **Indian Single** quedaba tan abajo que a veces chocaba con el suelo. Con el tiempo, llegaron motores de más de un cilindro. La **Pope Modelo L** tenía dos

cilindros y costaba lo mismo que un coche Ford Modelo T, mientras que la **FN Four** fue una de las primeras motocicletas de cuatro cilindros. La **Wilkinson TMC**, también de cuatro cilindros, se diseñó para cubrir grandes distancias sobre su asiento acolchado, pero no tenía freno delantero.

Motos de guerra

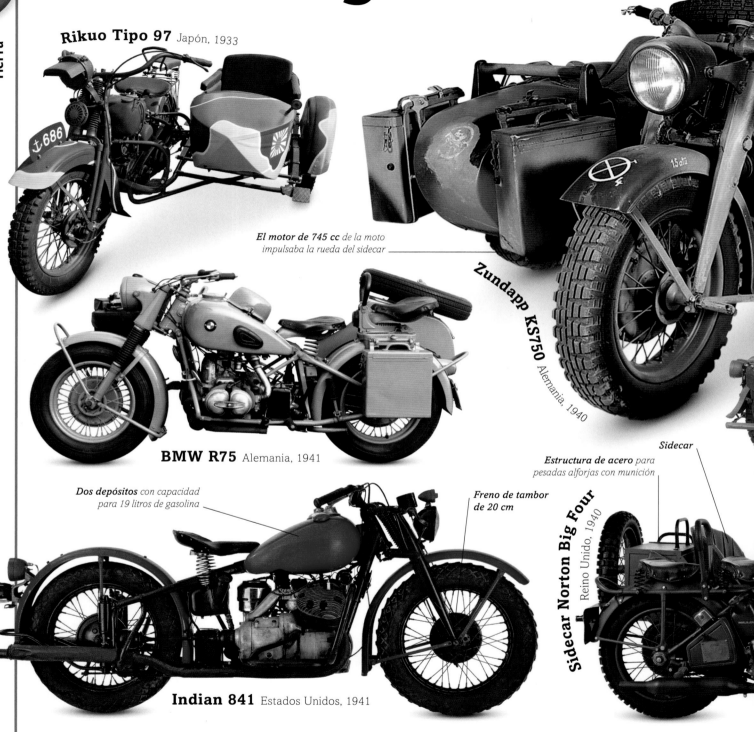

Rikuo Tipo 97 Japón, 1933

El motor de 745 cc de la moto impulsaba la rueda del sidecar

Zundapp KS750 Alemania, 1940

BMW R75 Alemania, 1941

Estructura de acero para pesadas alforjas con munición

Sidecar

Dos depósitos con capacidad para 19 litros de gasolina

Freno de tambor de 20 cm

Sidecar Norton Big Four Reino Unido, 1940

Indian 841 Estados Unidos, 1941

Cuando fueron más rápidas, robustas y fiables, las fuerzas armadas adoptaron las motocicletas. En la Segunda Guerra Mundial se usaron muchísimo para explorar en convoyes y como correos, para entregar mensajes y transportar personas.

Muchas motos de la Segunda Guerra Mundial se adaptaron a partir de modelos civiles. Se fabricaron más de 70 000 **Harley-Davidson WLA** para las fuerzas estadounidenses, mientras que el Reino Unido y sus aliados produjeron 126 000 **BSA M20**, la moto más fabricada de la guerra. Una Harley-

Esta moto podía llevar tres soldados y sus armas a 95 km/h

La lata, con la moto dentro, tiene un diámetro de solo 33 cm

Paracaídas

Welbike Reino Unido, 1942

BSA M20 Reino Unido, 1942

La **Welbike** se podía montar en solamente **11 s.**

Alforjas de lona en la rueda trasera

Funda para el rifle o la ametralladora

Harley-Davidson WLA Estados Unidos, 1942

Norton 16H Desert Duty Reino Unido, 1942

Plancha metálica para proteger el motor

Con 60 kg se podía lanzar en paracaídas o con un planeador

Royal Enfield WD/RE125 *Flying Flea* Reino Unido 1948

Motor pequeño capaz de recorrer 53 km con 1 litro de combustible

Davidson que se fabricaba en Japón, la **Rikuo Type 97**, fue la elegida por las fuerzas japonesas. El motor también impulsaba la rueda del sidecar, lo que facilitaba ir por terrenos complicados; el sidecar de la **Norton Big Four**, usado en misiones de reconocimiento británicas, también era así.

El **Zundapp KS750**, con sus 420 kg, fue uno de los sidecares más grandes, y la **Welbike**, de solo 32 kg, podía plegarse en una lata, y lanzarse de un avión en paracaídas. Otro peso ligero, la *Flying Flea*, se usaba para entregar mensajes cuando el contacto por radio era imposible.

Escúteres

Autoped
Estados Unidos, 1915

Columna de dirección plegable

Motor de 155 cc en la rueda delantera

Motor de 202 cc bajo el asiento

Cushman Auto-glide
Estados Unidos, 1938

Maletero con llave

Gran cúpula

La rueda trasera tiene un diámetro de 25 cm

Tubo de escape

Lambretta LD150 Italia, 1957

MTP 325

Asiento acolchado para dos personas

Vespa Rally 250
Italia, 1976

Asiento para dos personas

Se han fabricado más de **60 millones** de Super Cubs, el vehículo de motor más producido.

Honda Super Cub C100
Japón, 1958

Ventilación del motor, que alcanza 113 km/h

Los escúteres son motos pequeñas con el motor tapado bajo el asiento. El término «ciclomotor» designaba a bicicletas con motor en las que había que pedalear para que arrancaran, pero ahora también se aplica a pequeños escúteres de hasta 50 cc.

El **Autoped** fue uno de los primeros escúteres; unos engranajes propulsaban la rueda delantera. El **VéloSoleX 45**, de los primeros ciclomotores, tenía un motor que hacía girar un rodillo cerámico sobre la rueda delantera. Escúteres y ciclomotores, como el **Honda Super Cub**, demostraron ser

El habitáculo protege al piloto en caso de accidente

Este escúter puede pasar de **0 a 100 km/h** en menos de **7 s**.

BMW C1 200 Alemania, 2001

Panel de instrumentos protegido

Honda PCX 125 Japón, 2010

Rueda delantera equipada con freno hidráulico

Una gran batería de iones de litio alimenta el motor eléctrico. Su carga completa tarda 4 horas.

BMW C Evolution Alemania, 2014

El escúter puede recorrer 100 km con una carga

Pequeño depósito de combustible de 5 litros

Cofre portapaquetes

Motobécane Mobylette Francia, 1986

Portaequipajes de acero

VéloSoleX 45 Francia, 1949

Yamaha Jog RR Japón, 2011

Faro integrado en el carenado de plástico

Guardabarros altos

BETA Ark 50 RR Italia, 2006

una forma de transporte barata en los años de posguerra. La pasión por los escúteres italianos de diseño en las décadas de 1950 y 1960 desembocó en la popular **Lambretta LD150** y su gran cúpula, asiento para el pasajero y una velocidad máxima de 80 km/h. Hoy todavía hay demanda de estos vehículos. El **Yamaha Jog** y el **BETA Ark 50** RR, con sus pequeños motores de 50 cc están pensados para los jóvenes. Los escúteres del futuro quizá contarán con techo, como el **BMW C1 200**, o bien con motores eléctricos, como el **BMW C Evolution**.

Triciclos

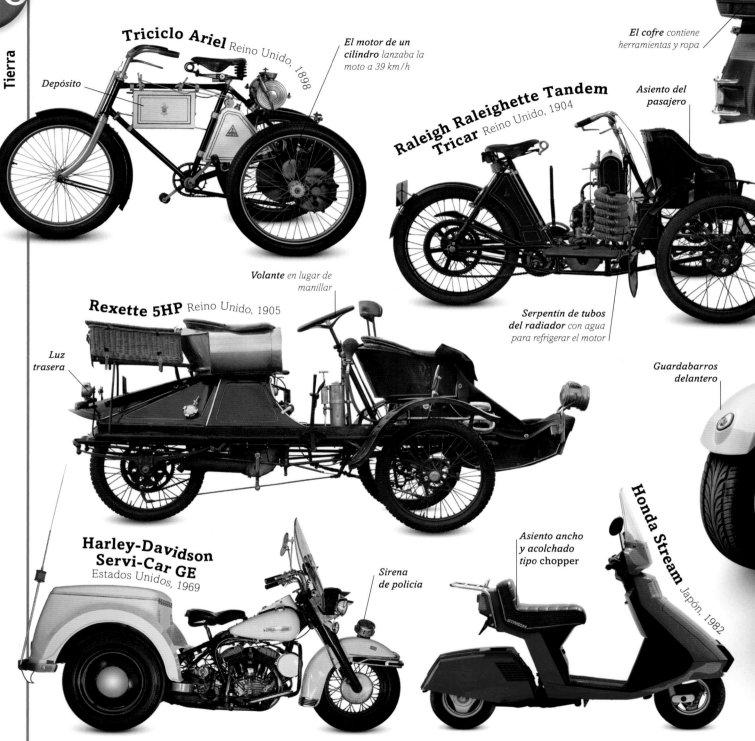

Triciclo Ariel Reino Unido, 1898

Depósito

El motor de un cilindro *lanzaba la moto a 39 km/h*

El cofre contiene herramientas y ropa

Raleigh Raleighette Tandem Tricar Reino Unido, 1904

Asiento del pasajero

Rexette 5HP Reino Unido, 1905

Volante en lugar de manillar

Luz trasera

Serpentín de tubos del radiador con agua para refrigerar el motor

Guardabarros delantero

Harley-Davidson Servi-Car GE Estados Unidos, 1969

Sirena de policía

Asiento ancho y acolchado tipo chopper

Honda Stream Japón, 1982

No todas las motocicletas tienen dos ruedas. Los ingenieros han experimentado con máquinas de tres ruedas, más fáciles de aprender a conducir, con más espacio para el motor o la carga y con un neumático extra para un mayor agarre.

Los primeros triciclos eran bicicletas a pedales con un motor integrado. El motor del triciclo **Ariel** ocupaba el espacio entre las ruedas traseras. Algunos modelos impulsaban una sola rueda trasera, así que colocaron un par de ruedas delante. Tanto el **Rexette 5HP** como el **Raleighette Tricar** eran

Vandenbrink Carver One Países Bajos, 2007

Trike Honda Goldwing EML
Japón/Países Bajos, 1994

Pequeña cúpula de plástico para desviar el aire por encima de la cabeza del motorista

El cuerpo, parecido al de un coche, se inclina 45°; las ruedas siempre están en contacto con el asfalto

Las ruedas delanteras tienen **suspensión** independiente para suavizar los **baches**.

Pesa 152 kg, una cuarta parte del Carver One

Trike Can-Am Spyder
Canadá, 2011

Yamaha Tricity
Japón, 2014

Dos ruedas de 6 radios y 35 cm de diámetro

de tracción trasera y usaban el espacio sobre las ruedas delanteras para ubicar el sillín del pasajero. El popular **Harley-Davidson Servi-Car GE** fue un éxito entre fuerzas policiales y mecánicos de carretera entre las décadas de 1930 a 1970. En cambio, el **Can-Am Spyder** está pensado para

divertirse; tiene la misma potencia que un coche compacto. Se han creado triciclos que se inclinan al girar. El **Carver One** es como un coche de tres ruedas, con su habitáculo cerrado y dos ruedas traseras, mientras que el **Yamaha Tricity** parece una moto, con dos ruedas iguales delante.

Motos de carretera

Soporte de matrícula

Tubo de escape bajo

Royal Enfield 500 Twin
Reino Unido, 1951

Asiento con muelles

Guardabarros delantero con el nombre de la moto

Honda CB550 Four
Japón, 1976

Harley-Davidson Electra Glide Estados Unidos, 1965

Más de **3000** policías de **Estados Unidos** conducen Harley-Davidson.

Horquilla cromada

Neumático trasero de 45 cm de diámetro y 9,4 cm de ancho

KMZ Dnepr MT11
Rusia, 1985

Kawasaki H2C Japón, 1975

BMW R60/6 Alemania, 1976

Hay muchas motos de carretera, de las más típicas a las de crucero. En las primeras se va erguido y montan neumáticos de poco dibujo. Las de crucero son más grandes y se conducen en posición más reclinada y relajada para hacer grandes recorridos.

Las motos típicas son ideales para la ciudad y para pequeños trayectos. Entre las de tamaño medio más populares de la década de 1970 están la **BMW R60/6** y la **Honda CB550**, con un motor de 500 cc y una velocidad máxima de 164 km/h. Para los trayectos largos, las motos

Faro
potente

Ducati M900 Monster Italia, 1994

Harley-Davidson FLSTF Fat Boy
Estados Unidos, 1999

La
Fat Boy
aparece en
la película
*Terminator
2.*

Grandes discos de
freno dobles de 32 cm
*para una gran potencia
de frenada*

Largo tubo de
escape *que sale del
cilindro del motor*

BMW R1200 RT Alemania, 2005

Depósito de
21 litros

**Yamaha FZS1000
Fazer** Japón, 2002

El motor da una
velocidad máxima
de 217 km/h

Panel de instrumentos
sobre el depósito

El largo asiento *queda
a 74 cm del suelo*

Triumph Bonneville Reino Unido, 2011

Triumph Thunderbird
Reino Unido 2010

de crucero son más populares. La **Electra Glide**
fue la primera moto Harley-Davidson grande de
arranque eléctrico. La **Thunderbird** británica
fue la primera Triumph con correa de transmisión
desde la década de 1920. Las motos *muscle*
tienen motores potentes y una estética lo más

puntera posible. La **Ducati M900** destaca por un
gran depósito de combustible y su insólito chasis
triangular. Otras motocicletas de carretera se han
inspirado en elementos de diseño de máquinas
clásicas, como la **Harley-Davidson Fat Boy** y
la **Triumph Bonneville**.

Quemar goma

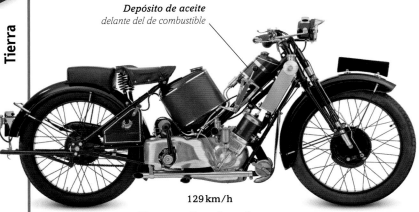

Depósito de aceite
delante del de combustible

129 km/h

Scott Super Squirrel Reino Unido, 1927

Sillín con
muelles grandes

153 km/h

Norton International 30 Reino Unido, 1936

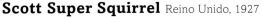

Asiento acolchado
para más comodidad

Cúpula
transparente

120

209 km/h

NSU Rennmax Alemania, 1953

El motor
de la RC166
alcanzaba las
20 000 rpm,
es decir, ¡daba 333
vueltas cada
segundo!

El piloto se apoya
en el gran depósito
de aluminio

Tres de los seis
tubos de escape
de la moto

Honda RC166 Japón, 1966

Cúpula

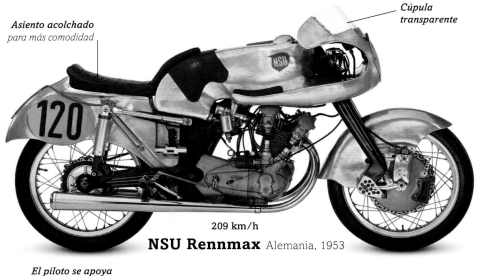

4

286 km/h

Moto Guzzi V8 Italia, 1957

241 km/h

Las motos de competición se preparan para un rendimiento óptimo, máxima velocidad, aceleración y potencia de frenado. Las deportivas también tienen un rendimiento excelente, pero se usan en carretera. Algunas de ellas imitan a las de carreras.

Las primeras motos de carreras, como la **Scott Super Squirrel** y la **Norton International 30**, compitieron en todo tipo de circuitos. En 1934, las Norton acabaron en primer, segundo, tercer y cuarto lugar en la famosa prueba de la Isla de Man. Las competiciones se organizan por tipo

Kawasaki Dragster Reino Unido/Japón, 1977

Carenado bajo con cúpula integrada

Dos motores Kawasaki de 850 cc combinados

354 km/h

Asiento moldeado para una posición más baja

Suzuki RG500 Japón, 1986

237 km/h

Bimota Mantra Italia, 1996

201 km/h

La Dragster podía alcanzar los **240 km/h** en solo **7,7 s**.

Neumático ancho y liso para correr en asfalto perfecto

320 km/h

Honda CBR1000RR Fireblade Japón, 2009

Yamaha YZF R1 Japón, 1998

275 km/h

Aprilia RSV4 Italia, 2011

290 km/h

Tubo de escape de competición de titanio

de moto y tamaño del motor. La **Honda RC166** pesaba 112 kg y tenía un motor de 250 cc, y aun así podía alcanzar una velocidad máxima de 241 km/h. Las modernas, como la **Aprilia RSV4**, están repletas de magia electrónica. El piloto de la RSV4 puede ajustar la suspensión, la caja de cambios y el rendimiento del motor en plena carrera. A veces los fabricantes producen versiones de calle de las motos de competición. La Suzuki RG500 se basó en la RG500 de competición, que había conseguido ganar cuatro Campeonatos del Mundo de 500 cc en 7 años.

SALTOS Y PIRUETAS
Pedro Moreno ejecuta una espectacular pirueta en pleno vuelo durante la competición de estilo libre de 2013 en Zúrich, Suiza, la prueba de este tipo más importante de Europa. Moreno es un piloto profesional de motocross estilo libre (FMX), un deporte en el que los pilotos ejecutan rutinas, realizan maniobras imposibles y se marcan trucos increíbles en el aire tras saltar en moto por rampas gigantes.

En el estilo libre se usan motos de motocross modificadas con diversos ajustes, como quitar espuma del asiento para que sea más estrecho, sustituir piezas por otras más ligeras y esconder los cables para que no se enganchen con las botas al hacer trucos y maniobras. Algunos trucos son espectaculares, como el «backflip» o el «cliffhanger», en el que el piloto se sujeta solo con los dedos de los pies bajo el manillar, y el «tsunami», en el que el piloto ejecuta una vertical sobre el manillar, ¡mientras la moto avanza horizontal! Los pilotos también pueden girar en pleno vuelo, agarrarse al asiento, o abandonar totalmente la moto por un instante, pero deben hacer un aterrizaje perfecto si quieren la mejor puntuación.

Todo terreno

Harley-Davidson Hillclimber
Estados Unidos, 1930

Guardabarros elevado para una mayor protección

BSA Gold Star Scrambler
Reino Unido, 1959

Cadenas de metal en el neumático trasero para un mayor agarre en tierra

Con ruedas de **aluminio huecas**, ¡podría **flotar** en el agua!

Gran portaequipajes de acero

Rokon Trail-breaker Estados Unidos, 1963

Husqvarna Enduro
Suecia, 1973

Cadena para la tracción delantera

Dorsal

Moto homologada de 109 kg de peso

Depósito de plástico de 10,6 litros

Neumático de tacos grandes para un mejor agarre en suelos blandos

CZ 250 Motocross República Checa, 1974

Suzuki Enduro PE250X Japón, 1981

Las motos *off-road* permiten tanto huir del tráfico como competir en una prueba de motocross por un circuito de tierra lleno de saltos. Estas motos son robustas y resistentes, y cuentan con suspensiones de gran recorrido para absorber los impactos.

La **Rokon Trail-breaker** es la única con tracción integral producida a gran escala. Otras de esta categoría dependen de la tracción trasera y los neumáticos de tacos para tener un buen agarre en arena o barro. La **KTM 65SX** es ideal para jóvenes de 8 a 13 años; a continuación pueden progresar

Las motos de *speedway* aceleran de **0 a 100 km/h** en menos de **3 s.**

Pequeño depósito de metanol suficiente para dar 4 vueltas al circuito

Weslake Speedway
Reino Unido, 1981

Horquilla muy angulada para mayor respuesta de giro

Honda Africa Twin
Japón, 1990

Dos faros delanteros

Esta moto puede recorrer 600 km sin repostar

Yamaha XT Tenere Japón, 2010

KTM 65SX Austria, 2011

Horquilla delantera de largo recorrido

Silenciador de escape de aluminio oculto tras el asiento

Velocidad máxima de 80 km/h

KTM 350 SX-F
Austria, 2012

con motos punteras de motocross, como la **KTM 350 SX-F**. KTM ganó el Campeonato del Mundo de Motocross MX2 del 2008 al 2014. Las motos de enduro, como la **Suzuki Enduro PE250X**, también hacen carreras fuera de pista, pero suelen usarse en trayectos más largos. Las motos de aventura son grandes y tienen un depósito de combustible enorme, como la **Yamaha XT Tenere**, basada en la moto que ganó siete veces el París Dakar. Las motos de *speedway*, como la **Weslake Speedway**, no tienen frenos ni caja de cambios. Dan vueltas por una pista oval de tierra.

Las motos más veloces

En una subasta se vendió una **SS100** de 1929 por **315 000 £** (400 000 €).

Excelsior 20R
Estados Unidos, 1920

El motor tiene sus dos cilindros en V

160 km/h

Alforjas para almacenaje

164 km/h

Brough Superior SS100
Reino Unido, 1927

Vincent Black Shadow Reino Unido, 1949

Un único escape para el motor bicilíndrico en V

196 km/h

Barra de protección para que la moto no se levante al acelerar

Vincent Mighty Mouse
Reino Unido, 1966

257 km/h

Cubierta de fibra de carbono de 6,4 m de longitud

Dos motores Suzuki Hayabusa la propulsan

591 km/h

Desde su primera aparición, las motos se han probado para ver cuál corre más. Diseñadores, ingenieros y pilotos las han llevado al límite para exprimir hasta la última gota de velocidad de estas magníficas máquinas.

La **Excelsior 20R** fue una de las primeras en llegar a los 160 km/h. La superó la **Brough Superior SS100**, y más tarde la **Vincent Mighty Mouse**, que se convirtió en la moto monocilíndrica más rápida en las carreras de pistas de dragsters de la década de 1960. La mayoría de las modernas

BMW R90S
Alemania, 1975

Ganadora del primer Campeonato de Superbikes de la AMA en 1976

200 km/h

Ducati 916 *Italia, 1995*

257 km/h

El carenado aerodinámico canaliza el aire

Depósito de combustible articulado para acceder al interior

299 km/h

Suzuki GSX 1300R Hayabusa
Japón, 1999

Potentes frenos de disco

Escape gigante para los gases del motor de reacción

402 km/h

MTT Turbine Superbike
Estados Unidos, 2001

Su motor de 1441 cc tiene la potencia de dos coches

Top 1 Ack Attack Estados Unidos, 2004

606 km/h

301 km/h

Kawasaki ZZR1400 *Japón, 2011*

BUB Seven Streamliner Estados Unidos, 2006

VELOCIDAD Récords absolutos

Top 1 Ack Attack
606 km/h

BUB Seven Streamliner
591 km/h

MTT Turbine Superbike
402 km/h

tienen motores de varios cilindros. La **Ducati 916** ganó cuatro Campeonatos del Mundo de Superbikes con su motor bicilíndrico, mientras que los cuatro cilindros de la **Suzuki GSX 1300R Hayabusa** la convirtieron en la moto de producción más rápida del siglo pasado. Hoy la más veloz es la **Kawasaki**

ZZR1400. Las más rápidas de todas son las *streamliners* modernas, de cuerpo aerodinámico muy bajo en que el piloto va estirado. La **BUB Seven Streamliner** fue la primera en superar los 563 km/h en 2006. La **Top 1 Ack Attack** es la moto más rápida del mundo en la actualidad.

Comodidad

Indian Two-Sixty Estados Unidos, 1914

Brough Superior Austin Four
Reino Unido, 1932

Gran faro

Asiento del pasajero sobre la rueda trasera

Sunbeam S7 De Luxe Reino Unido, 1949

Ruedas anchas para una conducción más cómoda

BMW R26 Alemania, 1957

El coche **BMW Isetta 300** montaba un motor modificado de la **R26**.

La barra de transmisión hace girar la rueda

Parabrisas de altura ajustable

Asiento del pasajero más elevado

Portaequipajes cromado

Harley-Davidson FLHT Electra Glide Classic Estados Unidos, 1984

Las motos de carretera y las deportivas de ruta, grandes y potentes, se diseñan para hacer largos trayectos con comodidad. Algunas de ellas son muy lujosas, con sistemas de sonido de gran calidad y caprichos impensables en otras motos.

Las primeras motos grandes copiaban a menudo cosas que solían llevar los coches; por ejemplo, la **Indian Two-Sixty** fue la primera que tenía, de fábrica, un encendedor de cigarrillos. La **Brough Superior Austin Four** contaba con el motor y la caja de cambios de un coche para impulsar las dos

Control de crucero *para que la moto avance a una velocidad fija*

Honda Goldwing GL1500 Japón, 1999

Suzuki M1800R Intruder
Japón, 2007

Harley-Davidson CVO Softail Convertible Estados Unidos, 2010

El motor de 1078 cc alcanza 315 km/h

Paneles de fibra de carbono

MV Agusta F4CC Italia, 2008

Rueda delantera de aluminio fundido

El brillo del faro se adapta a las condiciones

Su precio de **300 000 $**, incluye también un reloj de **20 000 $**.

Doble disco de freno, *típico de motos de competición*

BMW K1600GT
Alemania, 2011

El airbag se hincha en 0,1 segundos en caso de accidente

Chasis *metálico de titanio, ligero pero resistente*

Ecosse Titanium
Estados Unidos, 2011

Honda Goldwing GL1800 Japón, 2014

ruedas traseras, muy juntas, para una conducción más fina. En las décadas de 1970 y 1980, las motos de esta categoría eran muy grandes. La **Electra Glide Classic** pesaba más de 335 kg con el depósito vacío. Las modernas motos de lujo ofrecen también características innovadoras.

La **Honda Goldwing GL1500** tiene calefactores en los pies y algunas cuentan con equipo de música. La **BMW K1600GT** tiene calefacción en asientos y manillar, y ordenador de a bordo; y la **Honda Goldwing GL1800**, marcha atrás accionada eléctricamente y airbag para el piloto.

Coche

El coche revolucionó el transporte en el siglo xx; hoy circulan más de 500 millones de coches por el mundo. Pese a que algunos cuentan con motores eléctricos o híbridos, la mayoría usan un motor de combustión interna en el que se mezcla y se quema combustible y aire para generar potencia que impulse las ruedas. El **Toyota Yaris** (o *Vitz*) es un coche familiar popular y pequeño, del que se fabrican más de 200 000 unidades al año.

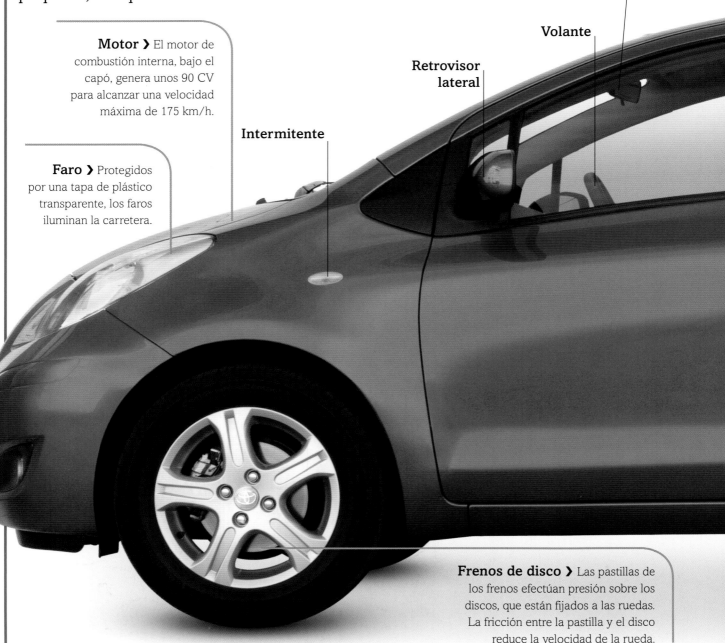

Motor › El motor de combustión interna, bajo el capó, genera unos 90 CV para alcanzar una velocidad máxima de 175 km/h.

Faro › Protegidos por una tapa de plástico transparente, los faros iluminan la carretera.

Intermitente

Retrovisor

Volante

Retrovisor lateral

Frenos de disco › Las pastillas de los frenos efectúan presión sobre los discos, que están fijados a las ruedas. La fricción entre la pastilla y el disco reduce la velocidad de la rueda.

Interior ❯ Dentro del coche, varios airbags protegen al conductor y los pasajeros hinchándose en caso de impacto grave. El Yaris tiene airbags frontales y laterales.

Maletero ❯ Gracias a su gran portón, tiene un maletero con una capacidad de 272 litros. Los coches con este tipo de puerta trasera se denominan compactos.

Antena de radio

Luces de marcha atrás y freno

Toyota Yaris / *Vitz*

Puerta delantera ❯ Se hacen con paneles de acero, aluminio o fibra de carbono. Este coche cuenta con cierre centralizado a distancia. El conductor pulsa un botón de la llave para abrir o cerrar el seguro de las cuatro puertas.

Los primeros coches

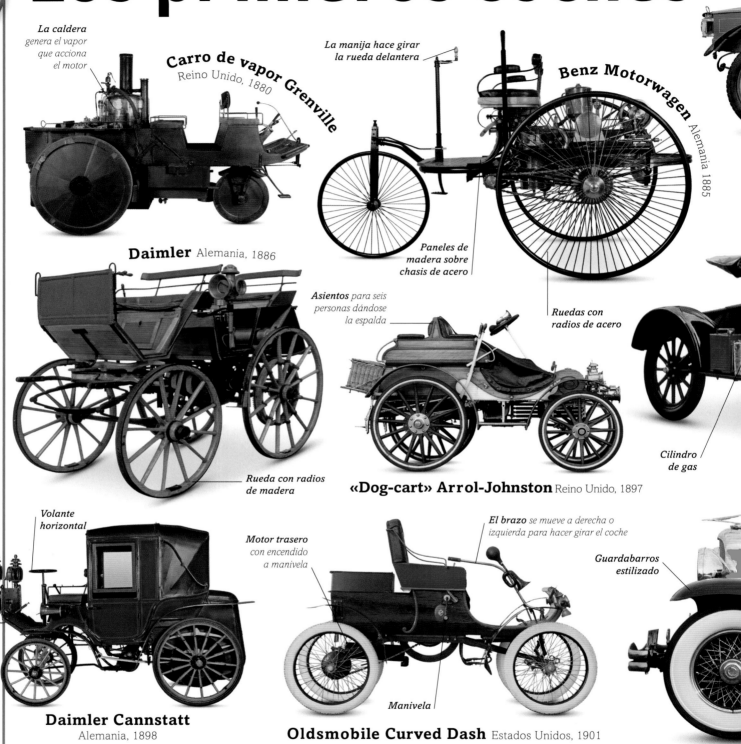

La caldera *genera el vapor que acciona el motor*

Carro de vapor Grenville *Reino Unido, 1880*

La manija hace girar la rueda delantera

Benz Motorwagen *Alemania 1885*

Daimler Alemania, 1886

Paneles de madera sobre chasis de acero

Asientos para seis personas dándose la espalda

Ruedas con radios de acero

Rueda con radios de madera

«Dog-cart» Arrol-Johnston Reino Unido, 1897

Cilindro de gas

Volante horizontal

Motor trasero *con encendido a manivela*

El brazo *se mueve a derecha o izquierda para hacer girar el coche*

Guardabarros estilizado

Daimler Cannstatt
Alemania, 1898

Manivela

Oldsmobile Curved Dash Estados Unidos, 1901

Los primeros intentos de tomar las carreteras fueron con vehículos de vapor, como el carro de vapor Grenville. Hizo falta desarrollar motores de combustión interna de gasolina fiables para producir los primeros coches populares.

El inventor Siegfried Marcus construyó un coche de cuatro ruedas con motor de gasolina, pero Karl Benz fue el primero que logró patentar su vehículo, el **Benz Motorwagen** de tres ruedas. Pronto apareció el **Daimler**, un carro de caballos motorizado. No tardaron en surgir nuevas marcas.

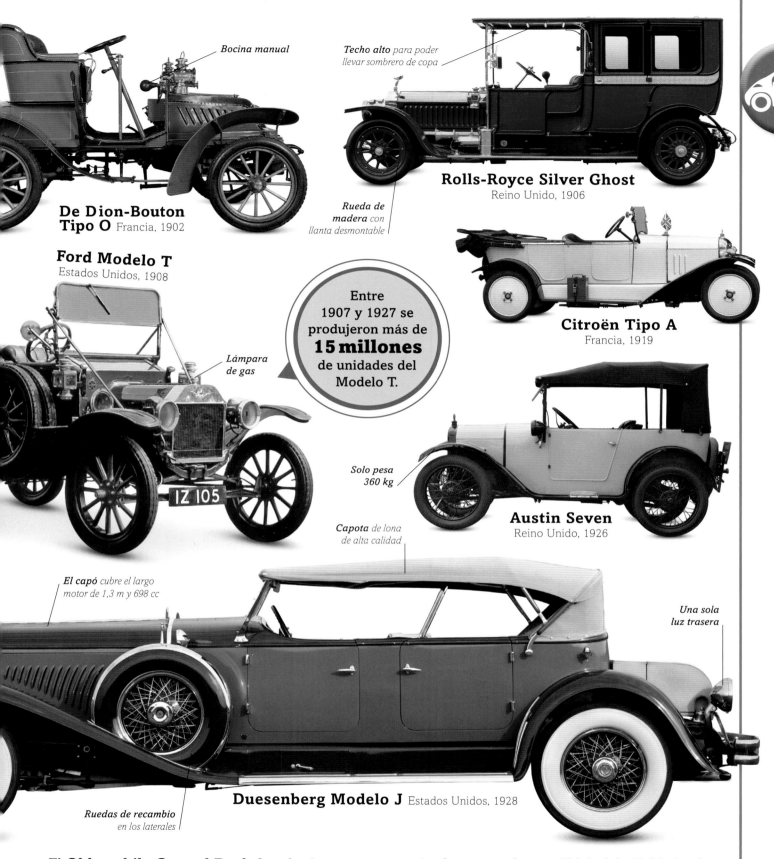

Bocina manual

Techo alto *para poder llevar sombrero de copa*

Rolls-Royce Silver Ghost
Reino Unido, 1906

Rueda de madera *con llanta desmontable*

De Dion-Bouton Tipo O *Francia, 1902*

Ford Modelo T
Estados Unidos, 1908

Citroën Tipo A
Francia, 1919

Entre 1907 y 1927 se produjeron más de **15 millones** de unidades del Modelo T.

Lámpara de gas

Solo pesa 360 kg

Austin Seven
Reino Unido, 1926

Capota *de lona de alta calidad*

El capó *cubre el largo motor de 1,3 m y 698 cc*

Una sola luz trasera

Duesenberg Modelo J Estados Unidos, 1928

Ruedas de recambio *en los laterales*

El **Oldsmobile Curved Dash** fue el primero producido en masa, con más de 19 000 unidades vendidas. Algunos de los primeros coches tenían rasgos más bien primitivos. El motor del **«dog-cart» Arrol-Johnston** arrancaba tirando de una cuerda y muchos, como el **Ford Modelo T**, tenían lámparas de gas. El Modelo T, fabricado en serie, facilitó que mucha gente pudiera tener coche. En la década de 1920 hubo una explosión en el diseño de los coches, desde el **Duesenberg Modelo J**, conducido por gánsteres y estrellas del cine, hasta el compacto **Austin Seven**.

¡VAYA LOCURA!
A simple vista, este lío de hombres y máquinas puede parecer un accidente, pero en realidad es una situación divertida. La pelota que se ve a la derecha de la foto da una pista de lo que sucede. Si te fijas, verás que los copilotos de ambos coches llevan mazos: están jugando a un deporte llamado «autopolo», y la imagen muestra un momento crucial de un partido en Florida, Estados Unidos, en 1928.

El polo es un deporte que se juega a caballo. A principios del siglo XX se practicó en Estados Unidos una alocada versión de este: sustituyeron los caballos por coches. Se dice que lo inventó el propietario de un concesionario de coches Ford, que lo planteó como reclamo publicitario... y acabó arraigando. Para jugar hacían falta dos equipos, cada uno con cuatro jugadores y dos Ford Modelo T sin carrozar. El piloto iba fijado al asiento con un cinturón y el copiloto se inclinaba para intentar dar con su mazo a la pelota y marcar un gol. Los coches iban por el campo a velocidades de hasta 64 km/h, mientras el árbitro seguía la acción a pie. Al final del partido la mayoría de los coches acababan destrozados.

Primeros bólidos

Algunos de los primeros bólidos llevaban un **mecánico** a bordo para hacer reparaciones.

Depósito de combustible cilíndrico

Pequeño parabrisas redondo conocido como monóculo

137 km/h

Lancia Tipo 55 Corsa
Italia, 1910

La manivela hace arrancar el motor

129 km/h

Mercer Tipo 35R Raceabout
Estados Unidos, 1910

Asientos baquet

Duesenberg 183 Estados Unidos, 1921

180 km/h

121 km/h

Stutz Bearcat Estados Unidos, 1912

VELOCIDAD Los tres más rápidos

Auto Union Tipo D
330 km/h

Mercedes-Benz W125
330 km/h

Maserati 8C 3000
240 km/h

Bugatti Tipo 35B Francia, 1927

Ruedas de aluminio de ocho radios

204 km/h

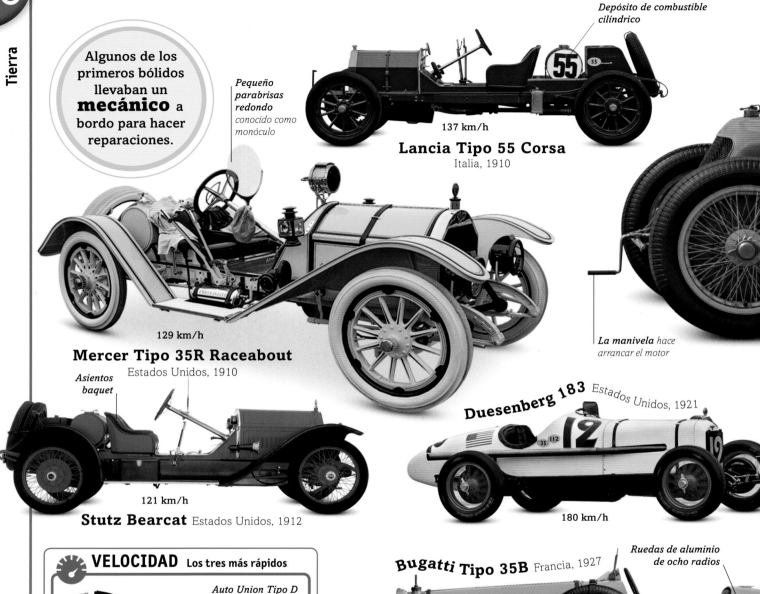

Las primeras competiciones implicaban velocidad, pero también fiabilidad, ya que los primeros coches se averiaban mucho. Con el tiempo, la tecnología los hizo más fiables y se transformaron en demonios de la velocidad.

Algunos de los primeros pilotos de carreras se convirtieron en constructores de coches. El italiano Vincenzo Lancia, ganador de la carrera Coppa Florio en 1904, fabricó el **Lancia Tipo 55 Corsa**. Al otro lado del Atlántico, el **Stutz Bearcat** ganó 25 de las 30 carreras que disputó, y el **Mercer**

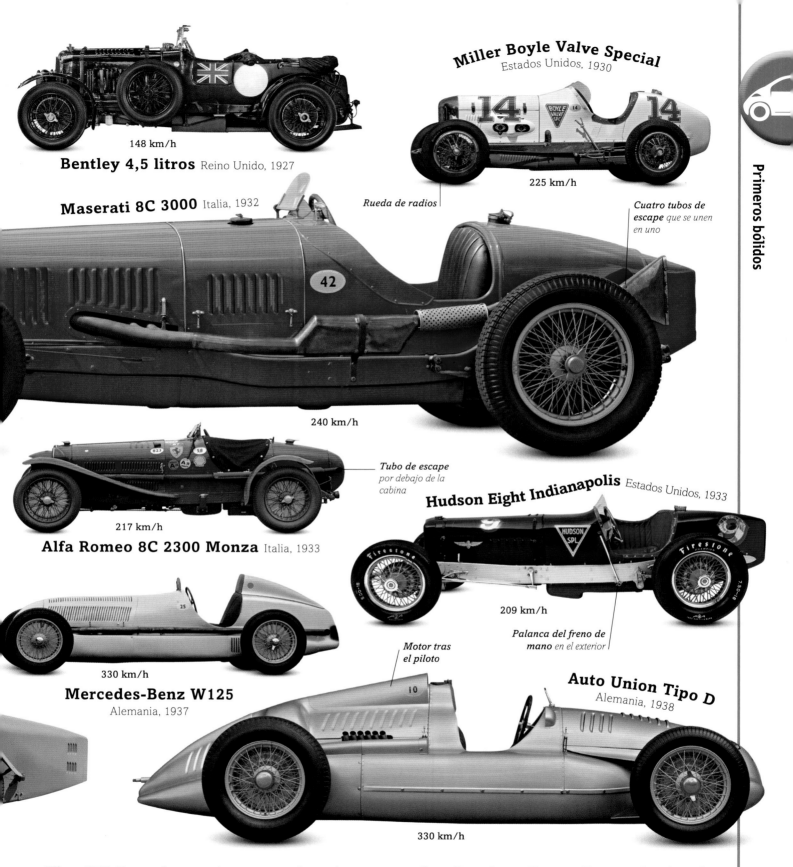

148 km/h

Bentley 4,5 litros Reino Unido, 1927

Miller Boyle Valve Special
Estados Unidos, 1930

225 km/h

Rueda de radios

Maserati 8C 3000 Italia, 1932

Cuatro tubos de escape que se unen en uno

42

240 km/h

Tubo de escape por debajo de la cabina

217 km/h

Alfa Romeo 8C 2300 Monza Italia, 1933

Hudson Eight Indianapolis Estados Unidos, 1933

209 km/h

Palanca del freno de mano en el exterior

330 km/h

Mercedes-Benz W125
Alemania, 1937

Motor tras el piloto

Auto Union Tipo D
Alemania, 1938

10

330 km/h

Tipo 35R Raceabout se impuso en cinco de sus seis primeras carreras en 1911. Mantuvieron su forma de caja hasta pasada la Primera Guerra Mundial, cuando empezaron a surgir formas más esbeltas. En 1921, el **Duesenberg 183** fue el primero cien por cien estadounidense que ganó un Gran Premio en Europa. Durante las décadas de 1920 y 1930 se produjeron bólidos increíbles, como el **Alfa Romeo 8C 2300 Monza** y el **Bugatti Tipo 35B**. El Tipo 35 ganó más de 1000 carreras y compitió con coches alemanes, como el **Mercedes-Benz W125**, que dominó en 1937.

Coches con estilo

Mercedes-Benz 500K Special Roadster Alemania, 1934

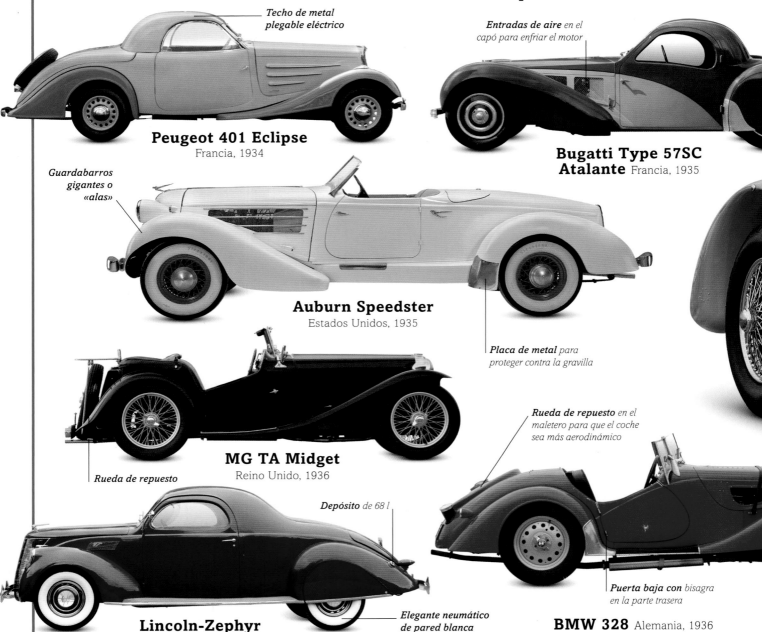

Techo de metal plegable eléctrico

Peugeot 401 Eclipse Francia, 1934

Entradas de aire en el capó para enfriar el motor

Bugatti Type 57SC Atalante Francia, 1935

Guardabarros gigantes o «alas»

Auburn Speedster Estados Unidos, 1935

Placa de metal para proteger contra la gravilla

Rueda de repuesto

MG TA Midget Reino Unido, 1936

Rueda de repuesto en el maletero para que el coche sea más aerodinámico

Depósito de 68 l

Lincoln-Zephyr Estados Unidos, 1936

Elegante neumático de pared blanca

Puerta baja con bisagra en la parte trasera

BMW 328 Alemania, 1936

En los años treinta, los coches mostraron siluetas más esbeltas tras comprobar la importancia de la aerodinámica a alta velocidad. El interés por mejorar el rendimiento dio como resultado sorprendentes diseños de gran estilo.

El **Lincoln-Zephyr** fue toda una sensación en el Salón del Automóvil de Nueva York de 1936, mientras que el **Auburn Speedster** rugía sobre el asfalto con su motor de 148 CV, capaz de una velocidad máxima de 160 km/h. Aunque algunos coches deportivos europeos seguían

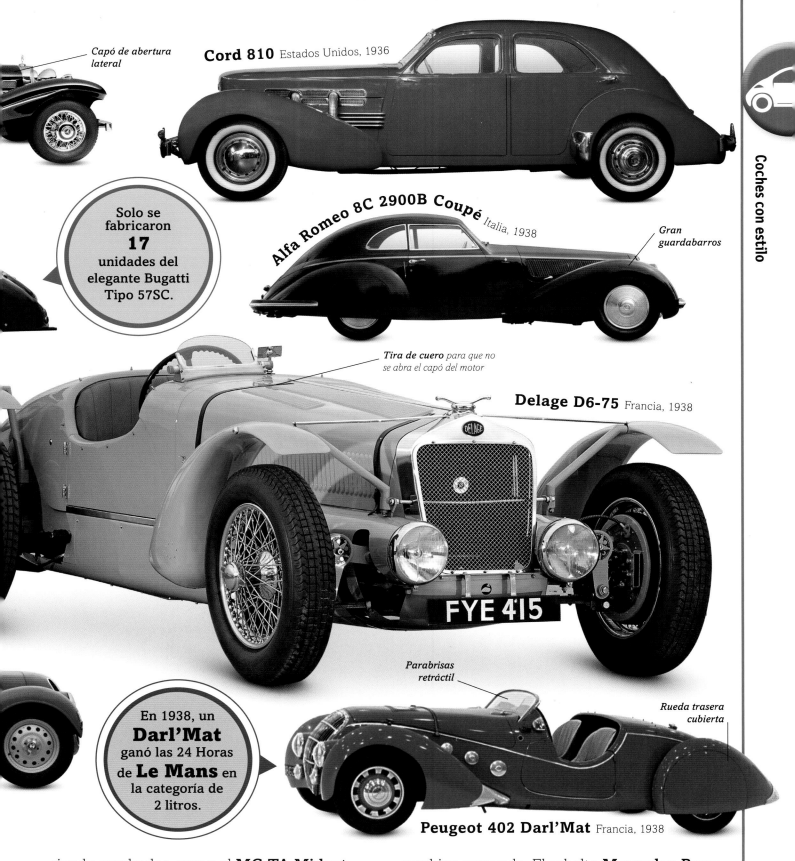

Capó de abertura lateral

Cord 810 Estados Unidos, 1936

Solo se fabricaron **17** unidades del elegante Bugatti Tipo 57SC.

Alfa Romeo 8C 2900B Coupé Italia, 1938

Gran guardabarros

Tira de cuero para que no se abra el capó del motor

Delage D6-75 Francia, 1938

FYE 415

Parabrisas retráctil

Rueda trasera cubierta

En 1938, un **Darl'Mat** ganó las 24 Horas de **Le Mans** en la categoría de 2 litros.

Peugeot 402 Darl'Mat Francia, 1938

siendo cuadrados, como el **MG TA Midget**, otros se diseñaban con formas redondeadas y rompedoras, como el **Alfa Romeo 8C 2900B Coupé**. El exótico **Peugeot 402 Darl'Mat** era extremadamente aerodinámico y contaba con un ligero chasis de aluminio y una caja de cambios avanzada. El esbelto **Mercedes-Benz 500K Special Roadster** estaba repleto de prestaciones avanzadas para su época, como cierre eléctrico en las puertas, intermitentes, frenos hidráulicos y suspensión independiente en cada rueda para una conducción más cómoda.

69

Aletas y adornos

Compartimento trasero con dos filas de asientos enfrentados para cuatro personas

Mercedes-Benz 300 Alemania, 1951

Buick Roadmaster
Estados Unidos, 1951

Cadillac Serie 62 Club Coupé Estados Unidos, 1952

Cadillac fue el primero que instaló grandes aletas

El motor de 7046 cc alcanza una velocidad máxima de 177 km/h

Armstrong Siddeley Sapphire Reino Unido, 1953

La gran aleta contiene el tapón del depósito de combustible de 87 litros

Puertas delanteras que se abren al revés que las traseras

Chrysler New Yorker
Estados Unidos, 1957

Esta gran aleta se separa del cuerpo

Studebaker Silver Hawk Estados Unidos, 1957

En la década de 1950 hubo un gran *boom* en Estados Unidos, y al final de ese período había unos 30 millones de coches más por sus carreteras. Los coches pasaron de ser un medio de transporte a todo un símbolo de estatus.

El primer coche de lujo alemán de la posguerra, el **Mercedes-Benz 300**, tenía capacidad para seis personas. Recibió el nombre de *Adenauer* en honor al canciller de Alemania occidental, que instaló un escritorio en uno de ellos. El norteamericano **Buick Roadmaster** era una joya de dos tonos

Tierra

70

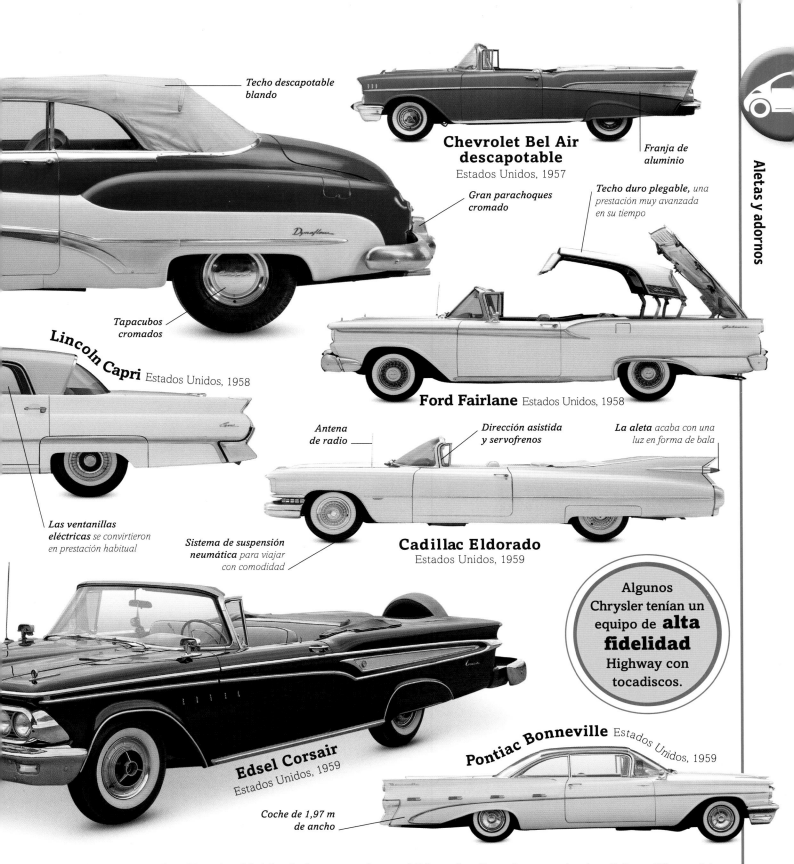

Techo descapotable
blando

**Chevrolet Bel Air
descapotable**
Estados Unidos, 1957

Franja de
aluminio

Gran parachoques
cromado

Techo duro plegable, una
prestación muy avanzada
en su tiempo

Tapacubos
cromados

Lincoln Capri Estados Unidos, 1958

Ford Fairlane Estados Unidos, 1958

Antena
de radio

Dirección asistida
y servofrenos

La aleta acaba con una
luz en forma de bala

Las ventanillas
eléctricas se convirtieron
en prestación habitual

Sistema de suspensión
neumática para viajar
con comodidad

Cadillac Eldorado
Estados Unidos, 1959

Algunos
Chrysler tenían un
equipo de **alta
fidelidad**
Highway con
tocadiscos.

Edsel Corsair
Estados Unidos, 1959

Pontiac Bonneville Estados Unidos, 1959

Coche de 1,97 m
de ancho

de color y cromados. Estados Unidos había entrado en la época de los aviones de reacción, lo que se reflejó en el diseño de muchos coches, como el **Pontiac Bonneville**, de estilo futurista y grandes aletas. Se hicieron coches más largos. El **Chrysler New Yorker** medía más de 5,5 m, mientras que el **Lincoln Capri** superaba los 5,8 m. El cambio automático cobró popularidad en coches grandes, como el **Chevrolet Bel Air** descapotable, que contaba con inyección de combustible y lujoso diseño. Sigue siendo uno de los coches de la época más codiciados por los coleccionistas.

71

Más y más veloces

Tuerca de mariposa, que permite un cambio rápido

Mercedes-Benz W196 Alemania, 1954

Volante extraíble

196

10

El gran depósito de 200 litros con un 50 por ciento de metanol

Gran aleta de estabilización

Maserati 250F Italia, 1954

63

Jaguar Tipo D Reino Unido, 1956

83

Reposacabezas

Aston Martin DBR1 Reino Unido, 1956

5

101

Este bólido de Fórmula 1 ganó **8 Grandes Premios** entre 1954 y 1960.

Barra antivuelco para proteger al piloto en caso de accidente

Huffaker-Offenhauser Special Estados Unidos, 1964

MG LIQUID SUSPENSION Special

STP

76

El diseño de los coches de carreras avanzó mucho a partir de la década de 1950. Los ingenieros buscaban mayores prestaciones para aumentar la velocidad, mejorar el pilotaje y potenciar el rendimiento para ser el primero en cruzar la línea de meta.

La competición en circuitos empezó en la década de 1950. La mayoría de los coches llevaban motor delantero, como el **Maserati 250F** y el **Mercedes-Benz W196**, ganador de los campeonatos de Fórmula 1 (F1) de 1954 y 1955. A finales de esa década, de despertó la locura

Lotus 49 *Reino Unido, 1967*

Ford GT40 MKII Estados Unidos, 1966

Morro con alerón bajo

Lola-Cosworth T500 *Reino Unido, 1978*

FIRST NATIONAL CITY TRAVELERS CHECKS

Carrocería de fibra de carbono

Benetton-Ford B193 *Reino Unido, 1993*

UNITED COLORS OF BENETTON.

Alerón trasero ajustable

Williams-Renault FW18
Reino Unido, 1996

Holden VR Commodore SS Australia, 1993

El Williams-Renault FW18 ganó **12** de las **16 carreras** de **F1** de 1996.

Parabrisas con enganches para retirada rápida

Gran alerón aerodinámico para dar estabilidad al coche a gran velocidad

Goodwrench Service

El motor de 3000 cc alcanza los 354 km/h

El alerón delantero mejora el agarre

Chevrolet Monte Carlo Estados Unidos, 2000

por los motores traseros en los coches de F1 e Indy. Las carreras de coches deportivos también vieron grandes cambios. Los coches de habitáculo abierto, como el **Jaguar Tipo D**, ganador de las 24 Horas de Le Mans de 1955, 1956, y 1957, se sustituyeron por coches con habitáculo cerrado.

El esbelto **Ford GT40 MKII** acabó primero, segundo y tercero en Le Mans en 1966. Un **Holden VR Commodore SS** ganó el campeonato de turismos australiano de 1995, mientras que muchos pilotos de la NASCAR corrían con el **Chevrolet Monte Carlo**.

73

Rápidos y furiosos

Bentley Speed 8 Reino Unido, 2001

El alerón trasero da estabilidad al coche

Le Mans, 330 km/h

Aston Martin DBR9 Reino Unido, 2005

Le Mans, 299 km/h

Faros potentes para la competición nocturna

Audi R10 Alemania, 2006

Le Mans, 339 km/h

Un transmisor de radio envía información de rendimiento al equipo

Jaula de seguridad para proteger al piloto en caso de vuelco

BMW M3 GT2 Alemania, 2008

Le Mans, 290 km/h

Ferrari F2008 Italia, 2008

Potentes frenos de disco para detener en 3 s un coche lanzado a 200 km/h

Los veloces bólidos modernos se diseñan por ordenador, y son sometidos a pruebas en el túnel de viento para asegurarse de que su diseño da el rendimiento máximo. No se repara en gastos en estas preciosas joyas de la velocidad.

Los mejores coches de competición deben ser rápidos, pero cada modalidad exige distintas cosas a los vehículos. Los potentes coches de rally deben ser robustos y capaces de rodar por carreteras y caminos de terreno difícil. El **Volkswagen WRC Polo R**, ganador del Campeonato del Mundo,

Fórmula 1, 322 km/h

McLaren-Mercedes MP4/23 Reino Unido, 2008

Los neumáticos de goma anchos y calefactados mejoran el rendimiento

La ventana lateral con bisagra actúa como puerta

Lola Aston Martin LMP1
Reino Unido, 2009

Le Mans, 336 km/h

Chevrolet SS Estados Unidos/Australia, 2013

Aletas grandes en el techo que se levantan en caso de choque para mantener el coche en el suelo

NASCAR, 316 km/h

Un piloto de F1 **cambia de marcha** más de **3600 veces** en un Gran Premio.

Indycar, 370 km/h

Dallara/Chevrolet de la escudería Penske
Estados Unidos, 2014

Volkswagen WRC Polo R Alemania, 2014

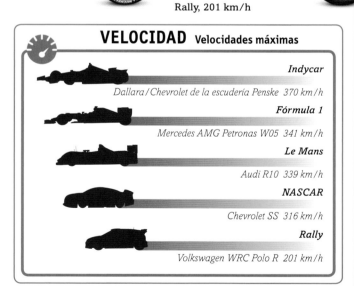

Rally, 201 km/h

Fórmula 1, 322 km/h

Mercedes AMG Petronas W05 Alemania, 2014

Fórmula 1, 341 km/h

VELOCIDAD Velocidades máximas

Indycar
Dallara/Chevrolet de la escudería Penske 370 km/h

Fórmula 1
Mercedes AMG Petronas W05 341 km/h

Le Mans
Audi R10 339 km/h

NASCAR
Chevrolet SS 316 km/h

Rally
Volkswagen WRC Polo R 201 km/h

puede acelerar de 0 a 100 km en 3,9 segundos. Los coches de resistencia deben ser muy fiables. En 2009, el **Lola Aston Martin LMP1** cubrió 5084 km en las 24 Horas de Le Mans. Su piloto, Tom Kristensen, ganó la carrera nueve veces, todo un récord, con un **Bentley Speed 8** y un **Audi**

R10. Danica Patrick, con un **Chevrolet SS**, fue la primera mujer que consiguió la *pole position* de las 500 millas de Daytona. Lewis Hamilton fue campeón del mundo con el **McLaren-Mercedes MP4/23** en 2008 y repitió en 2014, al volante del **Mercedes AMG Petronas W05**.

LA PRUEBA DEFINITIVA

Cruzar dunas de arena gigantes a todo gas es solo uno de los desafíos que tuvo que superar este Monster Energy X-Raid Mini en el París Dakar de 2013, considerada la prueba más dura para coches y pilotos del planeta entero. Los participantes compiten a lo largo de más de 8500 km del terreno más duro imaginable, desde suelos rocosos hasta desiertos gigantes y pistas forestales.

El Dakar se disputó por primera vez en 1979 a través del Sahara en África, pero desde 2009 abandonó el continente. Más de 400 coches, motos, quads y camiones participan en cada edición, pero menos del 60 por ciento cruzan la meta. Este Mini, de construcción robusta y con tracción integral, cuenta con un potente motor capaz de alcanzar los 178 km/h y depósitos de combustible de hasta 400 litros. El piloto Stéphane Peterhansel es una leyenda del Dakar. Ganó la categoría de motos del rally seis veces antes de pasarse a los coches. Tras dos semanas enteras de una fenomenal conducción fuera de pista con su Mini, Peterhansel ganó el Dakar del 2013, su quinta victoria en coches.

Coches divertidos

Alerón trasero

MICHE

Jeep Willys MB
Estados Unidos, 1941

Parabrisas abatible con limpiaparabrisas accionados a mano en los primeros modelos

El neumático de tacos da agarre en terrenos complicados

8 20103442

Mini Moke
Reino Unido, 1964

Leyland Mini Moke Australia, 1968

Rueda de 25 cm

Caja lateral de acero para la batería del coche

Dune Buggy Estados Unidos, 1960

Entre 1960 y 1980, uno de cada **dos coches** de Magnetic Island, Australia, era un Mini Moke.

Suzuki Jimny LJ10 Japón, 1970

Rueda de repuesto en lugar de un cuarto asiento

Parabrisas abatible

Asientos baquet con **arnés** para asegurar al piloto y al copiloto

Volkswagen Escarabajo Baja Bug Alemania, década de 1970

La rejilla permite ventilar el motor

Chasis reforzado de rally

Ford Escort RS1800 Reino Unido, 1973

DUCKHAMS **ROTHMANS** 28th ACROPOLIS RALLY ROT

PIRELLI 8

BILSTEIN

Barra de remolque **robusta** para tirar del coche si se encalla

Conducir puede ser un placer, pero ¡hay coches que son pura diversión! Algunos se han modificado, o diseñado de cero, para divertirse conduciendo por carreteras abiertas, a través de la arena o siguiendo caminos y tramos de rally.

El **Jeep Willys MB** llegaba casi a todas partes. Se produjeron más de 600 000 en la Segunda Guerra Mundial. Los Jeep civiles llegaron a continuación hasta que en 1986 fueron sustituidos por el **Jeep Wrangler**, que permitía cambiar entre tracción trasera o integral. Otros derivan también de

Tapón del depósito de combustible de 290 litros

Motor V12 de un superdeportivo Lamborghini Countach

Lamborghini LM002 Italia, 1986

Peugeot 205 T16 Evo 2 Francia, 1985

Media puerta de acero

Rueda de recambio

Puerta trasera para que entren los pasajeros

Jeep Wrangler Estados Unidos, 1987

Suspensión de alto rendimiento para los baches

MCC Smart Crossblade Francia, 2002

Sin puertas para conducir al aire libre

Las puertas son opcionales en este biplaza

El Crossblade no tiene **puertas**, **parabrisas** ni **techo**.

Secma F16 Sport Francia, 2008

prototipos militares, como el **Lamborghini LM002**, un vehículo con tracción integral, aire acondicionado y equipo de música en el techo. El **Leyland Mini Moke**, en cambio, era un vehículo minimalista, sin apenas protección para el conductor. El **Dune Buggie** se fabricó expresamente para ir por la playa, mientras que otros coches modificados, como el **Baja Bug**, tenían un chasis elevado y suspensiones resistentes para los terrenos más difíciles. Hoy se siguen fabricando coches de este tipo, como el **Secma F16 Sport**, con carrocería de plástico y techo descapotable.

Coches locos

Carrocería de madera

Leyat Hélica Francia, 1919

Brooke Swan
Reino Unido, 1910

Resaltes que imitan excrementos de ave

Disco-rueda de aluminio

BMW Isetta 600 Detonador Alemania, 1958

Envergadura de 10,4 m

Aerocar
Estados Unidos, 1954

Puertas de ala de gaviota

Este coche de **James Bond** puede ir a más de 180 km/h marcha atrás.

Carrocería colorida

Carrocería de acero inoxidable pulido

DeLorean DMC-I2
Reino Unido 1981

Wienermobile Estados Unidos, 2004

Aston Martin Vanquish Reino Unido, 2002

Ametralladoras

Oscar Mayer

KE02 EWW

Cohetes en la rejilla del radiador

¿Creías que todos los coches eran una caja sobre ruedas? En algunas ocasiones, los diseñadores y los ingenieros han dejado volar su imaginación y han planteado diseños muy atrevidos y sorprendentes que han llegado a convertirse en realidad.

Algunas de estas máquinas locas, como el **Brooke Swan**, que escupe agua caliente y vapor por el pico, fueron piezas únicas construidas para excéntricos, o para películas, como el **Batmóvil** *Tumbler*. El **Flatmobile** se realizó para batir récords: con solo 48,2 cm de altura, es el coche

Batmóvil *Tumbler* Estados Unidos, 2005

Cuatro ruedas traseras

COCHE DE CALLE MÁS BAJO

48,2 cm de altura

Flatmobile Reino Unido, 2007

Motor de reacción casero
a partir de un turbocompresor
de camión Volvo F10

Terrafugia Transition Estados Unidos, 2009

Los electroimanes
fijan las alas en su
posición

Tiene una palanca
de control de avión y
un volante de coche

El Transition puede **cambiar** de coche a avión en menos de **60 s**.

Toyota FV2 Japón, 2013

Enorme motor
V8 Buick-Rover
en la parte trasera

Control del piloto a
través del movimiento
del cuerpo

Habitáculo en forma
de perrito caliente

Habitáculo
pequeño

Onda Solare Emilia 3 Italia 2013

Paneles solares de
más de 1200 vatios para
impulsar los motores

de calle homologado más bajo del mundo. Los coches voladores están entre los más locos, pero el **Aerocar** y el **Terrafugia Transition** podían volar gracias a sus alas abatibles y la hélice en la parte trasera que empujaba el coche. El **Leyat Hélica** no volaba, pero su hélice de avión lo propulsaba hasta los 170 km/h. Algunos coches estrafalarios son experimentos para probar ideas, como el **Onda Solare Emilia 3**, propulsado con energía solar, o el **Toyota FV2**, ¡cuya carrocería cambia de color para reflejar el estado de ánimo de su conductor!

DEL ASFALTO A LAS OLAS

¿Es un coche o una barca? ¡Las dos cosas! El WaterCar Panther es un vehículo anfibio estadounidense capaz de avanzar por el agua o por tierra firme. Cuando está en un lago, en un río o en una bahía, su motor hace funcionar los propulsores de chorro que absorben agua y después la expulsan por la parte trasera para moverlo a una velocidad de hasta 70 km/h.

Sobre el asfalto, el motor de 3,7 litros de un Honda Acura mueve sus ruedas traseras para propulsarlo a una velocidad máxima de 128 km/h. La carrocería de fibra de vidrio sobre chasis de acero de 4,6 m de longitud, impermeable y con el aspecto de un todoterreno, puede llevar a cuatro personas. Algunas partes del vehículo están rellenas de Styrofoam, un material muy ligero, para que flote más. Al llegar al agua, lo único que tiene que hacer el piloto es tirar de un mando para activar los propulsores de chorro y pulsar un botón. El Panther hace el resto, usando su suspensión hidráulica para retraer las ruedas. ¡Todo en menos de 15 segundos! En el agua, se desliza con facilidad. ¡Incluso puede tirar de un esquiador acuático o un *wakeboarder*!

Transporte familiar

Antena de radio

Motor en la parte trasera del coche

Hillman Imp
Reino Unido ,1963

El Cortina fue el **coche más vendido** del Reino Unido entre 1972 y 1981.

Ford Cortina MK I GT
Reino Unido, 1963

Tapacubos cromados

Oldsmobile Starfire Estados Unidos, 1964

5,5 m de largo

Entradas de aire falsas, con fines estéticos

Austin Maxi 1750 Reino Unido, 1969

Asientos traseros abatibles para una mayor área de carga

Morris Marina Reino Unido, 1971

Depósito de 52 litros

Un coche familiar debe ser económico y tener el espacio suficiente para cuatro o cinco personas y mucho equipaje. Las marcas se esfuerzan en construir coches asequibles con el equilibrio perfecto entre espacio, rendimiento y precio.

Los coches familiares de la década de 1960, como el **Oldsmobile Starfire**, solían seguir un diseño de tres cuerpos: el compartimento del motor, el habitáculo para los pasajeros y un gran maletero. El **Hillman Imp** lo cambió todo colocando el motor detrás; y los primeros compactos, como el

Volkswagen Golf GTI Alemania, 1975

*Tracción delantera
y motor de 110 CV*

*Velocidad máxima
de solo 93 km/h*

Fiat Strada/Ritmo Italia, 1978

*Tracción
delantera*

Trabant Alemania Oriental, 1989

Peugeot 406 Francia, 1995

*El motor alcanzaba
una velocidad máxima
de 100 km/h*

OF·921 A

Volvo V70 T5 Suecia, 1997

*Carrocería de
material reciclado*

Mercedes-Benz clase A MKII Alemania, 2004

*Velocidad máxima
de 218 km/h*

Austin Maxi 1750, tenían un portón trasero para ofrecer más espacio de carga. El asequible **Morris Marina** se fabricó para competir con el éxito de ventas del **Ford Cortina**, la elección de más de dos millones de clientes, sobre todo en el Reino Unido. A partir de la década de 1970 aparecieron familiares más estilizados, más compactos, como el **Fiat Strada/Ritmo** y el **Volkswagen Golf GTI**, pionero de una nueva categoría: los compactos deportivos. Tenían el diseño de un compacto y unas prestaciones más deportivas. Hasta la fecha se han fabricado más de 29 millones de Golf.

Guerreros del campo

Spyker 60HP
Países Bajos, 1903

Ruedas propulsadas por un motor de 8 litros

Baja altura para facilitar la carga

Jeep Wagoneer Estados Unidos, 1972

Asientos traseros abatibles que dan un gran espacio de carga

Subaru Leone Estate Japón, 1972

Posibilidad de cambio a tracción trasera o integral

Velocidad máxima de 248 km/h

Audi Sport Quattro Alemania, 1983

Corta distancia entre ejes de 2,2 m

Alerón trasero bajo

Daihatsu Sportrak Japón, 1987

El turbocompresor lanza la potencia del motor hasta 185 CV

SUBIDA EMPINADA

Algunos 4x4 pueden subir por pendientes de hasta 45°

Lancia Delta Integrale
Italia, 1987

Los coches con tracción integral, que se conocen como «4x4», dirigen la potencia del motor a las cuatro ruedas, lo que se traduce en un mejor agarre en carreteras deslizantes y condiciones complicadas fuera de pista.

El **Spyker 60HP** fue en 1903 el primer coche de gasolina con tracción integral. Sin embargo, hasta las décadas de 1960 y 1970 solo se produjeron 4x4 militares y para fines específicos, como los Land Rover. El **Subaru Leone Estate** fue uno de los primeros de uso generalizado. Se diseñó para

Land Rover Discovery series II Reino Unido, 1998

Parachoques de goma

Velocidad máxima de 158 km/h

Volvo XC90 Suecia, 2002

Range Rover Sport Reino Unido, 2005

Suspensión electrónica para mejor conducción en carreteras reviradas

Caja de carga abierta

Lincoln MK LT
Estados Unidos, 2005

Puerta trasera abatible

Hummer H3 Estados Unidos, 2005

Con la rueda de repuesto la longitud total es de 4,8 m

Saturn Outlook Estados Unidos, 2006

Tres filas de asientos para transportar hasta ocho personas

El H3 fue el más **pequeño** de todos los modelos de Hummer, y el **único** que fabricó **GM**.

carretera bajo cualquier condición y para algo de conducción suave fuera de pista. En la década de 1980, 4x4 robustos y rápidos, como el **Lancia Delta Integrale** y el **Audi Sport Quattro**, dominaron los rallies. Por aquel entonces ya habían aparecido algunos utilitarios deportivos (conocidos como SUV, por sus siglas en inglés). Estos coches robustos, como el **Daihatsu Sportrack** y el **Volvo XC90**, son más altos a fin de evitar los golpes en carreteras muy bacheadas. El potente **Hummer H3** puede hundirse en el agua hasta 60 cm.

Descapotables y deportivos

El techo blando se plegaba a mano

MGB descapotable
Reino Unido, 1962

Austin-Healey 3000 MKIII Reino Unido, 1963

Rueda con radios finos

Porsche 911 Alemania, 1965

Ford Mustang Fastback
Estados Unidos, 1965

Maletero pequeño y estrecho con capacidad solo para la rueda de repuesto

Motor trasero

Ferrari Dino 246GT Italia, 1969

Faro con tapa de plástico transparente

559 VF

Los deportivos, de aceleración rápida y potente frenada, son pura adrenalina. La mayoría son biplazas y ofrecen mejor rendimiento y un pilotaje más agresivo que los coches típicos. Los descapotables cuentan con un techo plegable.

¡Nuevos o antiguos, la pasión por los deportivos no conoce límites! El primer **Chevrolet Corvette** se fabricó en 1953 y la séptima generación es del año 2014. Se han fabricado más de 820 000 **Porsche 911**. Entre los dos millones de Mustang vendidos en los dos primeros años de producción estaban

Datsun 260Z Japón, 1973

Pontiac Trans Am
Estados Unidos, 1975

Motor V8 bajo el capó de acero

Intermitentes

Chevrolet Corvette Estados Unidos, 1980

El Datsun 260Z fue uno de los deportivos más **vendidos** en la década de 1970.

Capó largo e inclinado

Mazda MX-5 (MKI)
Japón, 1989

Rueda de aleación con freno de disco

Carrocería de fibra de vidrio sobre un chasis de aluminio

Hasta 2015 se habían vendido más de **940 000 MX-5**.

Lotus Elise Reino Unido, 1996

Morgan Aero 8 Reino Unido, 2001

Audi TT Roadster
Alemania, 1999

Rejilla para dirigir el aire hacia los frenos delanteros y refrigerarlos

los **Ford Mustang Fastback**. Muchos Mustang de finales de la década de 1960 y 1970 montaban grandes motores V8 para ofrecer la fuerza bruta que daban los coches de su misma categoría, como el **Pontiac Trans Am**. Los deportivos con motores más pequeños, aunque no sean tan potentes y rápidos, son también muy divertidos de conducir por su peso ligero. El **Mazda MX-5** pesaba 890 kg, y el **Lotus Elise**, apenas 725 kg. El popular descapotable **MGB** de techo blando vendió medio millón de modelos tan solo en el Reino Unido.

Minicoches

Tierra

El frontal *se abre como una puerta*

① **Volkswagen Escarabajo** Alemania, 1945

Motor trasero refrigerado por aire a través de las rendijas

4,1 m de largo

② **BMW Isetta 300** Alemania, 1955

2,3 m de largo

③ **Messerschmitt KR200** Alemania, 1956

2,8 m de largo

Las puertas *se abren por delante*

El Subaru 360 tardaba **37 s** en acelerar de 0 a 97 km/h.

④ **Frisky Family Three** Reino Unido, 1958

3,1 m de largo

⑤ **Subaru 360** Japón, 1958

⑥ **Austin Mini Seven** Reino Unido, 1959

Espacio para cuatro asientos

2,95 m de largo

⑦ **Peel P50** Reino Unido, 1963

El coche *tiene un asa en la parte trasera para aparcarlo tirando de ella*

1,3 m de largo

Un coche pequeño permite escurrirse y avanzar por estrechas calles urbanas o entrar con calzador en diminutas plazas de aparcamiento. De peso ligero y bajo precio, con su motor de baja cilindrada es barato hacer rodar estos minicoches.

A partir del éxito del **Volkswagen Escarabajo**, una oleada de minicoches aparecieron en las décadas de 1950 y 1960. El **Messerschmitt KR200** solo llevaba al conductor y un pasajero, mientras que el **BMW Isetta 300**, con su forma de huevo, tenía dos ruedas delanteras muy juntas

⑧ **Reliant Robin** Reino Unido, 1973

3,3 m de largo

Una rueda delante

⑨ **Smart City-Coupé** Alemania/Francia, 1998

2,5 m de largo

TAMAÑO De más pequeño a más grande

7 2 12 9 3 5 6
4 11 8 10 1

⑩ **Fiat 500** Italia, 2007

Pequeño maletero sobre el motor

3,5 m de largo

⑪ **Tata Nano** India, 2009

nano twist

3,1 m de largo

Techo de fibra de vidrio

Tapón de la gasolina bajo el capó

⑫ **Renault Twizy ZE** Francia, 2012

2,9 m de largo

Espacio de carga bajo el capó, ya que el motor está detrás

Ruedas pequeñas de 32,5 cm

Puertas de tijera que se abren hacia arriba

2,3 m de largo

y contaba con un motor de moto tras el asiento. Muchos coches de tres ruedas, como el **Reliant Robin** y el **Frisky Family Three**, requerían solo carnet de moto. Mientras que únicamente se vendieron unos cientos de unidades del **Frisky**, las ventas del popularísimo **Austin Mini Seven** superaron los cuatro millones en 1976. Hoy en día, los minicoches como el **Smart City-Coupé** y el **Tata Nano** son todo un éxito en ciudades con mucho tráfico. Aun así, son grandes si se comparan con el **Peel P50**, que es el coche más pequeño del mundo, pues pesa solamente 59 kg.

EL MICROCOCHE MOPETTA

En 1958, el diseñador alemán Egon Brütsch decidió que iba a construir el coche más pequeño del mundo para presentarlo en la Exposición Internacional de Bicicletas y Motocicletas de Fráncfort. Su idea era utilizar un nuevo material, conocido como fibra de vidrio, para fabricar dos paneles que, unidos, crearían un microcoche con forma de huevo.

Brütsch construyó el prototipo del Mopetta en una noche, pero no tuvo tiempo de solucionar la mecánica antes de la exposición, así que el microcoche quedó expuesto en un lugar elevado, lejos de miradas curiosas. En vista del éxito, Brütsch se vio obligado a hacerlo funcionar. El resultado fue un monoplaza de tres ruedas de 1,75 m de largo y 0,9 m de ancho con motor de 50 cc y velocidad máxima de 35 km/h. Con su carrocería de fibra de vidrio, Brütsch creía que podría usarse también como barca. Pese a las fotografías publicitarias en que el Mopetta aparecía cruzando un río poco profundo, nunca se logró hacerlo totalmente estanco. El Mopetta no llegó a despegar y solo se produjeron 14 unidades.

Supercoches

Motor transversal tras el asiento del piloto

Lamborghini Miura Italia 1966

285 km/h

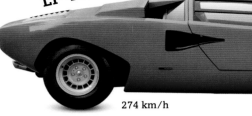

Lamborghini Countach, LP 400 Italia 1974

274 km/h

El alerón mantiene las ruedas en el suelo a alta velocidad

Lamborghini Murcielago Italia 2004

322 km/h

Marcello Gandini diseñó el Miura antes de cumplir los **28** años.

El piloto se sienta en el centro y un poco más adelante que los dos asientos para pasajeros

McLaren F1 LM Reino Unido 1995

370 km/h

Llantas de magnesio de cinco radios y neumáticos fabricados especialmente para este coche

Carrocería de fibra de carbono, ligera pero resistente

0-100 KM/H

Caparo T1 — 2,5 s

Porsche 918 RSR Spyder — 3,0 s

Koenigsegg CCX-R — 3,1 s

Pagani Zonda Italia 1999

354 km/h

Los coches deportivos de gama alta, o superdeportivos, son increíblemente rápidos, y suelen ser también extremadamente caros. Sus pocas unidades se acaban a mano y son el último grito en velocidad y pilotaje.

El primer supercoche apareció en la década de 1960. Los coches de gama alta, como el **Lamborghini Miura**, tenían líneas esbeltas, motores potentes y eran muy bajos. El sucesor del Miura, el **Countach, LP 400**, tenía una altura de solo 1,1 m. Algunos supercoches se

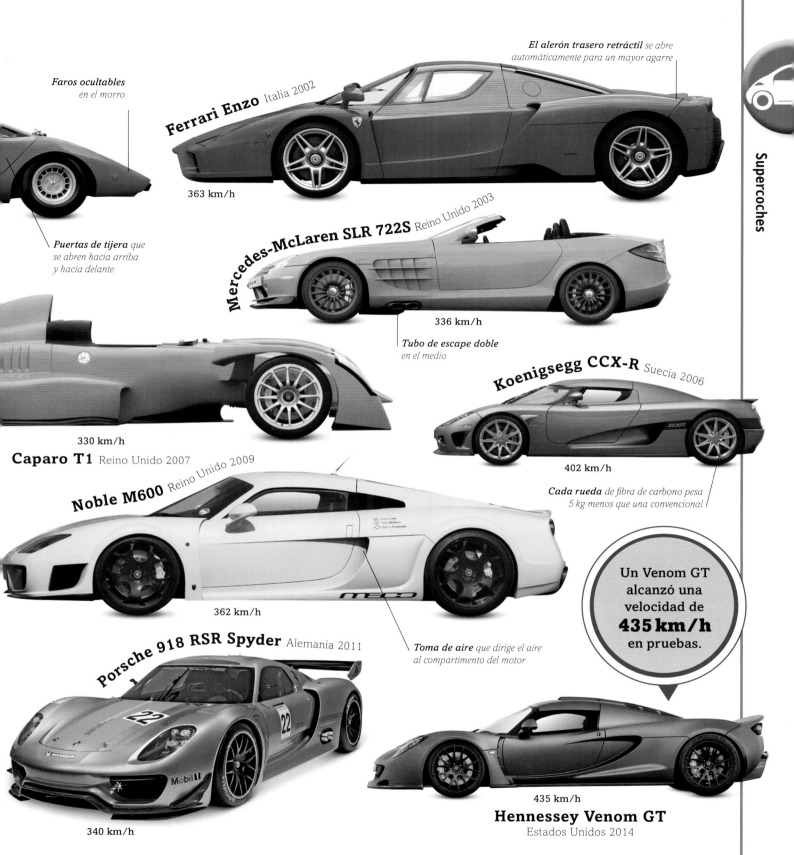

Faros ocultables en el morro

Ferrari Enzo Italia 2002

El alerón trasero retráctil se abre automáticamente para un mayor agarre

363 km/h

Puertas de tijera que se abren hacia arriba y hacia delante

Mercedes-McLaren SLR 722S Reino Unido 2003

336 km/h

Tubo de escape doble en el medio

Koenigsegg CCX-R Suecia 2006

402 km/h

330 km/h

Caparo T1 Reino Unido 2007

Cada rueda de fibra de carbono pesa 5 kg menos que una convencional

Noble M600 Reino Unido 2009

362 km/h

Un Venom GT alcanzó una velocidad de **435 km/h** en pruebas.

Porsche 918 RSR Spyder Alemania 2011

Toma de aire que dirige el aire al compartimento del motor

340 km/h

435 km/h

Hennessey Venom GT Estados Unidos 2014

fabrican con materiales de alta tecnología para reducir su peso; el **Caparo T1**, con sus 470 kg, es el más ligero. Los más pesados lo compensan con motores de gran potencia. El **Hennessey Venom GT** puede entregar hasta 1244 CV, diez veces la potencia de un utilitario. Los dos turbocompresores del **Noble M600** le dan una velocidad máxima de 362 km/h, y el **McLaren F1 LM** puede alcanzar los 370 km/h. Algunos tienen las últimas prestaciones de coches de competición, como el **Mercedes-McLaren SLR 722S**, con sus frenos electrónicos.

Coches de lujo

Buick NA 8/90
Estados Unidos, 1934

Portaequipajes externo

Rueda de repuesto en ambos lados

GAZ Chaika Unión Soviética, 1959

Chrysler New Yorker Estados Unidos, 1960

Las aletas traseras lo alargaban hasta los 5,6 m

Dirección asistida

Lincoln Continental Convertible
Estados Unidos, 1961

Las puertas traseras se abren por delante

Rolls-Royce Silver Cloud III Reino Unido, 1962

Jaguar Mark X Reino Unido, 1962

Con lo último en comodidad, los coches de lujo ofrecen las prestaciones más avanzadas para el conductor y para los pasajeros. Son los carísimos vehículos en que viajan los ricos, los poderosos y los famosos.

No había que preocuparse por cerrar las puertas del **Mercedes-Benz 600**, pues este coche de 2,6 t ¡las cerraba solo! Entre sus propietarios estuvieron el Papa y los presidentes de muchos países, e incluso Elvis Presley. En la Unión Soviética, el **GAZ Chaika**, con sus 5,6 m de longitud y sus siete

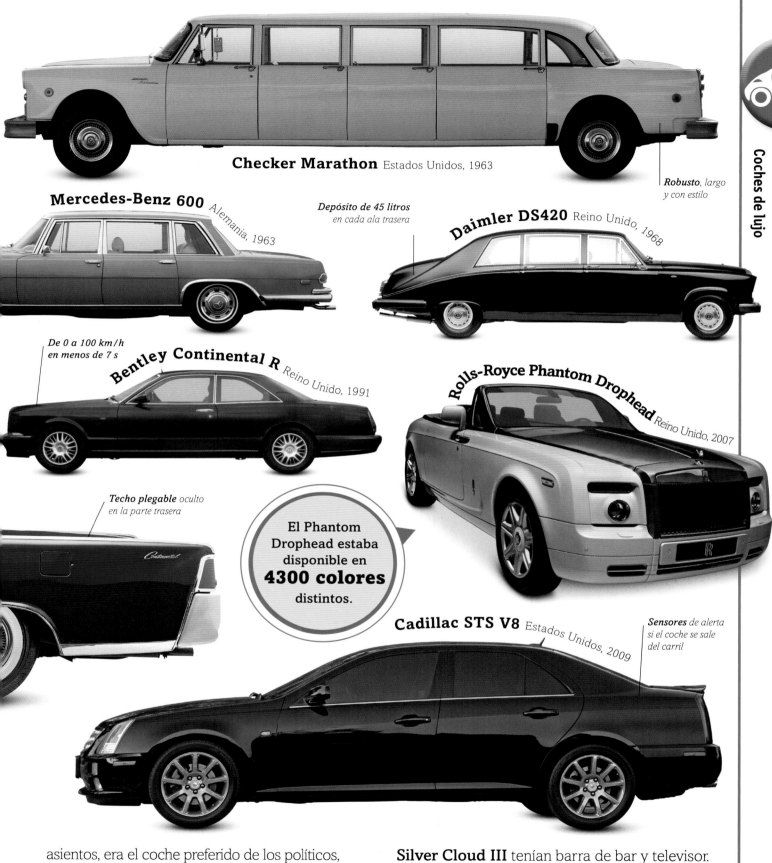

Checker Marathon Estados Unidos, 1963

Robusto, largo y con estilo

Mercedes-Benz 600 Alemania, 1963

Depósito de 45 litros en cada ala trasera

Daimler DS420 Reino Unido, 1968

De 0 a 100 km/h en menos de 7 s

Bentley Continental R Reino Unido, 1991

Rolls-Royce Phantom Drophead Reino Unido, 2007

Techo plegable oculto en la parte trasera

Continental

El Phantom Drophead estaba disponible en **4300 colores** distintos.

Cadillac STS V8 Estados Unidos, 2009

Sensores de alerta si el coche se sale del carril

asientos, era el coche preferido de los políticos, mientras que el majestuoso **Daimler DS420** fue el elegido por las familias reales británica, sueca y danesa. El coche se basó en el **Jaguar Mark X**, que contaba con un interior de madera muy ancho y mesas abatibles. Algunos **Rolls-Royce**

Silver Cloud III tenían barra de bar y televisor. El **Lincoln Continental Convertible** atraía todas las miradas con su diseño descapotable de cuatro puertas. La estatuilla del capó del **Rolls-Royce Phantom Drophead** se oculta bajo la carrocería cuando el coche se cierra.

Coches de récord

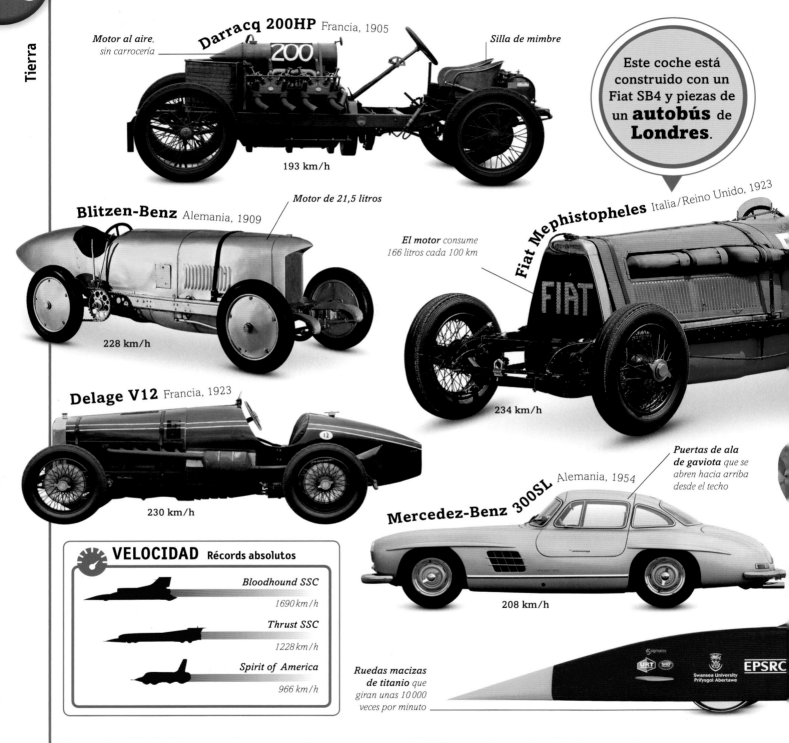

Darracq 200HP Francia, 1905

*Motor al aire,
sin carrocería*

Silla de mimbre

193 km/h

Este coche está construido con un **Fiat SB4** y piezas de **un autobús de Londres**.

Blitzen-Benz Alemania, 1909

Motor de 21,5 litros

228 km/h

Fiat Mephistopheles Italia/Reino Unido, 1923

El motor consume
166 litros cada 100 km

234 km/h

Delage V12 Francia, 1923

230 km/h

*Puertas de ala
de gaviota* que se
abren hacia arriba
desde el techo

Mercedez-Benz 300SL Alemania, 1954

208 km/h

VELOCIDAD Récords absolutos

Bloodhound SSC
1690 km/h

Thrust SSC
1228 km/h

Spirit of America
966 km/h

*Ruedas macizas
de titanio* que
giran unas 10 000
veces por minuto

La velocidad siempre fue un valor en un coche. Algunos se han construido con el objetivo de batir los récords de velocidad absolutos, mientras que los fabricantes han competido también para construir los coches de serie más rápidos.

El **Blitzen-Benz** fue el primer coche con motor de combustión interna que rompió la barrera de los 200 km/h. El año 1924, el **Delage V12** tuvo el récord de velocidad durante seis días antes de que lo batiera el **Fiat Mephistopheles** con un motor de avión. El **Bluebird CN7**, también con motor

Bluebird CN7 Reino Unido, 1962

Frontal abierto para una mayor entrada de aire

648 km/h

El carenado cubre la gran rueda de 1,3 m de diámetro

Spirit of America Sonic 1 Estados Unidos, 1965

SPIRIT OF AMERICA GOOD YEAR

966 km/h

Cuerpo de 10,4 m de longitud

Ferrari 365 GTB/4 Daytona Italia, 1968

280 km/h

Tubos de escape en los laterales

Rueda trasera con cadena

Thrust SSC Reino Unido, 1997

Motor de reacción Rolls-Royce Spey

1228 km/h

Bugatti Veyron Super Sport Alemania/Francia, 2012

431 km/h

Una rueda pinchada puede continuar rodando a 50 km/h

Aleta

Bloodhound SSC Reino Unido, 2015

Castrol EDGE Rolls-Royce AMADA JAIVEL ThyssenKrupp

ROYAL AIR FORCE RIS RAINHAM Institution of MECHANICAL ENGINEERS UWE BRISTOL STP ARMY JAGUAR

1690 km/h

de avión, fue el último que logró un récord en el que el motor impulsaba directamente las ruedas. Desde entonces los coches de récord, como el plusmarquista actual, el **Thrust SSC**, se propulsan con motores de reacción. El equipo **Bloodhound SSC** espera que su máquina, que cuenta con un motor de coche Jaguar, uno de reacción y uno de cohete, consiga un nuevo récord a velocidad supersónica. El **Mercedes-Benz 300SL** logró ser el coche de serie más rápido en 1955, récord que batió el **Ferrari 365 GTB/4**. El **Bugatti Veyron Super Sport** es hoy el coche de serie más rápido.

AL ROJO VIVO
¡Bruuum, bruuum! Dave Gibbons revoluciona su dragster Rough Diamond T en la pista británica de Santa Pod en 2014. Estas máquinas del demonio compiten en secciones rectas de pista asfaltada en carreras de alta velocidad que duran tan solo 5 o 6 s. Parpadea y te pierdes las batallas entre estos bólidos épicos, los coches de mayor aceleración del mundo entero.

Los dragsters combinan un motor de potencia descomunal con una explosiva mezcla de carburante. Los más potentes, los de la categoría Top Fuel, pueden generar hasta 8000 CV, una auténtica barbaridad, más que toda la potencia que generan los diez primeros coches de la NASCAR o la Fórmula 1 juntos en la parrilla de salida. Esta fenomenal fuerza lleva a los dragsters de 0 a 160 km/h en menos de 0,8 s. Al cabo de dos o tres segundos van lanzados como un cohete, a más de 400 km/h, mientras que los más rápidos cruzan la línea de meta a 500 km/h. Necesitan mucha ayuda para frenar y normalmente usan grandes paracaídas que se abren detrás del coche para generar resistencia y frenarlos.

Camión

Hay camiones de todo tipo. Los camiones articulados se dividen en dos partes: la tractora en la parte frontal, que contiene el motor y la cabina del conductor, y el remolque, al que se conecta con una rótula, para que el camión pueda realizar giros cerrados. El Kenworth C540 es un potente camión de larga distancia.

Cabina dormitorio
❯ En la cabina hay una cama, un espacio de almacenamiento y, a veces, también cocina, para los viajes largos.

Kenworth C540

Lona lateral

Semirremolque ❯ Esto es un semirremolque, porque no tiene ruedas delanteras, sino que se engancha a la tractora. Este modelo tiene paneles de lona laterales que se pueden abrir para cargar o descargar.

Ruedas ❯ Los dos grupos de ruedas traseras de la tractora soportan el peso del remolque.

Depósito de combustible

Luces laterales

Luz de cabina

Tubo de escape
❯ Los tubos de escape verticales liberan los gases residuales del motor.

Parabrisas

Retrovisor

Rejilla del radiador ❯
Permite la entrada de aire para refrigerar el motor diésel que propulsa el camión.

NILRAH EQUIPMEN
407-855-870
ORLANDO, F

BE·16·88

Escalones para subir a la cabina

Guardabarros

Parachoques | 103

Camiones de todo tipo

Chimenea de la máquina de vapor

Wallis & Steevens Wagon 7279 Reino Unido, 1912

Thornycroft Tipo J Reino Unido, 1917

Superficie plana para transportar sacos, cajas u otras cargas

THE SOUTHERN COUNTIES AGRICULTURAL TRADING SOCIETY LTD. CORN & SEED MERCHANTS WINCHESTER.
TELEGRAMS, FARMERS.
TELEPHONE, 382.

Neumáticos macizos de caucho

Cabina de dos puertas con un solo asiento

En la Primera Guerra Mundial, algunos Tipo J llevaban **metralletas** antiaéreas.

Piaggio Ape Modelo D Italia, 1967

Armazón para cubierta protectora

Subaru Sambar Kei Japón, 1969

Troncos en el remolque, del bosque al aserradero

Chevrolet C10 Estados Unidos, década de 1960

La cabina contiene una litera bajo el techo

Renault TR 280 Francia, 1971

Hay un camión para cada tarea, desde repartir paquetes por la ciudad hasta transportar animales, coches o productos en un remolque. Los primeros camiones motorizados iban a vapor; actualmente casi todos cuentan con motores diésel.

En Japón, los minúsculos camiones Kei, como el **Subaru Sambar**, transportan pequeñas cargas por las ciudades, y en Italia, el **Piaggio Ape Modelo D**, aún más pequeño, se desplaza sobre tres ruedas, con un motor de moto. Camionetas, como la **Chevrolet C10**, suelen ser algo más

MCD DAF 85 Países Bajos, 1992

Camión cisterna Mercedes-Benz 1838 Alemania, 1996

DAF XF105 Países Bajos, 2008

Los camiones de **competición** DAF 85 alcanzan los **160 km/h** en circuitos de carreras.

Tres grupos de ruedas soportan la parte trasera

Gran motor de 13 litros situado bajo la cabina del conductor

Escape vertical

Rejilla del radiador

Unidad tractora Volvo Bobtail Suecia, 2011

Habitáculo con cama para el conductor

Western Star 4900EX Estados Unidos, 2001

grandes que un turismo y disponen de una caja de carga abierta tras la cabina. Muchos camiones grandes, como el **Volvo Bobtail** y el **Western Star 4900EX**, se diseñaron para tirar de todo tipo de remolques. Estos camiones cuentan con una unidad tractora con cabina para el conductor y motor, y están articulados para que el camión pueda dar giros cerrados. Los remolques pueden tener forma de caja, ser abiertos o especiales, como el portacoches que remolca el **MCD DAF 85**, o la cisterna para líquidos remolcada por el **Mercedes-Benz 1838**.

Tierra

Camiones especiales

Cabina con tres asientos con acceso por el techo

Alvis Stalwart Reino Unido, 1966

Douglas P3
Reino Unido, 1970

Parte inferior estanca para cruzar cursos de agua

Cañón de agua y espuma con capacidad para disparar cientos de litros de líquido por minuto

Walter Snowfighter Estados Unidos, 1972

Gloster Saro Javelin Reino Unido, 1987

Grandes palas para apartar la nieve

Escalera telescópica para llegar a edificios de varios pisos

Gran depósito para residuos

Tracción integral en las seis ruedas

American La France Metrostik 75 Estados Unidos, 2000

Cabina más grande para transportar bomberos y equipamiento

Estabilizador de la escalera

Unos camiones son versátiles y transportan todo tipo de cargas, y otros se construyen para realizar una única tarea, y hacerla extremadamente bien. Aquí ves algunos de los camiones para tareas especiales más extraordinarios.

Los aeropuertos tienen remolcadores, como el **Douglas P3**, que puede tirar de un gran avión, y equipos de rescate de accidentes, como el **Gloster Saro Javelin**. Estos vehículos de bomberos son veloces y suelen tener tracción a las cuatro, seis u ocho ruedas para llegar enseguida al lugar del

Potente grúa para levantar grúas más pequeñas

Camión grúa Kenworth W900
Australia, 2007

Ambulancia Mercedes-Benz Citaro Alemania, 2009

Luces de advertencia destellantes

Ventanas de la cabina protegidas por una malla contra ramas y escombros

John Deere 843K
Estados Unidos, 2010

La Citaro es la ambulancia civil más **grande**, con espacio para **20 pacientes**.

Holder C270 Alemania, 2010

Sus enormes neumáticos soportan los 12 696 kg de peso del vehículo y su carga

Tubo de escape vertical

Camión de basura Autocar E3
Estados Unidos, 2011

Cepillos que giran rápidamente para retirar la suciedad

Hyundai 700S-7E Corea del Sur, 2012

accidente. También se pueden ver camiones especiales en la ciudad. Los camiones barredores, como el pequeño **Holder C270**, pueden hacer girar la cabina para barrer lugares estrechos, y los camiones de la basura, como el **Autocar E3**, recogen y compactan residuos en la caja trasera antes de llevarlos al vertedero o los puntos de reciclaje. El **Walter Snowfighter** puede quitar la nieve de la carretera, y el **Kenworth W900** carga vehículos averiados. En el campo, el **John Deere 843K** tala árboles con potentes sierras y los retira con sus fuertes pinzas.

PESOS PESADOS

El gigantesco transporte de oruga de la NASA lleva el transbordador espacial *Discovery* desde el edificio de montaje hacia la plataforma de lanzamiento 39B en el Centro Espacial Kennedy de Florida, Estados Unidos, en 2005. Totalmente cargado, el transbordador espacial pesa más de 2000 toneladas y por eso hace falta una máquina potentísima para poder transportarlo.

En la década de 1960 se construyeron los dos transportes de orugas de la NASA, bautizados como *Hans* y *Franz*, para mover los vehículos de lanzamiento *Saturno V*. La plataforma de carga mide casi 30 m² y cada transporte de oruga mide 40 m de largo y 35 m de ancho, y pesa 2 721 000 kg. Cuando van cargados con un vehículo espacial, las orugas avanzan por una carretera especial reforzada a una velocidad máxima de 1,6 km/h. El vehículo se mueve propulsado por 16 motores eléctricos que reciben electricidad de un generador que está accionado por dos grandes motores diésel. Con un consumo de combustible de 297 l/km, el transporte de oruga no es el medio de transporte más económico.

Tierra

Autobuses

Bollée L'Obeissante
Francia, 1873

Chimenea de vapor

Cabina abierta del conductor

Radiador del motor

LCOG tipo B
Reino Unido, 1911

8,4 m de largo

AEC Regent III RT Reino Unido, 1938

Plataforma abierta para subir y apearse

Foremost Terra
Canadá, 1986

Puerta de aire comprimido

Autobús articulado **Volvo B10MA** Suecia, 1996

En el siglo XIX, los primeros autobuses motorizados iban a vapor y transportaban personas a poca distancia. Con el motor de combustión interna se crearon autobuses más grandes y potentes que llevaban a la gente a trabajar, turistas y estudiantes.

Con sus dos máquinas de vapor, una para cada rueda trasera, el **Bollée L'Obeissante** llevaba a 12 pasajeros a 40 km/h. Con el tiempo, se impusieron los autobuses de gasóleo. El primer autobús producido en masa, el **LCOG tipo B**, contaba con asientos para 16 pasajeros en el

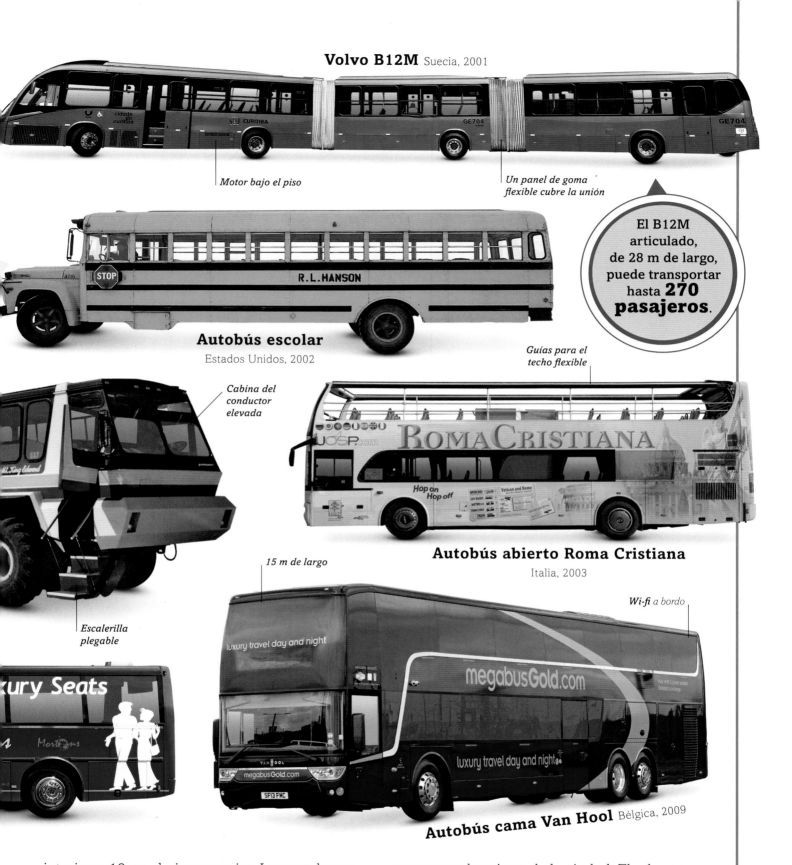

Volvo B12M Suecia, 2001

Motor bajo el piso

Un panel de goma flexible cubre la unión

El B12M articulado, de 28 m de largo, puede transportar hasta **270 pasajeros**.

Autobús escolar
Estados Unidos, 2002

R.L. HANSON

STOP

Cabina del conductor elevada

Guías para el techo flexible

RomaCristiana

Hop on Hop off

Autobús abierto Roma Cristiana
Italia, 2003

Escalerilla plegable

15 m de largo

Wi-fi a bordo

luxury travel day and night

megabusGold.com

luxury travel day and night

xury Seats

Autobús cama Van Hool Bélgica, 2009

interior y 18 en el piso superior. Los autobuses de dos pisos cobraron popularidad, ya que podían llevar a mucha más gente. El **AEC Regent III RT** solía transportar hasta 64 pasajeros por Londres, Reino Unido, y los actuales autobuses abiertos, como el **Roma Cristiana**, permiten a los turistas tener grandes vistas de la ciudad. El robusto **Foremost Terra** lleva a turistas y trabajadores por los parajes gélidos de Canadá y la Antártida. El **Volvo B10MA** está articulado, mientras que los asientos del **Van Hool** se transforman en 42 camas para viajes nocturnos.

Tractor

Los tractores son los animales de trabajo de la granja, se usan para tirar del arado y otras herramientas en los campos, o para transportar y levantar todo tipo de cargas. Estas máquinas tienen diferentes tamaños, desde los pequeños tractores usados en jardines y parques hasta las bestias gigantes con una enorme potencia de tracción. El Massey Ferguson 7618 es un tractor versátil que puede realizar muchas tareas.

Motor ❯ Su gran motor consume diésel. Este tractor tiene una velocidad máxima de unos 50 km/h por carretera y de 28 km/h en el campo.

Capó del motor

Escape vertical

Massey Ferguson 7618

Rejilla del radiador

Guardabarros

Contrapeso ❯ Se puede añadir lastre en el frontal para equilibrar el peso de los aperos o la carga de la parte trasera.

Depósito de combustible

Rodadura ❯ Gracias a la profunda rodadura del neumático, tiene más agarre en suelo blando.

Cabina

Luz de advertencia

Luz de cabina ❯ En las cuatro esquinas de la cabina, iluminan el área alrededor del tractor.

Rueda trasera ❯
Las grandes ruedas traseras equipadas con neumáticos de 1,8 m de diámetro y 58 cm de ancho soportan el peso del tractor.

Escalerilla

Evolución de los tractores

Chimenea

Clayton & Shuttleworth Dorothy Reino Unido, 1914

Cubierta protectora
para el piloto y el motor

Cadenas de dirección
para hacer girar las
ruedas delanteras

Twin City 40-65
Reino Unido, 1916

Waterloo Boy
Estados Unidos, 1917

Ruedas de acero estriadas
que se clavan en el terreno
para un mayor agarre

Caterpillar Sixty
Estados Unidos, 1931

Big Bud 16V 747 Estados Unidos, 1978

Cabina del conductor
a gran altura

**Ferguson
TE-20**
Reino Unido, 1946

Neumáticos de goma
con mucha rodadura
para un mejor agarre

Cada neumático tiene
un diámetro de 2,4 m

Los primeros tractores iban a vapor, eran pesados y lentos, pero tenían una gran potencia. Con el tiempo, los motores diésel y de gasolina sustituyeron al vapor, y las ruedas de acero macizo dejaron paso a orugas y anchos neumáticos de goma.

El tractor de vapor **Clayton & Shuttleworth Dorothy** pesaba 10 000 kg y alcanzaba 8 km/h, lo que contrasta con el **JCB Fastrac 185-65**, que con sus 6900 kg puede avanzar a 80 km/h. El **Ferguson TE-20** se hizo tan popular que se construyeron más de medio millón de unidades.

Brazos hidráulicos para subir
y bajar herramientas agrícolas

*Área de
almacenamiento*

JCB Fastrac 185-65 Reino Unido, 1994

La barra protege
al conductor si el
tractor vuelca

*Rueda
impulsada por
la máquina
de vapor*

Un Fastrac
logró **arrancar**
el coche diésel más
rápido del mundo
en una maniobra
de récord.

Massey Ferguson 1540
Estados Unidos, 2005

Contrapeso de las
herramientas y cargas

Renault Ares 710 RZ Francia 2009

Challenger MTF 7650 Estados Unidos, 2012

Gancho para
los aperos
agrícolas

*Escalerilla para
subir a la cabina*

Luces de xenón

John Deere 6150 RH Estados Unidos, 2013

Pivote de
articulación

**New Holland
T9.505**
Estados Unidos, 2013

Algunos tractores se desplazan sobre una cinta continua, u oruga, que reparte el peso sobre el suelo, lo que da mucha estabilidad y agarre. El **Caterpillar Sixty** tenía orugas de acero y el moderno **Challenger MTF 7650** las tiene de goma. Actualmente hay tractores de todos los tamaños. El pequeño **Massey Ferguson 1540** se usa en parques y jardines, mientras que el **New Holland T9.505** es tan largo que es articulado. Con su longitud de 8,23 m, el **Big Bud 16V 747** se usaba en las grandes granjas de algodón de Estados Unidos.

En la granja

Massey Ferguson 9240
Reino Unido, 1995

¡Esta cosechadora puede recoger y lavar hasta **un millón** de calabazas por semana!

Cosechadora de calabazas
Reino Unido, 2006

Los afilados discos de metal de la rastra rompen la tierra

Depósito con agua para lavar las calabazas

Neumático grande con tacos para un mayor agarre

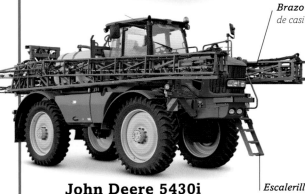

Brazo plegable de casi 18 m

John Deere 5430i
Estados Unidos, 2008

Escalerilla para subir a la cabina

La horquilla levanta 3500 kg

Caterpillar TH406
Estados Unidos, 2010

El molinete acerca las espigas de los cereales a la barra de corte

Cabeza de corte para campos de pasto y espigas

John Deere W260
Estados Unidos, 2013

La barra de corte corta las espigas de la planta

John Deere S690
Estados Unidos, 2013

Una granja implica mucho trabajo duro pero, por suerte, las máquinas han venido a echarnos una mano. Las máquinas de granja automatizan y aceleran muchas tareas que antes tenían que hacerse a mano o con la ayuda de animales.

Los tractores polivalentes, como el **Massey Ferguson 9240**, sirven para tirar o utilizar algunas de las herramientas de la granja, como los arados y las rastras de discos. Algunos, como el **John Deere 5430i**, protegen los campos de cultivo con sus brazos gigantes, con los que rocían grandes

New Holland 740TL
Estados Unidos, 2013

Pinzas hidráulicas
para sujetar y levantar
balas de paja

New Holland T6.140
Estados Unidos, 2013

El tubo extractor
descarga 135 litros de
cereales por minuto

Cabina

La tolva de grano
tiene capacidad para
14 100 litros de cereales

New Holland Braud 960L
Estados Unidos, 2013

El cabezal de corte
retira las flores de la
caña de maíz

Ruedas estrechas
para pasar entre las
hileras de cañas de maíz

Despanojadora Hagie 204SP
Estados Unidos, 2013

áreas con pesticidas. Cuando llega el momento de cosechar, diferentes máquinas aceleran la tarea, como el **New Holland Braud 960L**, que avanza sobre las filas de vides recogiendo uvas, o la **cosechadora de calabazas**, que recoge, lava y empaqueta calabazas. Las grandes cosechadoras combinadas, como la **John Deere S690**, siegan las espigas de los cereales, separan el grano y echan la paja por detrás, en forma de bala. Otros equipos levantarán estas balas con sus horquillas, como el **Caterpillar TH406** o el **New Holland 740TL**, con sus pinzas.

117

SALTO MONSTRUOSO

En el festival Monster Mania del Reino Unido, Ian Batey vuela con su *monster truck Lil' Devil* sobre una fila de coches. Con su imponente motor V8 de metanol de alto octanaje, tiene hasta diez veces más potencia que un coche familiar. Pesa más de 4000 kg, lo que garantiza que cualquiera de los coches sobre los que pueda aterrizar quedará convertido en chatarra.

Desde que Bob Chandler construyó el *monster truck Bigfoot* en 1979, estas enormes máquinas han asombrado al mundo. Compiten en carreras en estadios, en circuitos de tierra, y hacen acrobacias, saltos y... aplastan algunos coches viejos. Muchos *monster trucks* nacen a partir de una simple camioneta, una Chevrolet Silverado en el caso del *Lil' Devil*. Solo se conserva la carrocería, y el vehículo se equipa con un chasis tubular de acero y las enormes ruedas «terra» de 1,7 m de diámetro, sobre sistemas de suspensión capaces de absorber los enormes impactos al aterrizar mientras el piloto, bien asegurado en su asiento por un arnés de competición, se concentra en ejecutar sus increíbles maniobras.

Tierra

Construcción y minería

El rodillo **frontal** gira a derecha o izquierda

Hamm HW90/10 Alemania, 1987

El brazo *puede mover la pala para excavar a más de 4,5 m de profundidad*

Pala de acero

Case Poclain 688B
Estados Unidos, 1993

Caben hasta **90 toneladas** de rocas, el peso de **20** *monster trucks.*

Tubo de escape

Pala de acero *capaz de levantar más de 1000 kg*

Caterpillar 950G Estados Unidos, 1998

Unos brazos **hidráulicos** *vuelcan la carga*

75570

El **neumático** *mide 2,7 m de diámetro y pesa más de 1500 kg*

BELAZ-75570

9,7 m de altura

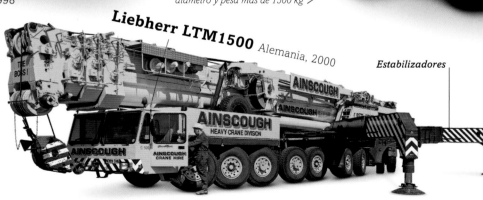

Liebherr LTM1500 Alemania, 2000

Estabilizadores

En las obras y las minas se excava y nivela y se levantan grandes pesos. Buena parte de este trabajo lo hacen unas máquinas grandes y robustas. Deben ser resistentes, para soportar la dureza de las tareas, y fiables, para trabajar el día entero.

Las excavadoras son unas máquinas que suelen tener una pala de acero que corta la tierra. Algunas, como la **Case Poclain 688B**, se desplazan sobre ruedas, mientras que otras, como la **John Deere 160DL C**, tienen orugas, ideales para cruzar terreno fangoso. Las palas cargadoras, como la

Tambor de mezcla de
hormigón para la construcción

John Deere 160DL C Estados Unidos, 2007

El motor diésel hace
girar las orugas para
mover la excavadora

Mercedes-Benz Alemania, 2007

BelAZ-75570 Bielorrusia, 2008

La pala puede excavar hasta
una profundidad de 6,5 m

75570

90 TOHH

Pala trasera para
excavar agujeros o
zanjas para tuberías

La pala transporta
y empuja grandes
cantidades de tierra
y otros materiales

JCB 3CX Reino Unido, 2009

Los
**Dancing
Diggers** son un
equipo de JCB que
ejecutan bailes al
ritmo de la
música.

650K XLT

CAT 12M

Hoja larga que
aplana materiales

Caterpillar 12M2
Estados Unidos 2011

John Deere 650K XLT
Estados Unidos 2012

Caterpillar 950G, tienen una gran pala frontal,
y las retroexcavadoras, como la **JCB 3CX**, tienen
tanto una pala frontal como una pala trasera. El
John Deere 650K XLT es un buldócer equipado
con una gran pala larga para desplazar materiales
por el suelo, mientras que apisonadoras como la

Hamm HW90/10 usan rodillos para presionar
la superficie y dejarla firme. Las grandes grúas
levantan materiales y estructuras elevadas.
Algunas, como la **Liebherr LTM1500**, son
móviles, con un brazo telescópico de 84 m, más
largo que un avión de pasajeros Boeing 747.

Tanques y orugas

Estabilizador *para que el tanque no vuelque hacia atrás*

Renault FT-17 Francia, 1917

Mark V *Reino Unido, 1918*

Cañón *diseñado para barcos y costas*

Orugas metálicas continuas *en el lateral*

Escotilla de la torreta; *debajo está el conductor*

Panzerkampfwagen IV Alemania, 1936

M4A1 Sherman *Estados Unidos, 1941*

En la torreta *van tres de los cinco tripulantes*

T-34/85
Unión Soviética, 1944

Gran cañón *para proyectiles de 5 km de alcance*

Duro blindaje *de cerámica y metal*

CHALLENGER 1 MBT

3 m de altura

Los tanques son vehículos blindados con orugas en lugar de ruedas para cruzar terrenos fangosos y complicados. Suelen contar con un potente cañón de artillería. Los primeros tanques entraron en servicio durante la Primera Guerra Mundial.

El **Mark V** tenía una tripulación de ocho hombres y una velocidad máxima de 8 km/h, la misma que el biplaza **Renault FT-17**, el primero con torreta giratoria. El potente cañón del **Panzerkampfwagen IV** podía perforar el blindaje de los otros tanques. Tenía una velocidad máxima de 39 km/h y una

M4 Sherman V *Crab*
Estados Unidos, 1943

Cadenas pesadas para golpear el suelo y detonar minas antipersona

Nave anfibia de desembarque

Tanque M-29C Weasel en el interior

Vehículo de desembarque Mk IV Buffalo Estados Unidos, 1943

Con una velocidad máxima de 92 km/h, fue el **más rápido** de la Segunda Guerra Mundial.

Cuerpo de aluminio de 4,9 m

Alvis FV107 Scimitar Reino Unido, 1971

M18 *Hellcat* Estados Unidos, 1944

Lanzagranadas de humo para generar una cortina de humo de defensa

Las orugas pueden estar hasta 1,8 m de profundidad en el agua

Challenger 1 MBT Reino Unido, 1983

FV104 Samaritan Reino Unido, 1978

Leopard C2 Alemania, 2000

Faldón blindado para proteger la oruga

autonomía de 200 km. El **T-34/85**, uno de sus rivales, podía realizar el doble de kilómetros. Otros vehículos militares blindados hacen tareas distintas. La **FV104 Samaritan** es una ambulancia de batalla capaz de transportar hasta seis pacientes en camillas, mientras que el **Sherman *Crab*** tiene cadenas giratorias para abrirse camino en campos de minas. Los principales tanques de batalla, como el **Challenger 1 MBT**, con sus 62 toneladas, son grandes y están equipados con potentes armas. En cambio, el **Alvis FV107 Scimitar** pesa menos de 8 toneladas y se puede desplazar a 80 km/h.

Tren de vapor

Los motores de los trenes de vapor queman combustible en el horno. El calor hace hervir el agua para producir vapor, que entra en los cilindros, se expande e impulsa los pistones. El movimiento de los pistones hace girar las ruedas gracias a un cigüeñal y una biela; así es como avanza el tren. Esta locomotora norteamericana de 1863, conocida como **Thatcher Perkins**, pesa 41 toneladas y podía arrastrar varios vagones o coches a 80 km/h.

Silbato de vapor

B&O Clase B n.º 147
Thatcher Perkins

Cabina

B. & O. R. R.

Ténder ❯ En muchos trenes llevaba agua y combustible, a menudo en forma de carbón o, en este tren, madera.

Frenos ❯ Para frenar el tren, el maquinista tira de una palanca que hace bajar las zapatas de freno para que ejerzan presión directamente sobre las ruedas motrices.

Rueda motriz

Chimenea ❯ El humo del combustible quemado en el horno se canaliza hacia fuera a través de la chimenea, que cuenta con capas de malla para evitar que salgan chispas peligrosas.

Faro delantero ❯ Un gran faro quemaba petróleo para iluminar las vías.

Campana de aviso

Caldera

Matrícula de la locomotora

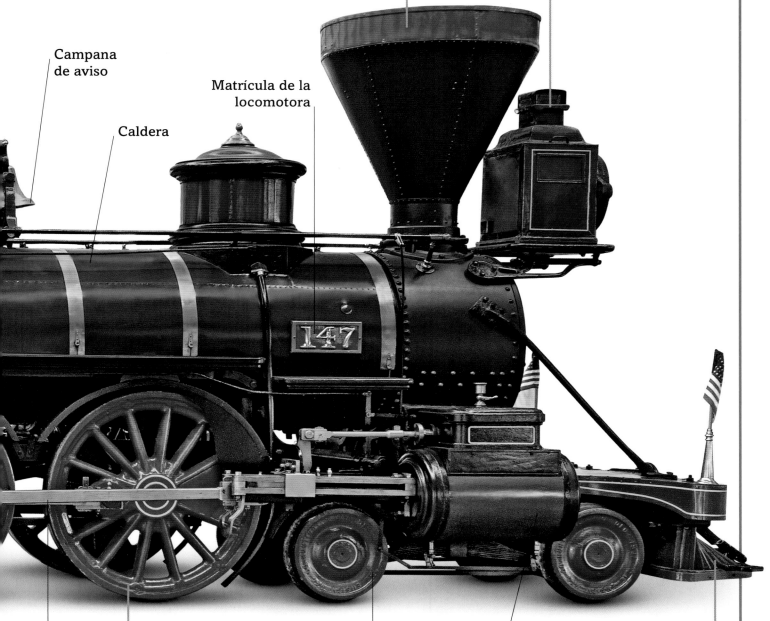

Biela maestra

Disposición de ruedas ❯ Las locomotoras de vapor se definen por su número de ruedas. Esta tiene cuatro ruedas delanteras y seis motrices.

Cilindro del motor

Rueda delantera

Deflector ❯ Llamado también apartavacas, aparta obstáculos, como ramas de árbol caídas, del camino de la locomotora.

Primeros vapores

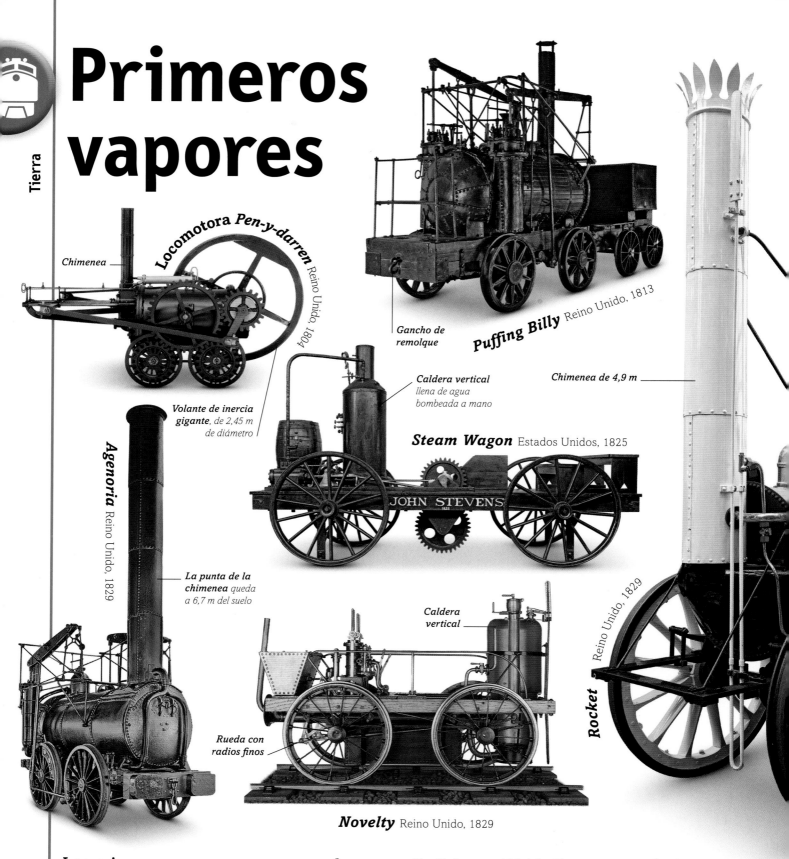

Locomotora Pen-y-darren Reino Unido, 1804

Chimenea

Volante de inercia gigante, de 2,45 m de diámetro

Puffing Billy Reino Unido, 1813

Gancho de remolque

Caldera vertical llena de agua bombeada a mano

Chimenea de 4,9 m

Steam Wagon Estados Unidos, 1825

JOHN STEVENS

Agenoria Reino Unido, 1829

La punta de la chimenea queda a 6,7 m del suelo

Caldera vertical

Rueda con radios finos

Rocket Reino Unido, 1829

Novelty Reino Unido, 1829

Los primeros vapores se usaron en las fábricas, para hacer funcionar máquinas, o en minas, para bombear agua. Richard Trevithick, un ingeniero de minas inglés, fue uno de los primeros en aprovechar el vapor para hacer mover una locomotora.

En Gales, en 1804, la **Pen-y-Darren** de Trevithick hizo el primer trayecto de tren a menos de 4 km/h, con 11 toneladas de carga y 70 personas durante 14,4 km. Pronto llegaron otras locomotoras de vapor, como la **Puffing Billy** y la **Agenoria**, para transportar carbón o productos desde las fábricas.

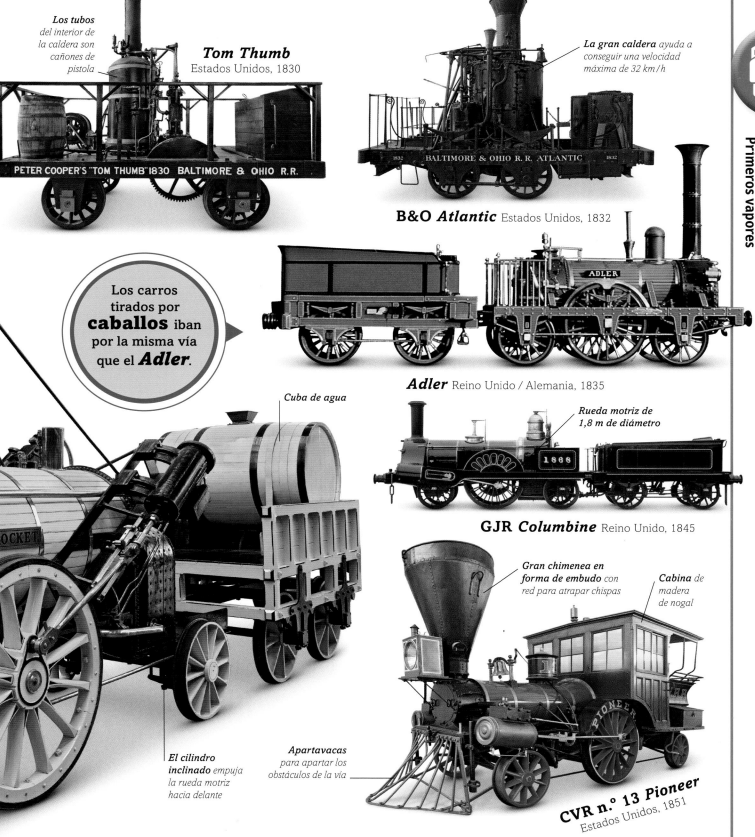

Los tubos del interior de la caldera son cañones de pistola

Tom Thumb
Estados Unidos, 1830

PETER COOPER'S "TOM THUMB" 1830 BALTIMORE & OHIO R.R.

La gran caldera ayuda a conseguir una velocidad máxima de 32 km/h

BALTIMORE & OHIO R.R. ATLANTIC

B&O *Atlantic* Estados Unidos, 1832

Los carros tirados por **caballos** iban por la misma vía que el *Adler*.

ADLER

Adler Reino Unido / Alemania, 1835

Rueda motriz de 1,8 m de diámetro

1866

GJR *Columbine* Reino Unido, 1845

Cuba de agua

ROCKET

El cilindro inclinado empuja la rueda motriz hacia delante

Apartavacas para apartar los obstáculos de la vía

Gran chimenea en forma de embudo con red para atrapar chispas

Cabina de madera de nogal

PIONEER

CVR n.° 13 Pioneer
Estados Unidos, 1851

En 1829, la **Rocket** de Robert Stephenson se impuso a la **Novelty** en el Rainhill Trials del Reino Unido, cuando las locomotoras competían por quedarse con la línea de tren entre Liverpool y Mánchester, la primera línea interurbana del mundo. Más tarde, la empresa de Stephenson construyó el **Adler**, el primer tren comercial alemán. El **Steam Wagon** de John Steven fue el primer tren norteamericano, pero recorría una pequeña vía circular. La primera máquina de tren usada en una línea regular en Estados Unidos fue la **Tom Thumb** en el ferrocarril Baltimore & Ohio (B&O).

A todo vapor

SNB *Limmat*
Alemania/Suiza, 1847

Cilindro protegido por madera

Máquina bautizada en honor al río que seguía

La *Fairy Queen* recibió el estatus de **tesoro nacional** de la India en 1972.

Faro

B&O Clase L n.º 57 Memnon
Estados Unidos, 1848

Abertura de la chimenea en forma de corona

Puerta con bisagra para acceder a la caja de humos

Faro

Cabina del conductor

EIR 22

EIR n.º 22 *Fairy Queen*
Reino Unido / India 1855

Los trenes de vapor prosperaron en la segunda mitad del siglo XIX, abrieron nuevos territorios y conectaron ciudades. Las locomotoras se desarrollaron muy rápidamente y ganaron mayor velocidad, fiabilidad y capacidad de carga.

La **SNB *Limmat*** cubrió la primera línea de tren de Suiza, mientras que la **EIR n.º 22 *Fairy Queen*** operó 54 años seguidos en la India. La **DHR Clase B**, también de la India, tenía una distancia corta entre ejes, lo que le daba más tracción en las vías de la línea de ferrocarril de montaña

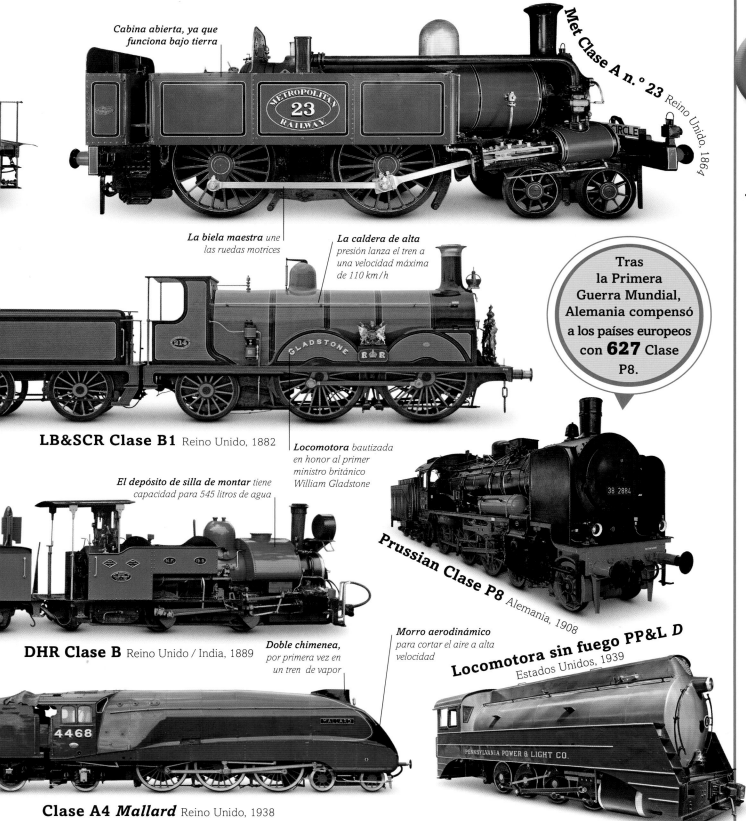

Met Clase A n.º 23 Reino Unido, 1864

Cabina abierta, ya que funciona bajo tierra

La biela maestra une las ruedas motrices

La caldera de alta presión lanza el tren a una velocidad máxima de 110 km/h

Tras la Primera Guerra Mundial, Alemania compensó a los países europeos con **627** Clase P8.

LB&SCR Clase B1 Reino Unido, 1882

Locomotora bautizada en honor al primer ministro británico William Gladstone

El depósito de silla de montar tiene capacidad para 545 litros de agua

Prussian Clase P8 Alemania, 1908

DHR Clase B Reino Unido / India, 1889

Doble chimenea, por primera vez en un tren de vapor

Morro aerodinámico para cortar el aire a alta velocidad

Locomotora sin fuego PP&L D Estados Unidos, 1939

Clase A4 *Mallard* Reino Unido, 1938

Darjeeling, con su ascenso de hasta 2000 m. En cambio, el **Met Clase A** avanzaba por la primera línea de tren subterráneo del mundo, el ferrocarril metropolitano del centro de Londres. Los trenes de vapor duraron hasta bien entrado el siglo xx. Se construyeron más de 3700 máquinas Prussian Clase P8, que se usaron en Rumanía, Polonia o Francia. Entre las innovaciones estaba la **PP&L *D***, que almacenaba vapor para operar donde era peligroso usar carburante inflamable. La **Clase A4 *Mallard*** fue la más rápida con una velocidad máxima de 202 km/h.

FLYING SCOTSMAN
La *Flying Scotsman* n.º 4472 avanza por las vías de la línea entre Carlisle y Settle en el noroeste de Inglaterra en el servicio conocido como «Cumbrian Mountain Express». La locomotora de 21,7 m de longitud pesaba más de 97,5 toneladas, pero generaba una enorme potencia de tracción. En 1934 se convirtió en la primera locomotora de vapor en superar oficialmente los 160 km/h.

El ingeniero británico sir Nigel Gresley, que había entrado en el ferrocarril como aprendiz a los 17 años, diseñó la *Flying Scotsman*. La locomotora se fabricó en 1923 y al cabo de poco fue pintada del color verde manzana con el que se hizo famosa. Sin embargo, durante la Segunda Guerra Mundial se pintó de negro. Tras 40 años de servicio, fue retirada en 1963, pero sus viajes no acabaron ahí: el entusiasta Alvin Pegler evitó que se desguazara y, tras restaurarla, hizo una gira de cinco años por Estados Unidos antes de llevarla a Australia, donde batió el récord del mundo de la locomotora con el viaje más largo sin paradas: cubrió los 679 km de la ruta entre Alice Springs y Melbourne.

Tren diésel

Los trenes diésel tienen uno o más motores de combustión interna que generan potencia de tracción. Distintos sistemas de transmisión dirigen esta potencia hacia las ruedas. Las locomotoras con sistema diésel mecánico, como esta BR Clase 05, transfieren la potencia directamente a las ruedas mediante cigüeñales y bielas. En un sistema diésel eléctrico, un generador convierte la fuerza en la electricidad que impulsa los motores que hacen girar las ruedas de la locomotora.

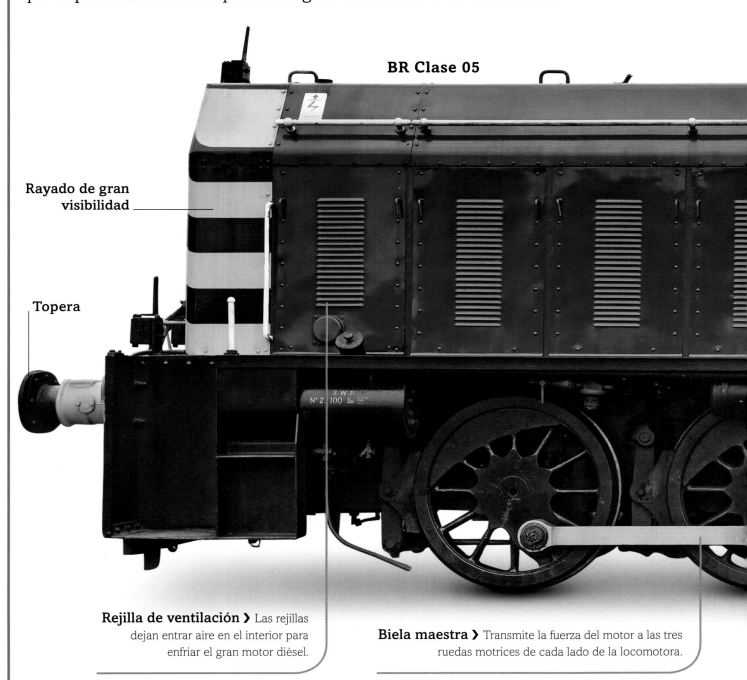

BR Clase 05

Rayado de gran visibilidad

Topera

Rejilla de ventilación ❯ Las rejillas dejan entrar aire en el interior para enfriar el gran motor diésel.

Biela maestra ❯ Transmite la fuerza del motor a las tres ruedas motrices de cada lado de la locomotora.

Motor › Un gran motor diésel Gardiner de ocho cilindros ofrece a la locomotora mucha potencia de tracción con la ayuda de una caja de cambios de cuatro marchas. No obstante, avanza a una velocidad muy baja: a 29 km/h.

Cabina › La cabina de 3,5 m de altura ofrece una buena vista por encima del largo capó, mientras que a través de las dos ventanas traseras el maquinista puede ver qué pasa detrás. En el interior, diversos diales aportan información al maquinista sobre la velocidad, la temperatura y el estado de la máquina.

Bocinas de señalización

D 2595

Puerta estrecha

Asidero

Rueda motriz de 1,02 m de diámetro

Contrapeso › Ayuda a equilibrar la fuerza de la biela maestra

Escalerilla para subir a la cabina

Inicios del diésel

Parabrisas elevado
e inclinado

Automotor Bugatti Francia, 1932   196 km/h

Bogie *de ocho ruedas*
(grupo de ruedas pivotantes)

GHE T1 Alemania, 1933

El cuerpo se
estrecha al final

187 001-3
B
8,0 t
28 PL
8,70 m

IFA Dieselmotor 125 PS   → 4,0 m ←   El Bl   Whz   K mZ   Heimat Bw
Wernigerode W

La primera
GWR completó
96 000 km
durante el
primer año.

40 km/h

Pequeñas ventanas
correderas

Faro

129 km/h

Automotor aerodinámico GWR
Reino Unido, 1934

72 km/h

Con el desarrollo de la tecnología de los motores a principios del siglo xx, algunos ingenieros abandonaron el vapor en favor del diésel. Los trenes con motores diésel empezaron a popularizarse a partir de la década de 1930.

Estos motores necesitaban menos mantenimiento que las locomotoras de vapor y no requerían tripulación para alimentar el horno, lo que hizo que algunas máquinas, como la **VC Porter N.º 3** y la **DR Clase Kö**, fueran ideales como tractoras de vagones de baja velocidad. Muchos de los trenes

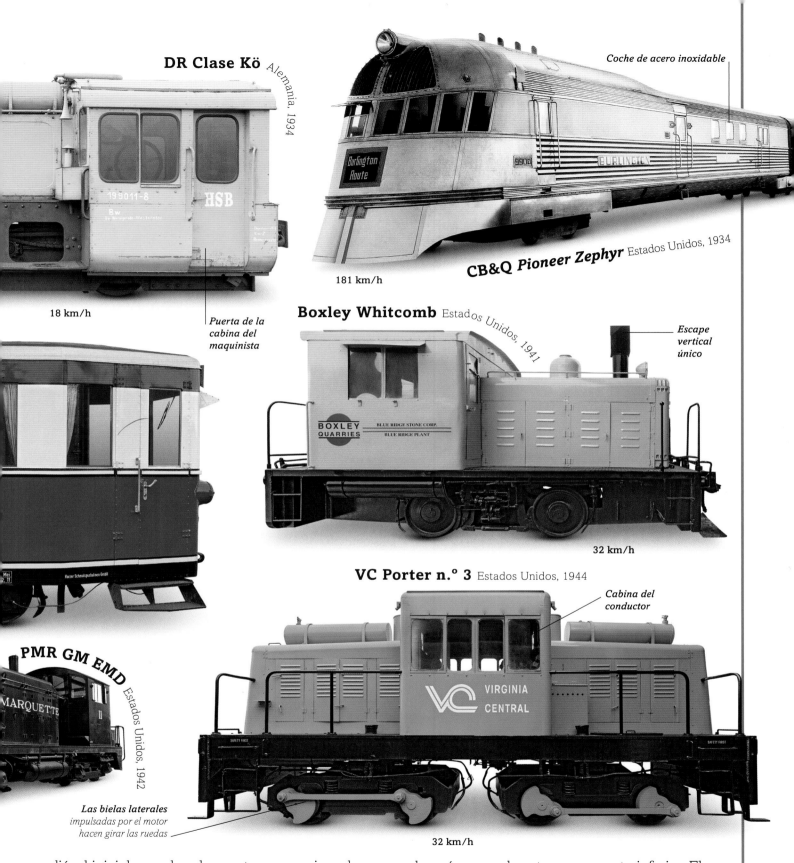

DR Clase Kö Alemania, 1934

18 km/h

Puerta de la
cabina del
maquinista

Coche de acero inoxidable

CB&Q *Pioneer Zephyr* Estados Unidos, 1934

181 km/h

Boxley Whitcomb Estados Unidos, 1941

BOXLEY
QUARRIES

BLUE RIDGE STONE CORP.
BLUE RIDGE PLANT

Escape
vertical
único

32 km/h

VC Porter n.º 3 Estados Unidos, 1944

Cabina del
conductor

VC VIRGINIA
CENTRAL

32 km/h

PMR GM EMD Estados Unidos, 1942

MARQUETTE

Las bielas laterales
impulsadas por el motor
hacen girar las ruedas

diésel iniciales usaban los motores para impulsar las ruedas, al contrario que la **PMR GM EMD**, cuyo motor diésel alimentaba un generador que suministraba electricidad a sus cuatro motores eléctricos. También se instalaron motores diésel en automotores, que son coches de pasajeros sobre vías con el motor en su parte inferior. El **automotor GHE T1** transportaba 34 pasajeros y el **automotor aerodinámico GWR** alcanzaba una velocidad de 129 km/h. El **automotor Bugatti** era más rápido: batió el récord de velocidad en 1934 con 196 km/h.

El diésel se impone

171 km/h

Potente faro para iluminar la vía

Baldwin Clase DS-4-4-660
Estados Unidos, 1946

96 km/h

Logotipo de la Norfolk and Western Railway

521

NORFOLK

125 km/h

El cuerpo de acero inoxidable mide 25,91 m de largo

2188

Automotor Budd RDC
Estados Unidos 1949

137 km/h

Se instalaron un par de motores de **reactor** en un Budd para que batiera el récord de velocidad en 1966.

B&O Clase F7 Estados Unidos, 1949

MARC 7100

Escalera para subir a la cabina

80-193 km/h

Las locomotoras diésel se popularizaron tras la Segunda Guerra Mundial. Solían ser más caras de fabricar, pero la mayoría eran mucho más baratas y fáciles de operar que las locomotoras de vapor, y pasaban menos tiempo en el taller.

Los enganchadores de vagones **Baldwin Clase DS-4-4-660** se usaban para mover coches y vagones en las estaciones. Se construyeron unos 139 con sus motores diésel de 660 CV. La robusta y fiable **N&W EMD Clase GP9** operó en Estados Unidos y Canadá; se produjeron más

English Electric DP1 *Deltic* Reino Unido, 1955

Cabina espaciosa en ambos extremos de la locomotora

N&W EMD Clase GP9 Estados Unidos, 1955

Cabina del maquinista sobre el techo

DB VT11.5 Alemania, 1957

160 km/h

UP GM EMD Clase SD60 Estados Unidos, 1984

Ventiladores de refrigeración del radiador

Depósitos de combustible cilíndricos

105 km/h

Puertas dobles correderas

Pisos conectados por dos escaleras de caracol

BR GM EMD Clase 66 Reino Unido / Estados Unidos, 1998

100 km/h

Automotor DWA Clase 670
Alemania, 1996

121 km/h

de 4000 unidades. La **DB VT11.5** transportaba pasajeros de primera clase a una velocidad de 160 km/h en el Trans-Europ Express, que unía 130 ciudades europeas. Los automotores diésel, como el **Budd RDC**, mostraron su versatilidad. En líneas pequeñas, cada automotor podía funcionar de manera independiente y transportar un número limitado de pasajeros o unirse varios para ofrecer una mayor capacidad. Otra opción eran los aparatos de dos pisos, como el **automotor DWA Clase 670**, con capacidad para 110 personas en total.

Potencia sobre raíles

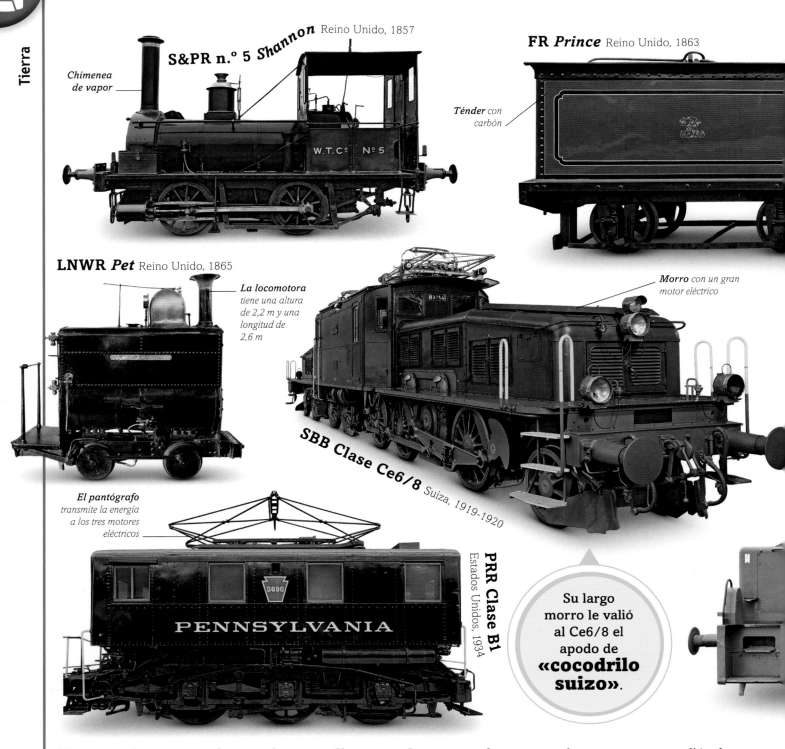

S&PR n.º 5 Shannon Reino Unido, 1857

Chimenea de vapor

W.T.Cº Nº 5

FR Prince Reino Unido, 1863

Ténder con carbón

LNWR Pet Reino Unido, 1865

La locomotora tiene una altura de 2,2 m y una longitud de 2,6 m

Morro con un gran motor eléctrico

SBB Clase Ce6/8 Suiza, 1919-1920

El pantógrafo transmite la energía a los tres motores eléctricos

PENNSYLVANIA

PRR Clase B1 Estados Unidos, 1934

Su largo morro le valió al Ce6/8 el apodo de **«cocodrilo suizo».**

Mientras los trenes de pasajeros se llevan toda la atención, miles de otros trenes se esfuerzan día y noche. Estas potentes máquinas transportan enormes cargas y mueven otros trenes y vagones por las vías de servicio y las estaciones.

Los trenes de carga suelen usar motores diésel, como el **DR V100**, del que se han fabricado más de 1100. El **SBB Clase Ce6/8** eléctrico, similar al DR V100, tiene una cabina central. La locomotora contaba con una articulación para poder tomar las curvas en las vías estrechas de

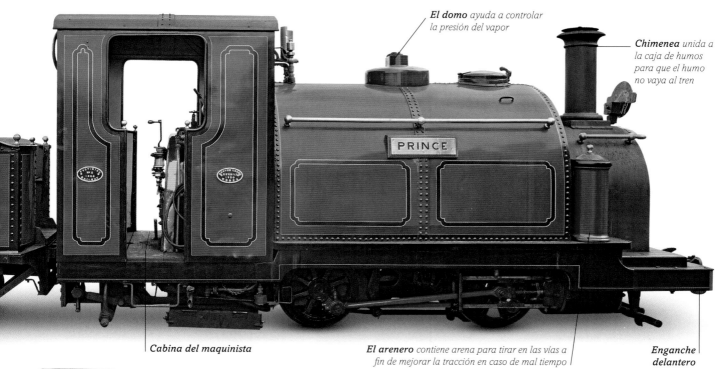

El domo ayuda a controlar la presión del vapor

Chimenea unida a la caja de humos para que el humo no vaya al tren

PRINCE

Cabina del maquinista

El arenero contiene arena para tirar en las vías a fin de mejorar la tracción en caso de mal tiempo

Enganche delantero

Conmutador de 70 toneladas B&A GE
Estados Unidos, 1946

La posición central de la cabina ofrece una visibilidad excelente en cualquier dirección

BR Clase 08 *Phantom*
Reino Unido, 1953

Cabina del maquinista

DR V100 Alemania, 1966

DR V15 Alemania, 1959

las montañas suizas. Muchos trenes mueven productos y equipo en líneas que operan en muelles, minas y fábricas, como el **FR** *Prince*, encargado de transportar pizarra de las minas galesas. También se usan muchas locomotoras pequeñas para mover coches, vagones, y locomotoras más grandes para enganchar y desenganchar trenes. Estos enganchadores de vagones, como el **DR V15** y el **BR Clase 08**, tenían que ser robustos y fiables. Hoy en día más de 100 Clase 08 continúan estando operativos tras más de 50 años de servicio.

Electrificados

El trole transfiere al tren la electricidad de la catenaria

Puerta de la cabina

El pantógrafo recibe la energía de la catenaria

GIPR Clase WCP 1
Reino Unido / India, 1930

Conmutador B&O Bo
Estados Unidos, 1895

Locomotora eléctrica NER
Reino Unido, 1905

NORTH

EASTERN

Cada mitad de la locomotora tiene dos motores para propulsar las ruedas

Morro aerodinámico

DRE04 Alemania, 1933

4935 PENNSYLVANIA

Una GG1 tiró del **tren funerario** del presidente de Estados Unidos Franklin D. Roosevelt.

92042

PRR Clase GG1 Estados Unidos, 1934

En la década de 1880 empezaron a circular tranvías eléctricos en las ciudades y no pasó mucho hasta que llegaron los trenes eléctricos. Tenían ventajas respecto de los trenes de vapor, pero necesitaban líneas de ferrocarril electrificadas.

Aunque hubo trenes eléctricos experimentales antes, la primera línea eléctrica fue en Baltimore, Estados Unidos, en la década de 1890. El **B&O Bo** operaba en el puerto de Baltimore a 16 km/h. Los trenes eléctricos obtienen la energía de cables suspendidos (catenaria) o de un tercer riel. La

El apartavacas aparta obstáculos de la vía

Pantógrafo único que conecta con la catenaria eléctrica de 11 000 V

SNCF Clase BB9000 Francia, 1954

Penn Central / Budd Metroliner Estados Unidos, 1969

DR Clase 243 Alemania, 1982

La BR Clase 92 se construyó para cruzar el **Eurotúnel** entre Inglaterra y Francia.

La locomotora pesa 126 toneladas

BR Clase 92 Reino Unido, 1993

DB SCHENKER

NER usaba ambos sistemas. Tras la Primera Guerra Mundial, muchos países empezaron a electrificar parte de sus líneas. Las **GIPR Clase WCP 1** fueron las primeras locomotoras eléctricas de la India. La **PRR Clase GG1**, de 24,2 m, se diseñó para tomar las curvas pronunciadas de las vías norteamericanas. Los automotores eléctricos, como el **Budd Metroliner**, también se movían por la red estadounidense. Los trenes eléctricos demostraron ser muy fiables. En Alemania se fabricaron más de 600 **DR Clase 243**, tanto para transportar cargas como para pasajeros.

Trenes de alta velocidad

Maglev del aeropuerto de Birmingham Reino Unido, 1984

42 km/h

DB ICE 3 Alemania, 2000

Cabina separada del pasaje por un panel de cristal

320 km/h

El tren está a 15 mm de las vías gracias a sus imanes

VT Clase *Pendolino* Reino Unido, 2002

225 km/h

La cabina se inclina hasta 8 grados en las curvas

Maglev Shanghai Transrapid China, 2004

400 km/h

Los imanes levantan el tren unos 10 mm por encima de los rieles

320 km/h

SNCF TGV POS Francia, 2006

Los trenes de alta velocidad superan a los aviones y al transporte por carretera en llevar pasajeros de un punto a otro en el menor tiempo posible. Aquí tienes algunos de los vehículos sobre vías más rápidos de todos los tiempos.

El velocísimo tren **Shinkansen JRN700** puede acelerar de 0 a 270 km/h en 3 minutos y se inclina un poco para mantener la velocidad al tomar las curvas. Mientras que la mayoría de los trenes eléctricos de alta velocidad, como el **Hyundai Rotem KTX**, tienen unos potentes

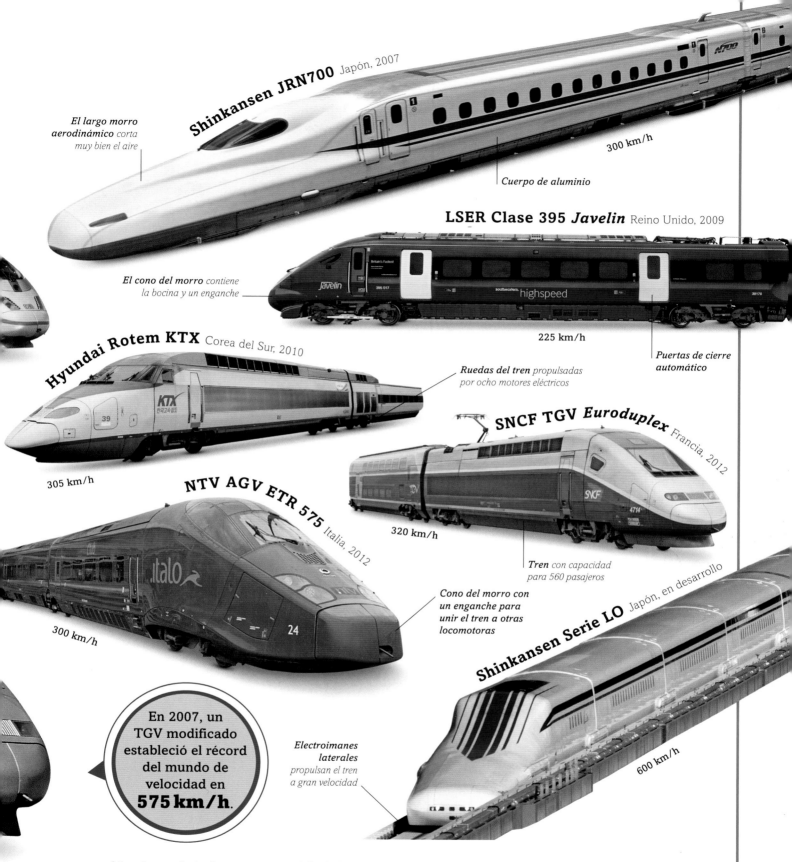

Shinkansen JRN700 Japón, 2007

El **largo morro aerodinámico** corta muy bien el aire

300 km/h

Cuerpo de aluminio

LSER Clase 395 *Javelin* Reino Unido, 2009

El **cono del morro** contiene la bocina y un enganche

225 km/h

Puertas de cierre automático

Hyundai Rotem KTX Corea del Sur, 2010

Ruedas del tren propulsadas por ocho motores eléctricos

305 km/h

SNCF TGV *Euroduplex* Francia, 2012

NTV AGV ETR 575 Italia, 2012

320 km/h

Tren con capacidad para 560 pasajeros

300 km/h

Cono del morro con un enganche para unir el tren a otras locomotoras

Shinkansen Serie LO Japón, en desarrollo

En 2007, un TGV modificado estableció el récord del mundo de velocidad en **575 km/h**.

Electroimanes laterales propulsan el tren a gran velocidad

600 km/h

motores eléctricos alojados en una unidad de potencia de la parte frontal del tren, el **DB ICE 3** tiene los motores repartidos a lo largo del tren para distribuir el peso. El **SNCF TGV *Euroduplex*** es algo especial: es un tren de alta velocidad de dos pisos. Algunos utilizan potentes electroimanes para elevarse en la vía y desplazarse en un efecto conocido como levitación magnética (maglev). El primer tren público de pasajeros maglev fue el **Maglev del aeropuerto de Birmingham** en el Reino Unido, mientras que el más rápido es el **Maglev Shanghai Transrapid**, en China.

TREN BALA
Esbelto, aerodinámico y rapidísimo, el «tren bala» de alta velocidad Shinkansen japonés cruza como un rayo la isla Honshu, ante un nevado monte Fuji. En 2014, Japón celebró los 50 años del primer viaje de un tren Shinkansen, justo antes de los Juegos Olímpicos de Tokio de 1964. Hoy en día, la red de alta velocidad de Japón ha transportado más de once mil millones de pasajeros.

Los primeros Shinkansen se desplazaban a una velocidad máxima de 210 km/h. Los últimos trenes de esta categoría obtienen la energía de catenarias de 25 000 V y alcanzan una velocidad máxima de 320 km/h. Cuentan con líneas propias, separadas del tráfico ferroviario más lento; Japón tiene un total de 2387 km de vías de alta velocidad. Hasta 13 trenes bala por hora vuelan entre Tokio y Osaka, las dos grandes áreas urbanas de Japón, y ofrecen un servicio de alta velocidad imposible de batir. Antes de su aparición, el trayecto entre estas dos ciudades duraba unas 6 horas y 40 minutos. Los servicios más rápidos de la actualidad cubren la ruta en solo 2 horas y 22 minutos.

Ferrocarriles urbanos

Un limpiaparabrisas grande limpia todo el parabrisas

Monorraíl de Mud Island Estados Unidos / Suiza, 1982

Mud Island River Park

El coche suspendido tiene una capacidad máxima de 180 pasajeros

Gatwick Adtranz C-100 Reino Unido / Canadá, 1987

Gatwick

Gatwick

El tren circula con ruedas equipadas con neumáticos de goma

SMRT línea norte-sur C151 Singapur, 1987

SMRT

El tren circula a una velocidad máxima de 80 km/h

U55 Hauptbahnhof

2659

U-Bahn de Berlín
Alemania, 1992

El U-Bahn de Berlín transporta más de **508 millones** de pasajeros al año.

Articulaciones entre coches cortos

Los trenes urbanos dan servicio a millones de personas cada día, ya viajen para ir al trabajo o a la escuela o por diversión u ocio. Los hay que unen aeropuertos con núcleos urbanos y otros que ayudan a reducir la congestión en calles y carreteras.

Los sistemas de tráfico rápido, como el **metro de Lima**, ofrecen un transporte veloz y fiable entre estaciones urbanas separadas por cortas distancias. Para evitar colapsar las calles, muchas líneas de tren discurren bajo tierra. El 80 por ciento de los 146 km de las líneas del **U-Bahn de Berlín**

Siemens Avanto Alemania, 1995

Metro de Lima Perú, 2017

Circula con un ancho de vía de 1435 mm a una velocidad máxima de 80 km/h

La viga vacía contiene el cable por el que avanzan las ruedas del tren

Bombardier MOVIA Canadá / Singapur, década de 2000

Düsseldorf H-Bahn Skytrain Alemania 2002

Gran parabrisas en la cabina del maquinista

Monorraíl de Moscú Rusia, 2004

El tren sin maquinista alcanza una velocidad máxima de 90 km/h

Enganche automático

Vossloh Wuppertal Schwebebahn Alemania, 2015

circulan por debajo de la superficie de la ciudad. Los monorraíles son trenes que se desplazan por un solo raíl. Muchos de ellos, como el **monorraíl de Moscú**, circulan por encima de las vías, mientras que otros, como el **monorraíl de Mud Island**, van suspendidos de los raíles. Aunque muchos trenes urbanos son conducidos por un maquinista, algunos funcionan automáticamente. El **Gatwick Adtranz**, el **Düsseldorf H-Bahn Skytrain** y el **Bombardier MOVIA**, que circula por Singapur y China, entre otros países, son algunos de los vehículos sin conductor.

Tranvías y trolebuses

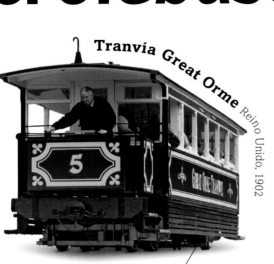

Tranvía Great Orme Reino Unido, 1902

Tranvía tirado cuesta arriba por un cable impulsado por motores eléctricos

Puertas dobles manuales

Tranvía eléctrico República Checa, 1907

El pantógrafo conecta el tranvía con la catenaria

Tranvía de Melbourne Clase W2 Australia, 1927

Este Clase W2 se ha transformado en un restaurante sobre ruedas

Ruedas propulsadas por cuatro motores eléctricos

Varios **Balloon** siguen operativos en Blackpool, **80 años** después de su construcción.

English Electric Balloon
Reino Unido, 1934

Tranvía de Hong Kong
China, década de 1980

Los tranvías se desplazan por vías y reciben la electricidad de una catenaria. Comparten espacio en las calles con otros vehículos. Los trolebuses también funcionan con electricidad, pero se mueven por el asfalto en lugar de sobre una vía.

El primer tranvía eléctrico de Gran Bretaña se construyó en Blackpool en 1885. El **English Electric Balloon** de dos pisos, con capacidad para 94 pasajeros, podía avanzar a una velocidad máxima de 70 km/h. Todo el servicio de **tranvía de Hong Kong** es de dos pisos, el único del

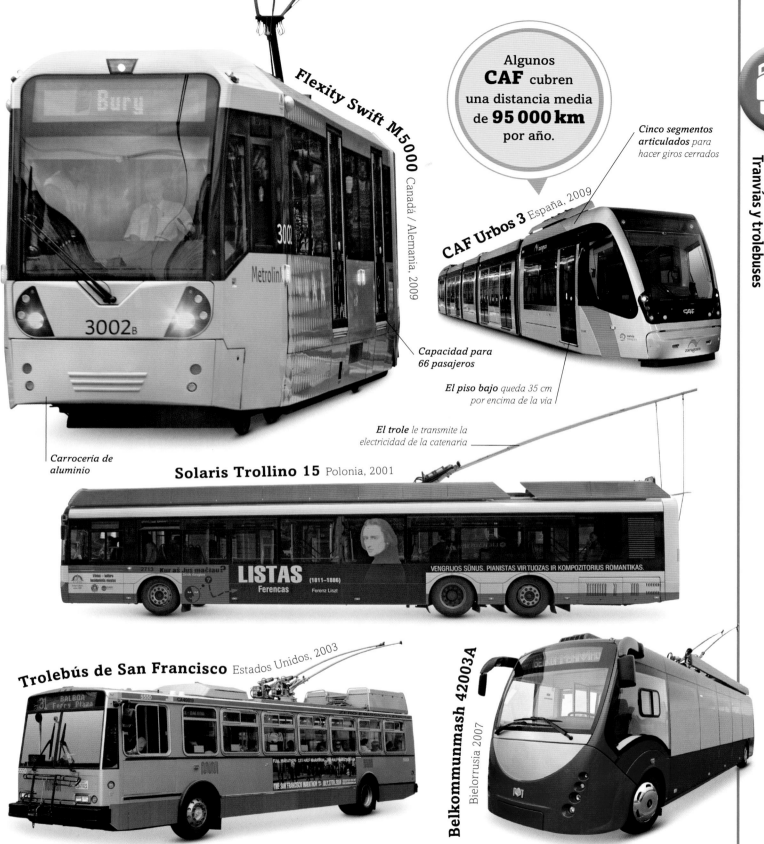

Flexity Swift M5000 Canadá / Alemania, 2009

Algunos **CAF** cubren una distancia media de **95 000 km** por año.

CAF Urbos 3 España, 2009

Cinco segmentos articulados para hacer giros cerrados

Capacidad para 66 pasajeros

El piso bajo queda 35 cm por encima de la vía

El trole le transmite la electricidad de la catenaria

Carrocería de aluminio

Solaris Trollino 15 Polonia, 2001

LISTAS Ferencas (1811–1886) Ferenz Liszt

VENGRIJOS SŪNUS. PIANISTAS VIRTUOZAS IR KOMPOZITORIUS ROMANTIKAS.

Trolebús de San Francisco Estados Unidos, 2003

Belkommunmash 42003A Bielorrusia 2007

mundo, y usa vías estrechas, de solo 1,98 m de ancho. Tranvías modernos, como el **Flexity Swift**, operan en Mánchester, Estambul y Colonia, mientras que el **CAF Urbos 3** está presente por todo el mundo, desde Australia y Brasil hasta España y Mauricio. Los trolebuses, como el de

San Francisco y el **Solaris Trollino 15**, se desplazan por calles normales y solo precisan de una serie de postes al lado de la carretera de los que cuelgan los cables eléctricos. El Trollino es más silencioso y contamina mucho menos que los autobuses con motores de gasolina o diésel.

¡AGÁRRATE BIEN!
Fieles del hinduismo llenan un tren que se dirige a la ciudad norteña de Govardhan para participar en el festival Guru Purnima. Normalmente, las locomotoras y los coches de la India no van tan cargados, pues el país tiene uno de los sistemas ferroviarios más grandes y utilizados del mundo, con vías suficientes (unos 115 000 km en total) para dar casi tres vueltas enteras a la Tierra.

Esta locomotora clase WDM-3A es una de las 5345 máquinas diésel que se desplazan por las vías de Indian Railways. La empresa también tiene 4568 locomotoras eléctricas y 43 máquinas de vapor, que tiran de más de 62 000 coches de pasajeros y 239 000 vagones de carga entre las más de 7200 estaciones de la India. Algunos servicios cruzan la frontera hacia los países vecinos de Pakistán, Nepal y Bangladés. En la India el precio del billete de tren es bajo y el número de propietarios de coches es pequeño, por lo que viajar en ferrocarril es muy popular. En 2014, más de 8500 millones de pasajeros subieron a un tren, lo que asegura mucho trabajo para los 1,3 millones de empleados de la Indian Railways.

AGUA

Agua

Surcar las aguas

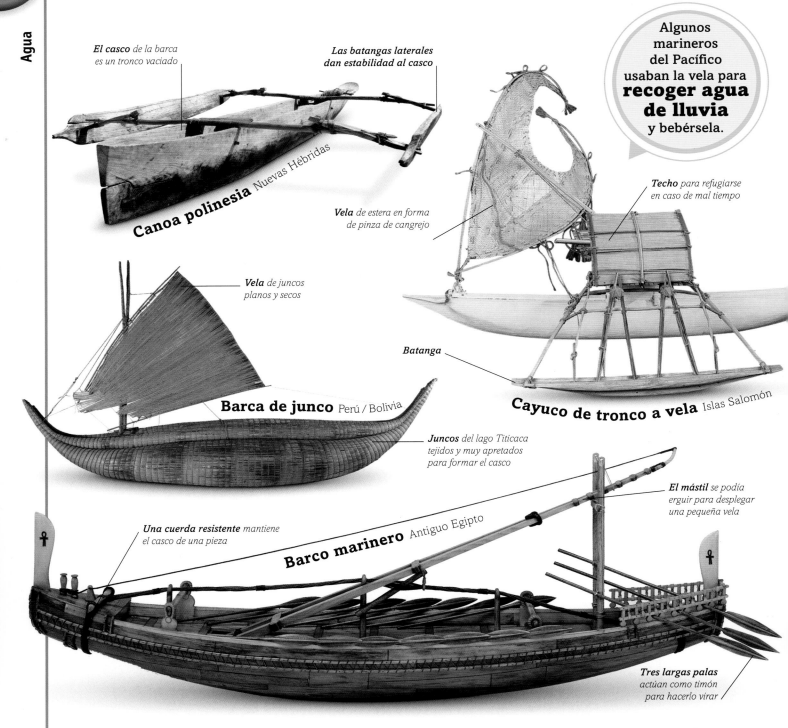

El casco de la barca
es un tronco vaciado

Las batangas laterales
dan estabilidad al casco

Canoa polinesia Nuevas Hébridas

**Algunos
marineros
del Pacífico
usaban la vela para
recoger agua
de lluvia
y bebérsela.**

Vela de estera en forma
de pinza de cangrejo

Techo para refugiarse
en caso de mal tiempo

Vela de juncos
planos y secos

Batanga

Barca de junco Perú / Bolivia

Cayuco de tronco a vela Islas Salomón

Juncos del lago Titicaca
tejidos y muy apretados
para formar el casco

El mástil se podía
erguir para desplegar
una pequeña vela

Una cuerda resistente mantiene
el casco de una pieza

Barco marinero Antiguo Egipto

Tres largas palas
actúan como timón
para hacerlo virar

Nadie sabe quién fue el primer marinero, ni qué nave usó. Quizá se sentó sobre un tronco, o en unos fajos de juncos atados. Lo que sabemos es que hace más de 10 000 años que las personas viajamos o pescamos en barcas.

Algunas de las primeras barcas eran grandes troncos de árbol vaciados para hacer **piraguas**. Los pueblos antiguos del Pacífico aprendieron a construir **canoas polinesias** con un segundo casco más pequeño flotando en el agua para darle mayor estabilidad, mientras que los nativos

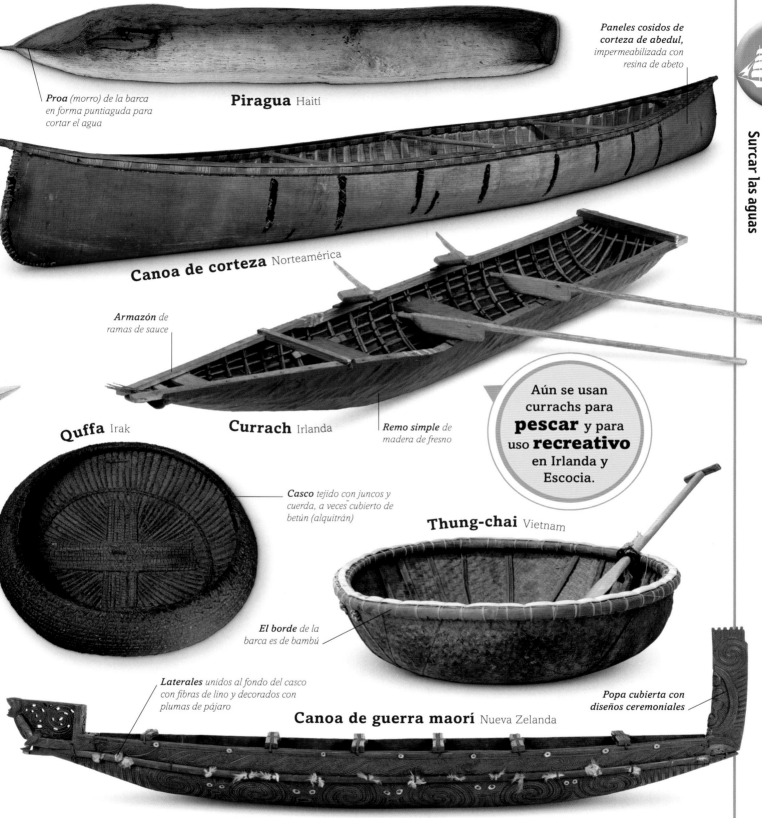

Proa (morro) de la barca en forma puntiaguda para cortar el agua

Piragua Haití

Paneles cosidos de corteza de abedul, impermeabilizada con resina de abeto

Canoa de corteza Norteamérica

Armazón de ramas de sauce

Quffa Irak

Currach Irlanda

Remo simple de madera de fresno

Aún se usan currachs para **pescar** y para uso **recreativo** en Irlanda y Escocia.

Casco tejido con juncos y cuerda, a veces cubierto de betún (alquitrán)

Thung-chai Vietnam

El borde de la barca es de bambú

Laterales unidos al fondo del casco con fibras de lino y decorados con plumas de pájaro

Popa cubierta con diseños ceremoniales

Canoa de guerra maorí Nueva Zelanda

americanos construían **canoas de corteza**. Los juncos, que crecen en las orillas de muchos ríos y lagos, se secaban, unían y tejían para formar **barcas de junco**. Los juncos también se tejían para hacer barcas circulares de pesca, conocidas como **thung-chai** en Vietnam y **coracles** en el Reino Unido. En Irak hubo una barca similar, la **quffa** al menos durante 5000 años. Los antiguos egipcios construían barcas de junco para navegar por el Nilo, pero hace 5500 años construyeron **barcos para navegar por el mar** y aventurarse más allá de su río hasta el Mediterráneo.

Mundo acuático

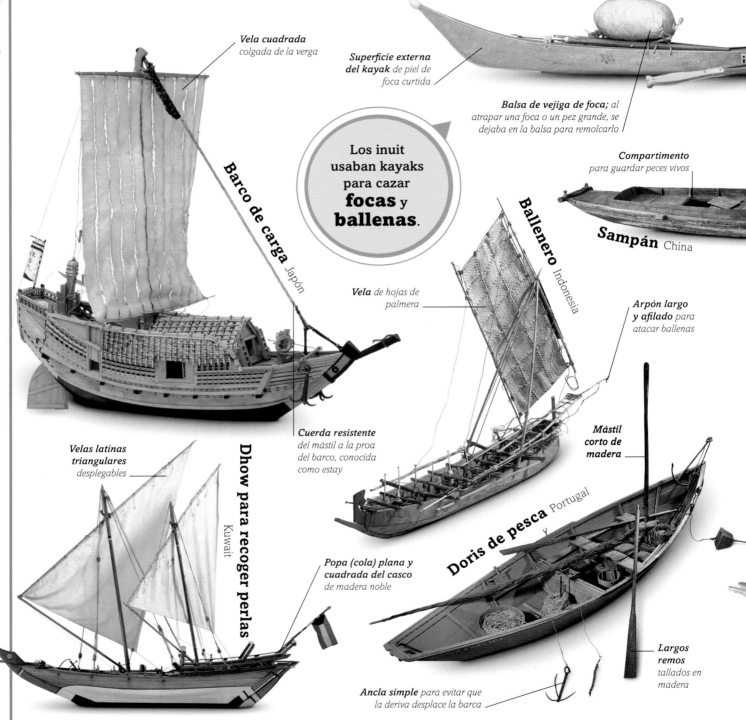

Vela cuadrada *colgada de la verga*

Superficie externa del kayak *de piel de foca curtida*

Balsa de vejiga de foca; *al atrapar una foca o un pez grande, se dejaba en la balsa para remolcarlo*

Compartimento *para guardar peces vivos*

Los inuit usaban kayaks para cazar **focas** y **ballenas**.

Sampán China

Barco de carga Japón

Ballenero Indonesia

Vela *de hojas de palmera*

Arpón largo y afilado *para atacar ballenas*

Cuerda resistente *del mástil a la proa del barco, conocida como estay*

Mástil corto de madera

Velas latinas triangulares *desplegables*

Dhow para recoger perlas Kuwait

Doris de pesca Portugal

Popa (cola) plana y cuadrada del casco *de madera noble*

Largos remos *tallados en madera*

Ancla simple *para evitar que la deriva desplace la barca*

A lo largo y ancho del planeta, la gente ha empleado su ingenio y los materiales de que disponían para construir barcas, balsas, canoas y todo tipo de embarcaciones para pescar, transportar mercancías, ir a la guerra o divertirse.

Entre las barcas más simples están las **balsas de pesca**: a veces no son más que un conjunto de ramas de árbol unidas en una plataforma. La **jangada**, una especie de balsa, puede navegar más allá de los arrecifes de la costa brasileña para pescar merluza y caballa, pasando a

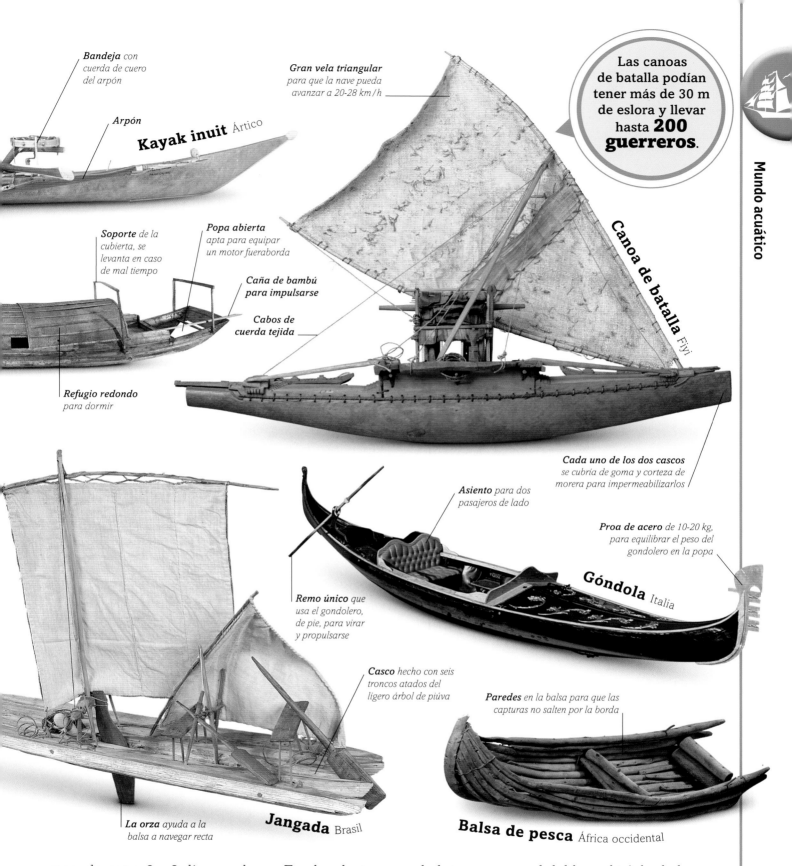

Bandeja con cuerda de cuero del arpón

Arpón

Kayak inuit Ártico

Gran vela triangular para que la nave pueda avanzar a 20-28 km/h

Las canoas de batalla podían tener más de 30 m de eslora y llevar hasta **200 guerreros**.

Soporte de la cubierta, se levanta en caso de mal tiempo

Popa abierta apta para equipar un motor fueraborda

Caña de bambú para impulsarse

Cabos de cuerda tejida

Refugio redondo para dormir

Canoa de batalla Fiyi

Cada uno de los dos cascos se cubría de goma y corteza de morera para impermeabilizarlos

Asiento para dos pasajeros de lado

Proa de acero de 10-20 kg, para equilibrar el peso del gondolero en la popa

Góndola Italia

Remo único que usa el gondolero, de pie, para virar y propulsarse

Casco hecho con seis troncos atados del ligero árbol de piúva

Paredes en la balsa para que las capturas no salten por la borda

La orza ayuda a la balsa a navegar recta

Jangada Brasil

Balsa de pesca África occidental

menudo entre 2 y 3 días en el mar. En el sudeste asiático, otra barca de fondo plano, el **sampán**, se usa para pescar, viajar e incluso para vivir. En el Ártico, se usaban **kayaks inuit** para una o dos personas para cazar mamíferos y peces, y en Indonesia los cazadores más osados capturaban

cachalotes, a veces el doble o el triple de largos que sus **botes balleneros**. Los habitantes de la isla de Fiyi, en el Pacífico, construían grandes **canoas de batalla** con una plataforma sobre un casco doble. Y en Italia, las **góndolas** cruzan como taxis de agua los canales de Venecia.

¡A VOLAR!

Un kayakista ejecuta un terrorífico salto y se tira por la más alta de las cinco cascadas del río Agua Azul en el estado mexicano de Chiapas. Este es uno de los seis mejores kayakistas profesionales que se enfrentaron al río y sus saltos de agua para el cortometraje de aventura *Beyond The Drop*. Para un aterrizaje seguro, el kayakista debe mantenerse en el curso del agua y aterrizar en la bolsa de aire y agua del final de la cascada.

Puede que las primeras canoas y kayaks surcaran las aguas hace miles de años, y que la mayoría fueran de madera, pero la satisfacción de remar en tu propia embarcación continúa hoy en día, aunque las canoas y kayaks modernos sean de plástico, fibra de vidrio o, en el caso de los más avanzados, kevlar y fibra de carbono. Miles de aficionados al kayak disfrutan remando en ríos, lagos o mares los fines de semana o en vacaciones. Los mejores kayakistas compiten en carreras de velocidad en aguas tranquilas o en circuitos de eslalon de aguas bravas muy técnicos. El kayak extremo es un deporte de aventura para los pocos valientes que se atreven a remar por ríos bravos, ¡e incluso a saltar por cataratas gigantes!

Velero

Para desplazarse, los veleros dependen de la fuerza del viento que recogen en sus velas. Cambiando el número de velas y su disposición, puede ajustar la velocidad y la dirección de la nave. En 1768, el **HMS *Endeavour*** zarpó de Plymouth, Reino Unido, bajo el mando del capitán James Cook para circunnavegar el mundo en un viaje de exploración que duró 3 años y cubrió 48 000 km. El antiguo *collier* (barco carbonero) fue el primer barco europeo que exploró la costa oriental de Australia.

Palo mayor

Mesana > El mástil trasero de un velero de tres palos solía ser más corto que el resto. Las velas cuelgan de los largos travesaños conocidos como vergas.

Escala de cuerda de popa

Camarote del capitán >
El camarote de Cook estaba situado en la popa del barco de 32 m de eslora, donde las subidas y bajadas eran menos fuertes en aguas turbulentas.

Timón > El gran panel articulado de la popa del barco se puede mover para desviar el agua cuando el barco navega y forzar así que la proa del barco gire.

Camarotes de los oficiales en la cubierta inferior

Barriles con comida en conserva en la bodega

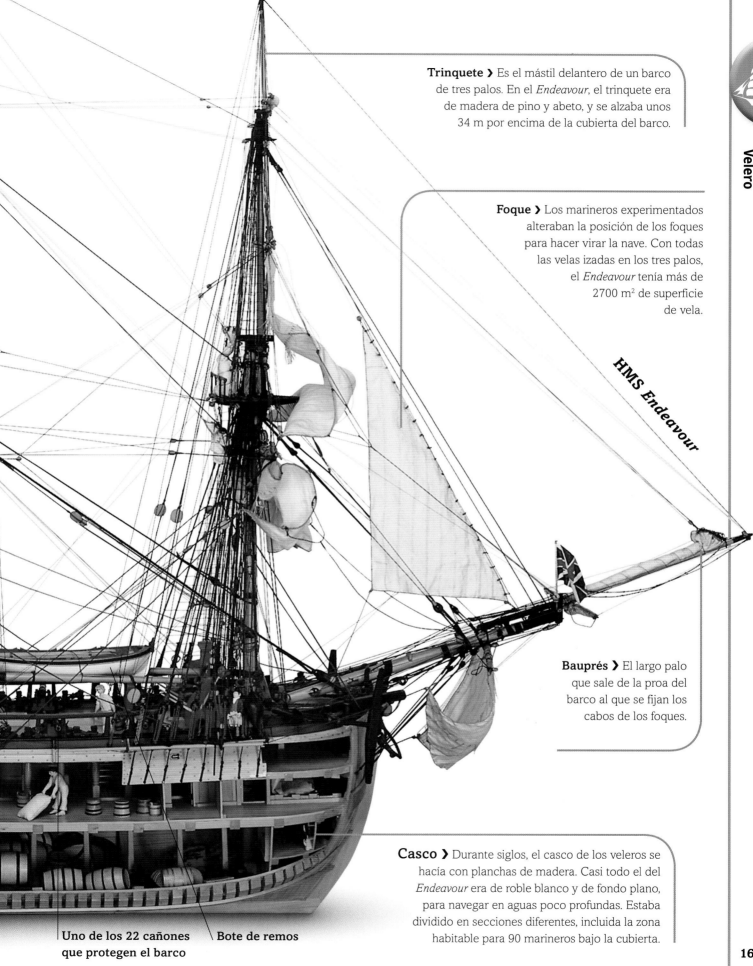

Trinquete › Es el mástil delantero de un barco de tres palos. En el *Endeavour*, el trinquete era de madera de pino y abeto, y se alzaba unos 34 m por encima de la cubierta del barco.

Foque › Los marineros experimentados alteraban la posición de los foques para hacer virar la nave. Con todas las velas izadas en los tres palos, el *Endeavour* tenía más de 2700 m² de superficie de vela.

HMS Endeavour

Bauprés › El largo palo que sale de la proa del barco al que se fijan los cabos de los foques.

Casco › Durante siglos, el casco de los veleros se hacía con planchas de madera. Casi todo el del *Endeavour* era de roble blanco y de fondo plano, para navegar en aguas poco profundas. Estaba dividido en secciones diferentes, incluida la zona habitable para 90 marineros bajo la cubierta.

Uno de los 22 cañones que protegen el barco **Bote de remos**

A toda vela

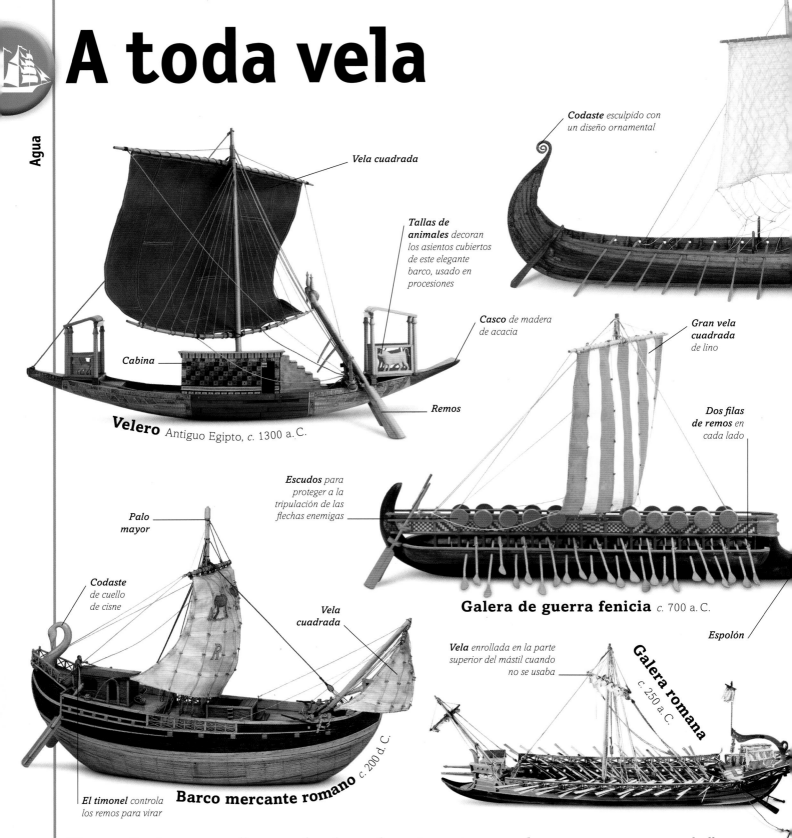

Vela cuadrada

Codaste esculpido con un diseño ornamental

Tallas de animales decoran los asientos cubiertos de este elegante barco, usado en procesiones

Casco de madera de acacia

Cabina

Remos

Velero Antiguo Egipto, c. 1300 a. C.

Gran vela cuadrada de lino

Dos filas de remos en cada lado

Escudos para proteger a la tripulación de las flechas enemigas

Galera de guerra fenicia c. 700 a. C.

Espolón

Palo mayor

Codaste de cuello de cisne

Vela cuadrada

Vela enrollada en la parte superior del mástil cuando no se usaba

Galera romana c. 250 a. C.

Barco mercante romano c. 200 d. C.

El timonel controla los remos para virar

Hace milenios, aprendimos a dominar el viento para que propulsara embarcaciones. Las velas —de tela, junco o palmera— colgadas de un palo servían para recoger el viento y hacer desplazar los botes con más rapidez que con los remos.

Los primeros **veleros** que se conocen se hallaron en el río Nilo, en Egipto, hace más de 5000 años. Usaban una gran vela cuadrada de tela, ideal para navegar a sotavento (con el viento soplando por detrás). Las velas cuadradas también se usaron de forma independiente en partes de Sudamérica

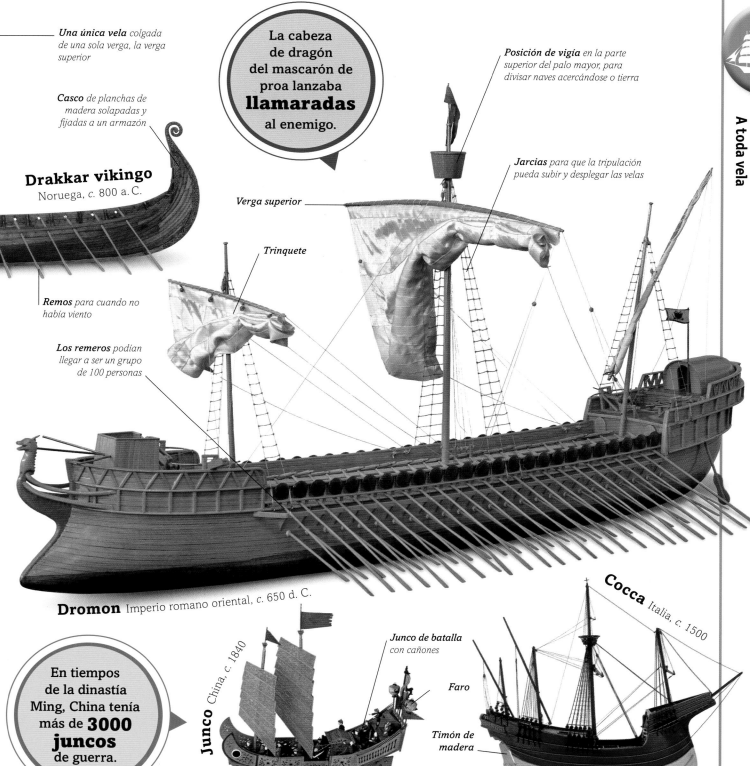

Una única vela colgada de una sola verga, la verga superior

Casco de planchas de madera solapadas y fijadas a un armazón

La cabeza de dragón del mascarón de proa lanzaba llamaradas al enemigo.

Posición de vigía en la parte superior del palo mayor, para divisar naves acercándose o tierra

Jarcias para que la tripulación pueda subir y desplegar las velas

Drakkar vikingo
Noruega, *c.* 800 a. C.

Verga superior

Trinquete

Remos para cuando no había viento

Los remeros podían llegar a ser un grupo de 100 personas

Dromon Imperio romano oriental, *c.* 650 d. C.

Cocca Italia, *c.* 1500

Junco de batalla con cañones

Faro

Timón de madera

En tiempos de la dinastía Ming, China tenía más de 3000 juncos de guerra.

Junco China, *c.* 1840

Porta

y en China, donde a menudo se instalaban en los **juncos** que navegaban por los océanos Pacífico e Índico. Muchos veleros antiguos, como las **galeras de guerra fenicias**, las **galeras romanas** y los **drakkar vikingos**, contaban con filas de remos para cuando no había viento. Los drakkar

vikingos tenían cascos poco profundos para poder navegar hasta la orilla para atacar y asaltar asentamientos. Los vikingos eran unos marineros experimentados que cruzaron Europa entera y, hacia el año 1000 d. C., consiguieron cruzar el Atlántico y llegar hasta Terranova, Canadá.

Comerciar y explorar

Casco de madera de unos 21 m de eslora

Cofa del palo mayor ocupada por el vigía para avistar tierra

Velas latinas para cuando el viento soplaba por el lateral del barco

Carabela Portugal, Década de 1490

Casco de unos 28 m de eslora

Santa María
España, 1460

Cuando la *Santa María* se **rompió**, con su madera se construyó un **fuerte**.

Mayflower
Inglaterra, década de 1600

Casco corto y profundo de madera con gran capacidad de carga bajo las cubiertas

Mesana adicional tras convertir el barco de guerra en una nave de exploración

HMS Bounty Inglaterra, 1784

HMS Beagle Inglaterra, 1820

Casco adaptado para transportar plantas del árbol del pan de Tahití al Caribe

Transportó a 74 personas en una expedición de 5 años

A partir del siglo xv los veleros europeos navegaron por el mundo. Muchos eran mercantes que llevaban cargas tan variadas como esclavos, comida y especias. Otros exploraban nuevas tierras en épicos viajes de descubrimiento.

Portugal fue un gran país de comercio marítimo en el siglo xv y sus **carabelas** navegaban por las costas de Europa y África. Dos de estas naves acompañaron a la *Santa María* en el viaje de Cristóbal Colón en 1492. Muchos barcos europeos partieron hacia el oeste para comerciar, conquistar

Los palos tenían velas, pero la nave también contaba con un motor diésel

Fram
Noruega 1892

Casco cuadrado para que fuera pequeño y pagara menos impuestos

Gavia cuadrada

Filibote
Países Bajos, década de 1700

Casco especialmente reforzado para soportar la presión del hielo

En el *Fram* un **molino de viento** accionaba un generador que alimentaba las luces.

Bauprés

Cutty Sark
Reino Unido, 1869

El sobrejuanete es la vela más alta del mástil

Casco de madera de 64,8 m de eslora

El casco, de planchas de hierro remachadas, transportaba guano (estiércol de animal), trigo y carbón

Wendur
Escocia, 1884

o fundar colonias, como el ***Mayflower***, cargado de peregrinos para establecerse en Norteamérica. A medida que los exploradores europeos hallaban nuevas tierras, más barcos se unían al comercio. El **filibote** era un diseño holandés de cubierta muy estrecha. Unas naves rápidas conocidas como clíperes, como el ***Cutty Sark***, navegaban entre Asia y Europa. Uno de los trayectos más épicos fue protagonizado por el ***Fram***, que navegó más de 100 000 km alrededor del Ártico antes de llevar al explorador noruego Roald Amundsen a la Antártida, donde fue el primero en pisar el Polo Sur.

Agua

Guerra en el mar

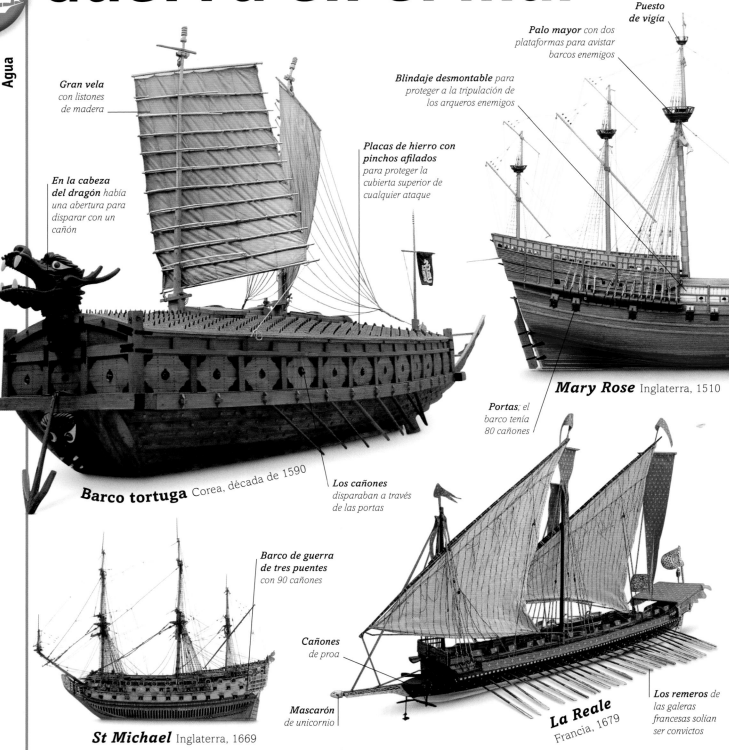

Gran vela con listones de madera

En la cabeza del dragón había una abertura para disparar con un cañón

Blindaje desmontable para proteger a la tripulación de los arqueros enemigos

Placas de hierro con pinchos afilados para proteger la cubierta superior de cualquier ataque

Palo mayor con dos plataformas para avistar barcos enemigos

Puesto de vigía

Mary Rose Inglaterra, 1510

Barco tortuga Corea, década de 1590

Los cañones disparaban a través de las portas

Portas; el barco tenía 80 cañones

Barco de guerra de tres puentes con 90 cañones

St Michael Inglaterra, 1669

Cañones de proa

Mascarón de unicornio

La Reale Francia, 1679

Los remeros de las galeras francesas solían ser convictos

El mar ha sido un campo de batalla prácticamente desde el mismo momento en que aparecieron los barcos. A partir del siglo XVI, los barcos de guerra se cargaron de cañones y las batallas en el mar fueron todavía más letales.

Antes de que apareciera la artillería naval, las batallas en el mar se hacían a poca distancia y se luchaba con fuego, arietes o flechas. El **barco tortuga** coreano se protegía de los arqueros y el abordaje con una armadura de pinchos. Con los grandes cañones, los barcos pudieron luchar a

166

Galeón
España, década de 1500

Portas; este galeón llevaba 30 cañones

El palo mayor se levantaba más de 60 m sobre la línea de flotación

Jarcias compuestas de 42 km de cuerda

Casco estrecho para cortar el agua a gran velocidad

Cañón de proa

HMS VICTORY

Cinco autobuses

Tres palos para desplegar 37 velas

850 tripulantes tenía el buque de 57 m de eslora del almirante Nelson.

El gran bauprés sobresale 30 m de la proa del barco

HMS Victory Inglaterra, 1765

El puente inferior alojaba 30 cañones gigantes de 32 libras

Con **140 cañones**, la *Santísima Trinidad* era el barco más armado del mundo.

Bergantín Francia, 1800

Cuarto puente de artillería añadido posteriormente a un barco de tres puentes

Los dos palos iguales y el casco estrecho hacen que el barco sea rápido y ágil

Santísima Trinidad España, 1769

mayores distancias. Los cañones del ***Mary Rose*** disparaban a través de las portas de su casco. Algunos barcos tenían cubiertas o puentes de cañones adicionales: así, el ***St Michael***, que luchó en el Caribe, tenía tres puentes, como la ***Santísima Trinidad***, que añadió otro puente de artillería

pesada, y era más amenazador, pero más lento. El comandante de la flota iba en el buque insignia, como el ***La Reale*** de la armada francesa. El **HMS Victory**, de 104 cañones, fue el buque insignia del almirante británico lord Nelson en la batalla de Trafalgar.

A LOMOS DEL VIENTO
El trimarán (una nave de tres cascos) del BMW Oracle Racing 90 (BOR90) se levanta en un entrenamiento. Este gigante de 34,5 m de eslora y 27,4 m de manga ocupa como dos pistas de baloncesto. Se construyó para la Copa América de Vela, la carrera de veleros más prestigiosa, que ganó en 2010. ¡Para competir más vale no tener vértigo!

Hicieron falta más de nueve meses de construcción en el estado de Washington, Estados Unidos, para que el trimarán BOR90 (conocido como USA-17) pudiera zarpar para hacer pruebas, formar a la tripulación y realizar modificaciones. Su casco, casi todo de fibra de carbono, pesa 16 toneladas. La vela mayor no es de tela, sino de fibra de carbono y kevlar, un material habitual en el equipamiento a prueba de balas. La enorme vela mide 58 m de altura. Con sus 3524 kg, pesa tanto que se mueve con potentes sistemas hidráulicos en lugar de las típicas jarcias. Eso sí, disparó la velocidad del trimarán a más de 50 km/h en algunos momentos de su exitosa participación en la Copa América.

Barco de vapor

Los barcos de vapor usaban carbón o petróleo para calentar agua y crear vapor para mover un motor que propulsaba una rueda de paletas o hacía girar una hélice, como en el **SS *Great Britain***. En el momento de su botadura en 1843, era el barco más grande del mundo, y el primero de vapor con casco de acero y propulsado por una hélice. Dos años más tarde, fue el primer barco de vapor con hélice que cruzó el Atlántico, trayecto que hizo en catorce días.

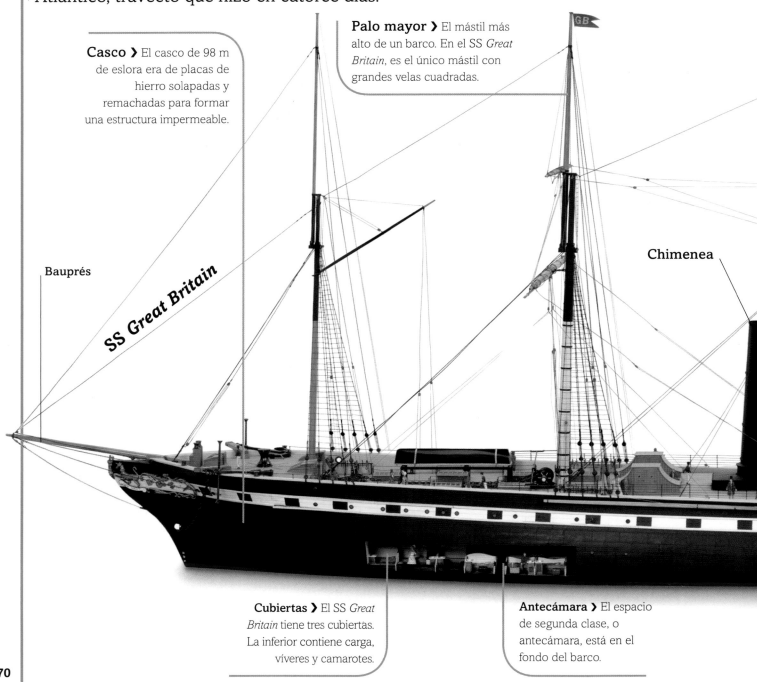

Palo mayor ❯ El mástil más alto de un barco. En el SS *Great Britain*, es el único mástil con grandes velas cuadradas.

Casco ❯ El casco de 98 m de eslora era de placas de hierro solapadas y remachadas para formar una estructura impermeable.

Chimenea

Bauprés

SS *Great Britain*

Cubiertas ❯ El SS *Great Britain* tiene tres cubiertas. La inferior contiene carga, víveres y camarotes.

Antecámara ❯ El espacio de segunda clase, o antecámara, está en el fondo del barco.

Jarcias ❯ En el SS *Great Britain*, las jarcias son cable de hierro, y no cuerda, para reducir la fricción.

Mástil ❯ Cinco de los mástiles del barco se pueden abatir sobre la cubierta para reducir la resistencia al aire cuando la nave avanza usando solo el vapor.

Verga ❯ Las velas cuelgan de estos largos travesaños de los mástiles.

Timón

Bote salvavidas ❯ Hay siete botes para 252 pasajeros y 130 tripulantes.

Comedor y camarotes de primera clase

Hélice ❯ La gran hélice de seis palas tiene un diámetro de 4,9 m. Al girar, propulsa el agua hacia atrás y hace avanzar el barco.

Acero y vapor

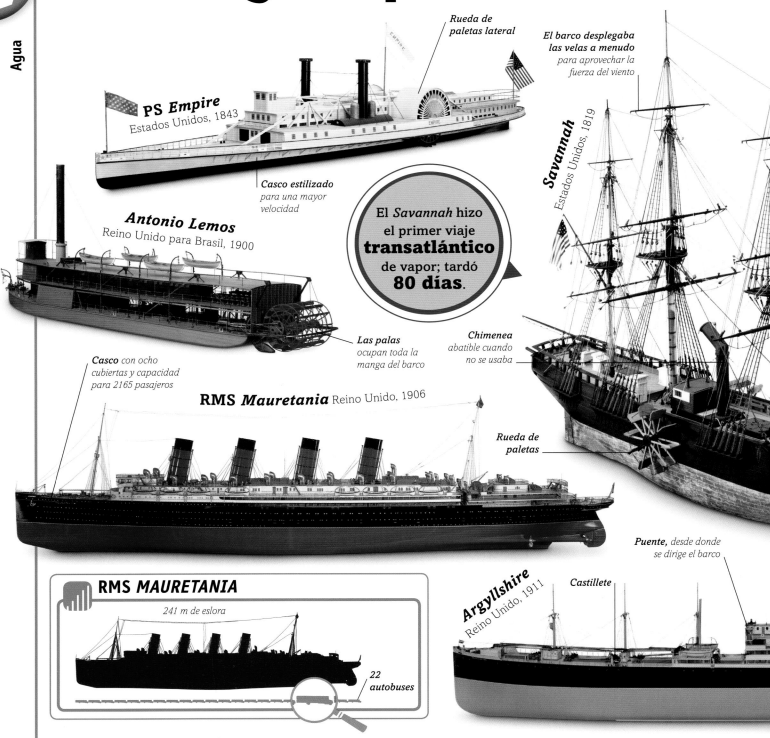

PS *Empire*
Estados Unidos, 1843

Rueda de paletas lateral

El barco desplegaba las velas a menudo para aprovechar la fuerza del viento

Casco estilizado para una mayor velocidad

Savannah
Estados Unidos, 1819

Antonio Lemos
Reino Unido para Brasil, 1900

El *Savannah* hizo el primer viaje **transatlántico** de vapor; tardó **80 días**.

Las palas ocupan toda la manga del barco

Chimenea abatible cuando no se usaba

Casco con ocho cubiertas y capacidad para 2165 pasajeros

RMS *Mauretania* Reino Unido, 1906

Rueda de paletas

RMS *MAURETANIA*

241 m de eslora

22 autobuses

Puente, desde donde se dirige el barco

Argyllshire
Reino Unido, 1911

Castillete

Con el vapor, los barcos dejaron de depender del viento para moverse. Con su potencia pudieron propulsarse barcos de acero y surgieron grandes naves robustas capaces de cubrir mayores distancias más rápido de lo que jamás se había visto.

Los primeros barcos de vapor no podían mover mucha carga por la gran cantidad de carbón que tenían que llevar. Sin embargo, el **SS *Agamemnon*** era capaz de gastar solo 20 toneladas de carbón al día, lo que permitía navegar económicamente entre Europa y el Lejano Oriente. Los potentes

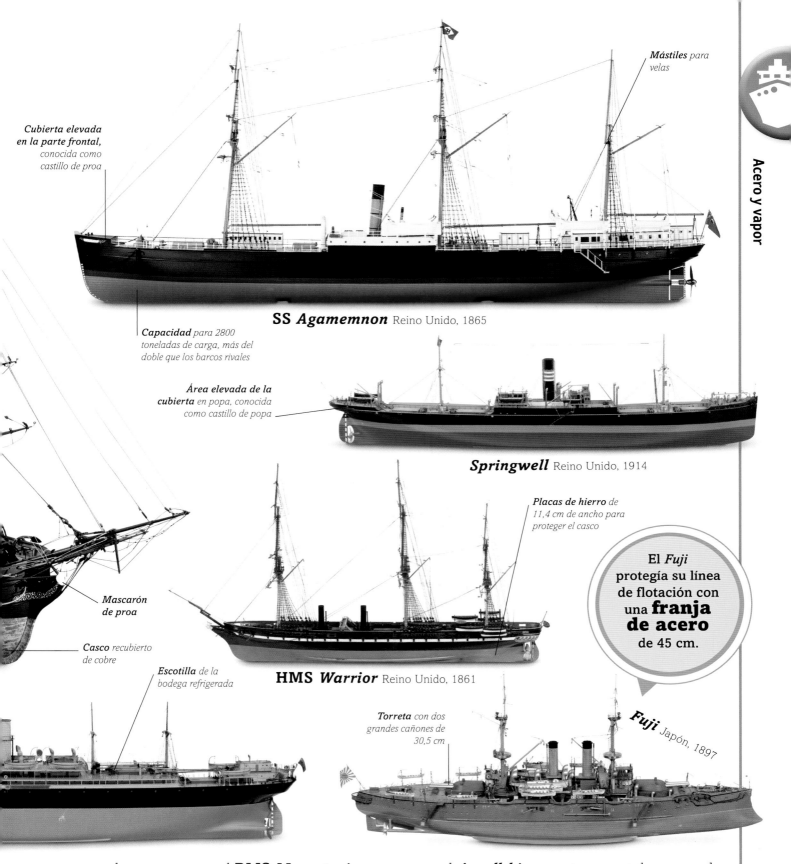

Cubierta elevada en la parte frontal, *conocida como castillo de proa*

Capacidad *para 2800 toneladas de carga, más del doble que los barcos rivales*

Mástiles *para velas*

SS *Agamemnon* Reino Unido, 1865

Área elevada de la cubierta *en popa, conocida como castillo de popa*

Springwell Reino Unido, 1914

Placas de hierro *de 11,4 cm de ancho para proteger el casco*

Mascarón de proa

Casco *recubierto de cobre*

Escotilla *de la bodega refrigerada*

HMS *Warrior* Reino Unido, 1861

El *Fuji* protegía su línea de flotación con una **franja de acero** de 45 cm.

Torreta *con dos grandes cañones de 30,5 cm*

Fuji Japón, 1897

cruceros de vapor, como el **RMS *Mauretania***, podían cruzar el Atlántico en solo cuatro o cinco días. Los primeros barcos de vapor, como el **PS *Empire***, eran de madera, pero poco a poco los cascos de hierro y acero cobraron popularidad. El acero permitió construir barcos refrigerados, como el ***Argyllshire***, que transportaba carne de Sudamérica y Australasia a Europa. Las fuerzas navales también adoptaron el acero y el vapor. El **HMS *Warrior*** fue de los primeros barcos de la Marina Real británica con casco de hierro y blindaje de acero.

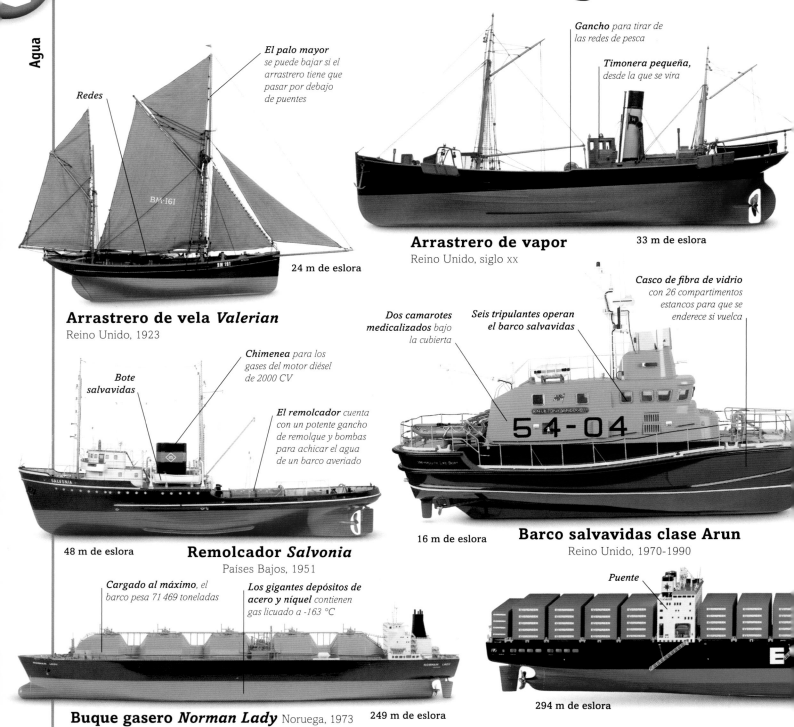

Barcos de trabajo

Redes

El palo mayor se puede bajar si el arrastrero tiene que pasar por debajo de puentes

BM-161

Gancho para tirar de las redes de pesca

Timonera pequeña, desde la que se vira

Arrastrero de vapor
Reino Unido, siglo xx

33 m de eslora

24 m de eslora

Arrastrero de vela *Valerian*
Reino Unido, 1923

Bote salvavidas

Chimenea para los gases del motor diésel de 2000 CV

El remolcador cuenta con un potente gancho de remolque y bombas para achicar el agua de un barco averiado

Dos camarotes medicalizados bajo la cubierta

Seis tripulantes operan el barco salvavidas

Casco de fibra de vidrio con 26 compartimentos estancos para que se enderece si vuelca

5 4 - 0 4

48 m de eslora

Remolcador *Salvonia*
Países Bajos, 1951

16 m de eslora

Barco salvavidas clase Arun
Reino Unido, 1970-1990

Cargado al máximo, el barco pesa 71 469 toneladas

Los gigantes depósitos de acero y níquel contienen gas licuado a -163 °C

Puente

Buque gasero *Norman Lady* Noruega, 1973   249 m de eslora

294 m de eslora

Cada día, miles de barcos efectúan tareas diversas. Algunos transportan productos, carburante y materiales por todas las aguas del mundo, mientras que otros salvan vidas, ayudan a otros barcos y obtienen alimentos de mares y océanos.

Los buques transportan líquidos, como petróleo o, en el caso del ***Norman Lady***, gas natural licuado. El petrolero ***Shin Aitoku Maru*** cuenta con velas controladas por ordenador y ahorra combustible. El ***Ever Royal*** transporta productos y materiales almacenados en hasta 4200

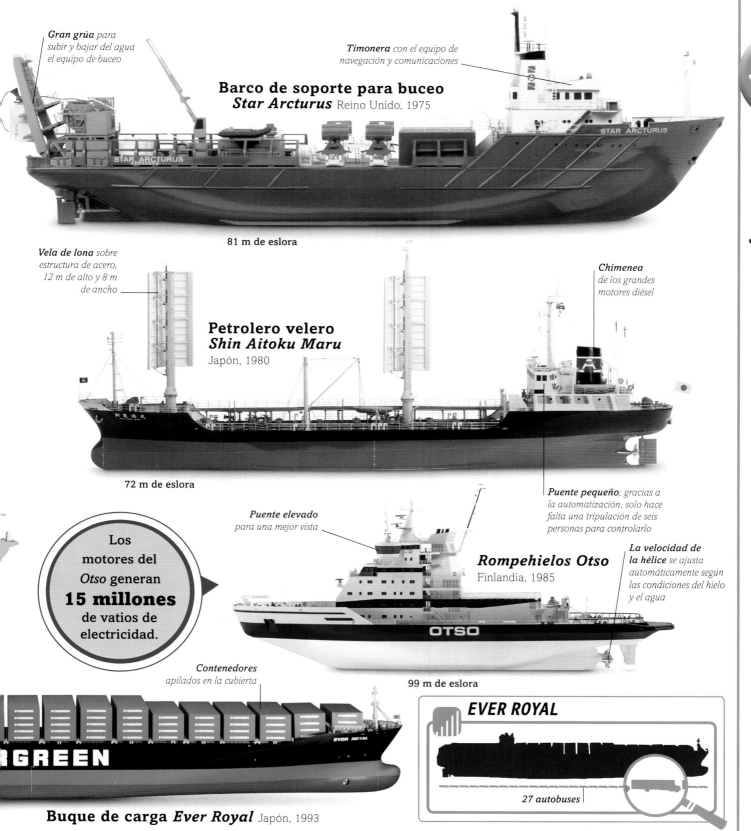

Gran grúa para
subir y bajar del agua
el equipo de buceo

Timonera con el equipo de
navegación y comunicaciones

Barco de soporte para buceo
Star Arcturus Reino Unido, 1975

81 m de eslora

Vela de lona sobre
estructura de acero,
12 m de alto y 8 m
de ancho

Chimenea
de los grandes
motores diésel

Petrolero velero
Shin Aitoku Maru
Japón, 1980

72 m de eslora

Puente pequeño; gracias a
la automatización, solo hace
falta una tripulación de seis
personas para controlarlo

Puente elevado
para una mejor vista

La velocidad de
la hélice se ajusta
automáticamente según
las condiciones del hielo
y el agua

Los
motores del
Otso generan
15 millones
de vatios de
electricidad.

Rompehielos Otso
Finlandia, 1985

99 m de eslora

Contenedores
apilados en la cubierta

OTSO

EVER ROYAL

27 autobuses

Buque de carga Ever Royal Japón, 1993

contenedores estándar de 6 m. Algunos barcos
de trabajo ayudan a otros. Los rompehielos, como
el **Otso**, pueden romper hielo de muchos metros
de grosor y abrir un camino por el que pasarán
otros barcos. Otros actúan como remolcadores,
como el **Salvonia**, capaz de salir al océano,

remolcar un barco accidentado fuera de una
zona de peligro y llevarlo a puerto para su
reparación. Las guardias costeras y otros servicios
de salvamento marítimo usan barcos como el
Arun, capaz de cruzar las aguas más agitadas
del mar para rescatar a quien lo necesite.

Barcos de pasajeros

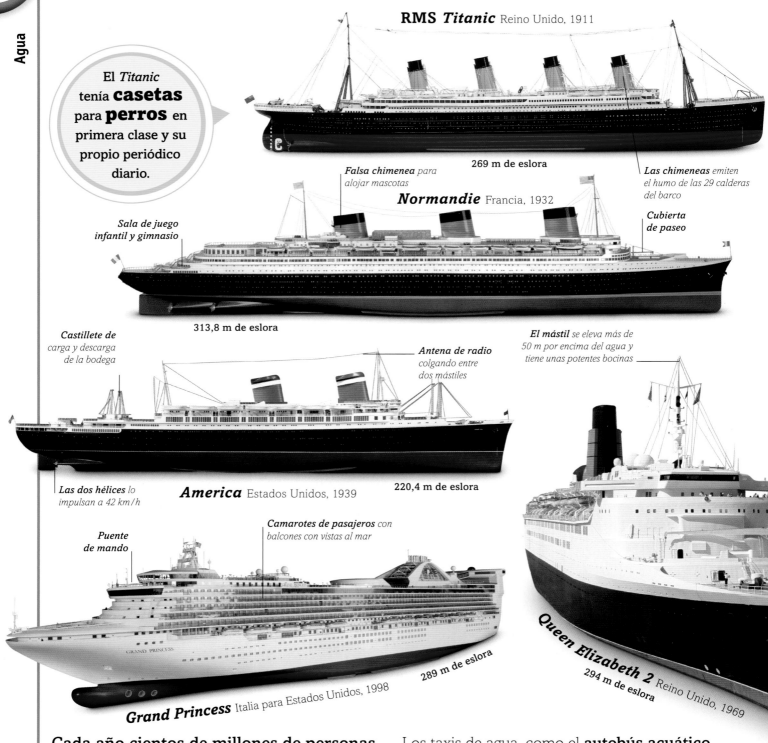

El *Titanic* tenía **casetas** para **perros** en primera clase y su propio periódico diario.

RMS *Titanic* Reino Unido, 1911

269 m de eslora

Falsa chimenea para alojar mascotas

Las chimeneas emiten el humo de las 29 calderas del barco

Normandie Francia, 1932

Sala de juego infantil y gimnasio

Cubierta de paseo

313,8 m de eslora

Castillete de carga y descarga de la bodega

Antena de radio colgando entre dos mástiles

El mástil se eleva más de 50 m por encima del agua y tiene unas potentes bocinas

Las dos hélices lo impulsan a 42 km/h

America Estados Unidos, 1939

220,4 m de eslora

Puente de mando

Camarotes de pasajeros con balcones con vistas al mar

Grand Princess Italia para Estados Unidos, 1998

289 m de eslora

Queen Elizabeth 2 Reino Unido, 1969

294 m de eslora

Cada año cientos de millones de personas viajan en barco por trabajo o placer, ya sea en transbordadores que unen lugares de costa o pasando las vacaciones a bordo de grandes cruceros de pasajeros que surcan los mares y océanos del mundo.

Los taxis de agua, como el **autobús acuático** *Himiko* de Tokio, salvan distancias cortas, mientras que los transbordadores más grandes, como el *Arcturus*, desplazan a personas y vehículos a través de mares y lagos. El **transbordador MDV Clase 1200** tiene capacidad para 175 coches y

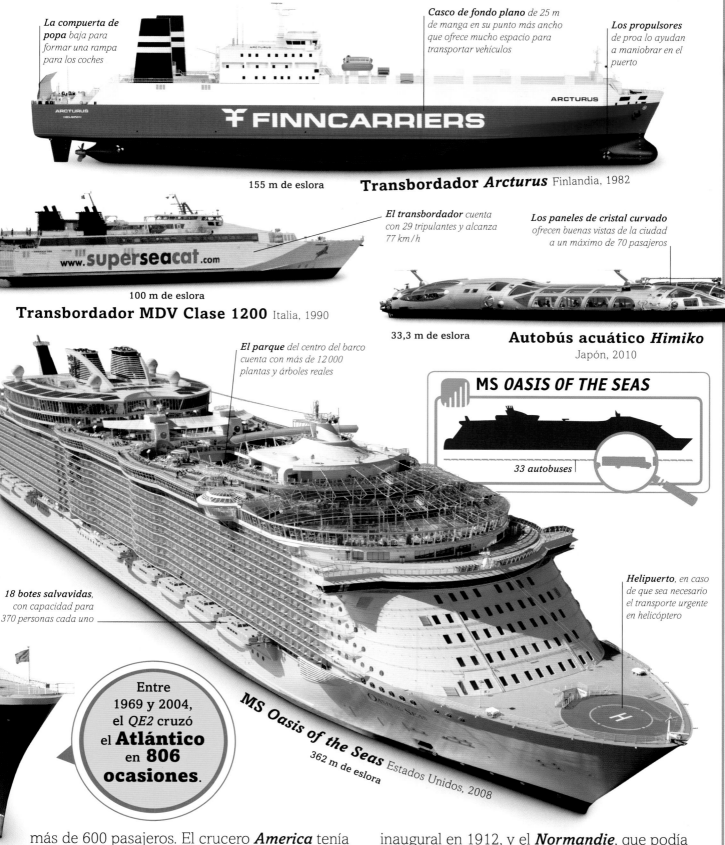

La compuerta de **popa** baja para formar una rampa para los coches

Casco de fondo plano de 25 m de manga en su punto más ancho que ofrece mucho espacio para transportar vehículos

Los propulsores de proa lo ayudan a maniobrar en el puerto

155 m de eslora

Transbordador _Arcturus_ Finlandia, 1982

El transbordador cuenta con 29 tripulantes y alcanza 77 km/h

Los paneles de cristal curvado ofrecen buenas vistas de la ciudad a un máximo de 70 pasajeros

100 m de eslora

Transbordador MDV Clase 1200 Italia, 1990

33,3 m de eslora

Autobús acuático _Himiko_ Japón, 2010

El parque del centro del barco cuenta con más de 12 000 plantas y árboles reales

MS _OASIS OF THE SEAS_

33 autobuses

Helipuerto, en caso de que sea necesario el transporte urgente en helicóptero

18 botes salvavidas, con capacidad para 370 personas cada uno

Entre 1969 y 2004, el _QE2_ cruzó el **Atlántico** en **806 ocasiones**.

MS Oasis of the Seas Estados Unidos, 2008
362 m de eslora

más de 600 pasajeros. El crucero **_America_** tenía capacidad para 1202 pasajeros, pero durante la Segunda Guerra Mundial se convirtió en buque militar para llevar 7678 soldados. Con los años aparecieron cruceros cada vez más grandes, como el **RMS _Titanic_**, que se hundió en su viaje inaugural en 1912, y el **_Normandie_**, que podía llevar 1972 pasajeros a 54 km/h. Con 17 cubiertas para unos 3600 pasajeros, el **_Grand Princess_** se convirtió en el crucero más grande del mundo hasta que lo superó el gigantesco **MS _Oasis of the Seas_**, de 225 282 toneladas.

CIUDAD FLOTANTE
El *Allure of the Seas,* de la Royal Caribbean, que en su momento fue el crucero más grande del mundo, llega a su puerto base en Port Everglades, Florida, Estados Unidos, en 2010. Este gigantesco hotel flotante de 16 pisos es casi tan largo como cuatro campos de fútbol y tiene capacidad para 6318 pasajeros y 2384 tripulantes. Es casi como si hubiera zarpado una pequeña ciudad flotante.

Construido en Finlandia entre 2008 y 2010, este gigantesco navío tiene 362 m de eslora. Sobresale 72 m sobre la línea de flotación, pero sus chimeneas retráctiles se pueden plegar para pasar bajo puentes bajos. Entre las atracciones del crucero se incluyen 25 restaurantes, una sala de cine para 1380 personas, una pista de baloncesto, un rocódromo, 21 piscinas y jacuzzis, y generadores de olas que bombean más de 220 000 litros de agua por minuto, ¡para surfear en pleno crucero! Incluso cuenta con una pista de atletismo de 680 m y un parque con miles de plantas y árboles de verdad. El barco de 225 282 toneladas navega por el Caribe o el Mediterráneo a la majestuosa velocidad de 42 km/h.

Buques de guerra

Torreta con tres cañones de 38 cm

237 m de eslora

Avistamiento de artillería en posición elevada

HMS Dreadnought
Reino Unido, 1906

Primer barco de guerra con turbina de vapor

163 m de eslora

Torreta de artillería protegida por un blindaje frontal de 27,5 cm de grosor

Los grandes **cañones** del *Yamato* podían disparar proyectiles a **42 km** de distancia.

Torreta trasera con tres cañones de 46 cm

Blindaje de la cubierta de hasta 25 cm de grosor

Verga del mástil para izar banderas de señalización para enviar mensajes a los otros barcos de la flota

Las chimeneas emitían el humo de las 12 calderas

Patrullera P34 Reino Unido, 1916

SMS Regensburg Alemania, 1915

142 m de eslora

Timón de gran tamaño para virajes cerrados

Botes salvavidas para 50-55 tripulantes

Hasta nueve tanques de 30 toneladas

La rampa de proa se abre para que salgan los tanques

LCT 914

Torreta con dos cañones de 38 cm

Chimenea baja

Radar para controlar y apuntar con los cañones a los objetivos

Bismarck Alemania, 1940

Dos timones

246 m de eslora

Los barcos desempeñaron un papel vital en las dos guerras mundiales. Además de librar batallas, sirvieron para interferir los suministros enemigos, proteger las naves propias, y transportar tropas y equipo para invadir territorio enemigo.

El **HMS *Dreadnought*** era más rápido e iba más armado que los navíos anteriores, e inició una carrera armamentística entre las principales potencias navales antes de la Primera Guerra Mundial. Barcos más pequeños, como el **SMS *Regensburg*** y la **patrullera P34**, entraron en

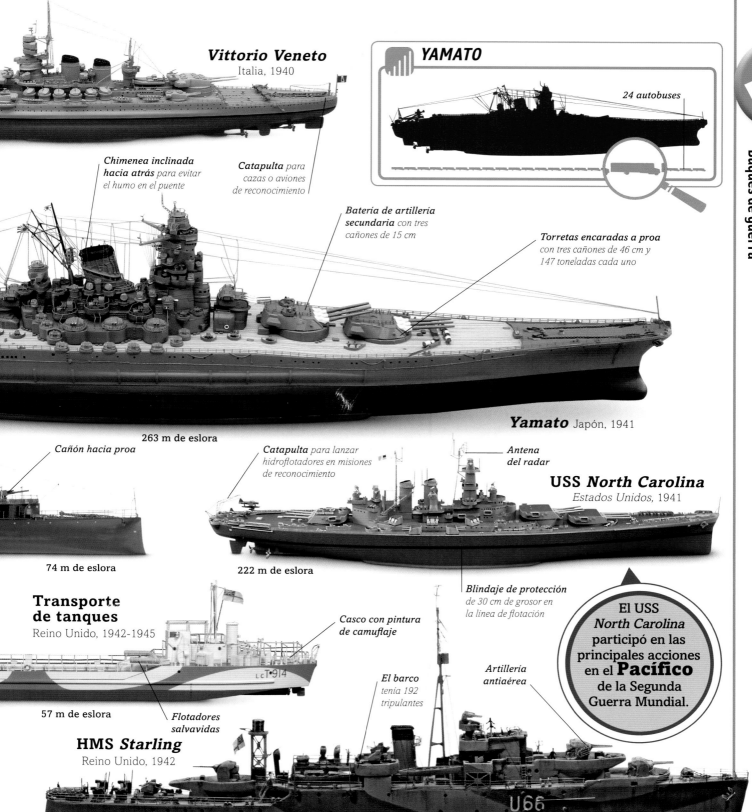

Vittorio Veneto
Italia, 1940

YAMATO

24 autobuses

Chimenea inclinada hacia atrás para evitar el humo en el puente

Catapulta para cazas o aviones de reconocimiento

Batería de artillería secundaria con tres cañones de 15 cm

Torretas encaradas a proa con tres cañones de 46 cm y 147 toneladas cada uno

Yamato Japón, 1941

263 m de eslora

Cañón hacia proa

Catapulta para lanzar hidroflotadores en misiones de reconocimiento

Antena del radar

USS North Carolina
Estados Unidos, 1941

74 m de eslora

222 m de eslora

Transporte de tanques
Reino Unido, 1942-1945

Casco con pintura de camuflaje

Blindaje de protección de 30 cm de grosor en la línea de flotación

El USS *North Carolina* participó en las principales acciones en el **Pacífico** de la Segunda Guerra Mundial.

El barco tenía 192 tripulantes

Artillería antiaérea

57 m de eslora

Flotadores salvavidas

HMS Starling
Reino Unido, 1942

91 m de eslora

servicio entonces. La **P34** fue uno de los primeros buques especializados contra submarinos. El **HMS Starling** realizó una tarea similar en la Segunda Guerra Mundial y hundió 14 U-boats alemanes. El **Bismarck** fue el navío más grande de Alemania hasta su hundimiento en 1941.

El más grande de todos era el **Yamato**, con más de 70 000 toneladas, 9 cañones gigantes y 162 cañones antiaéreos. Navegaba por el Pacífico con una autonomía de 13 300 km. La autonomía de los **barcos de transporte de tanques** era mucho menor, pero fueron claves en Normandía.

Portaaviones

Agua

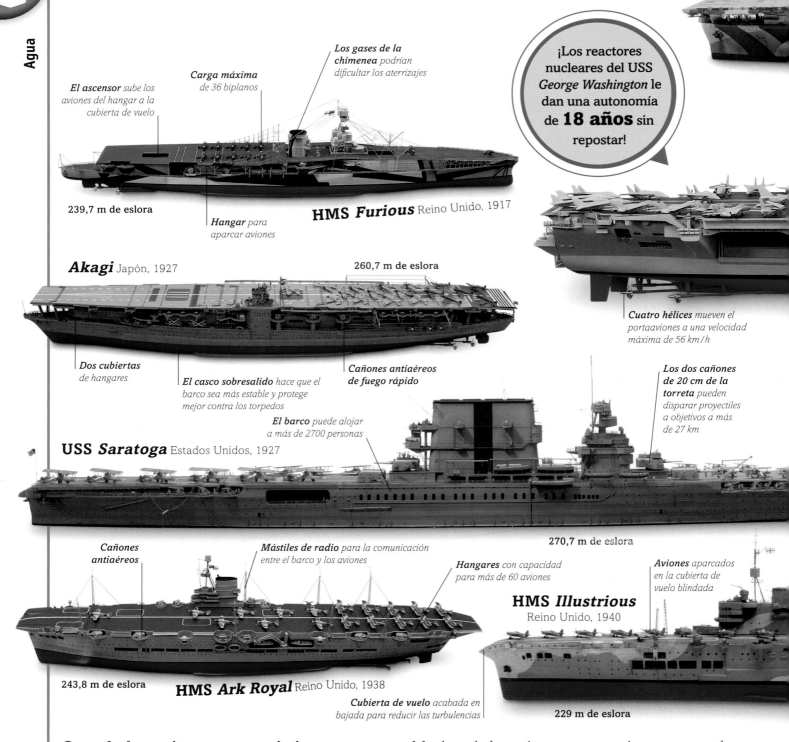

El ascensor sube los aviones del hangar a la cubierta de vuelo

Carga máxima de 36 biplanos

Los gases de la chimenea podrían dificultar los aterrizajes

239,7 m de eslora

Hangar para aparcar aviones

HMS *Furious* Reino Unido, 1917

¡Los reactores nucleares del USS *George Washington* le dan una autonomía de **18 años** sin repostar!

Akagi Japón, 1927

260,7 m de eslora

Cuatro hélices mueven el portaaviones a una velocidad máxima de 56 km/h

Dos cubiertas de hangares

El casco sobresalido hace que el barco sea más estable y protege mejor contra los torpedos

Cañones antiaéreos de fuego rápido

Los dos cañones de 20 cm de la torreta pueden disparar proyectiles a objetivos a más de 27 km

El barco puede alojar a más de 2700 personas

USS *Saratoga* Estados Unidos, 1927

270,7 m de eslora

Cañones antiaéreos

Mástiles de radio para la comunicación entre el barco y los aviones

Hangares con capacidad para más de 60 aviones

Aviones aparcados en la cubierta de vuelo blindada

HMS *Illustrious* Reino Unido, 1940

243,8 m de eslora

HMS *Ark Royal* Reino Unido, 1938

Cubierta de vuelo acabada en bajada para reducir las turbulencias

229 m de eslora

Cuando los aviones se convirtieron en armas importantes, se diseñaron barcos que funcionaran como bases aéreas. Estos portaaviones son naves enormes con una gran cubierta plana para que despeguen y aterricen aviones y helicópteros.

Muchos de los primeros portaaviones, como el USS *Saratoga*, el HMS *Furious* y el *Akagi*, se diseñaron como cruceros de batalla y fueron reconvertidos. El *Akagi* llevaba hasta 66 aviones, que despegaban de tres cubiertas de vuelo, y el *Saratoga* podía llevar un máximo de 78 aviones.

182

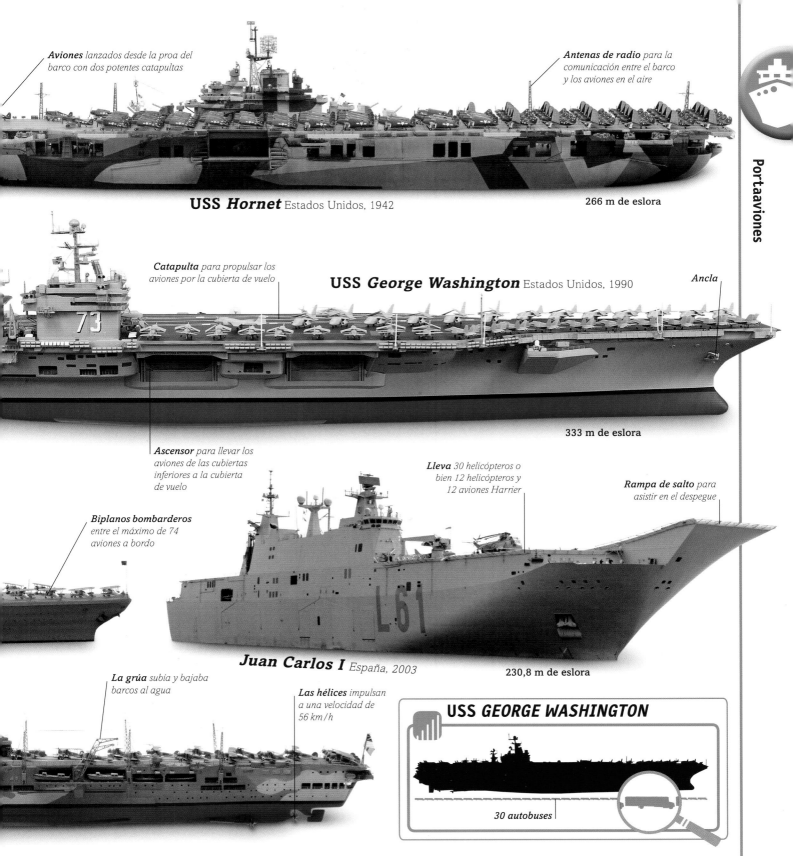

Aviones *lanzados desde la proa del barco con dos potentes catapultas*

Antenas de radio *para la comunicación entre el barco y los aviones en el aire*

USS *Hornet* Estados Unidos, 1942

266 m de eslora

Catapulta *para propulsar los aviones por la cubierta de vuelo*

USS *George Washington* Estados Unidos, 1990

Ancla

Ascensor *para llevar los aviones de las cubiertas inferiores a la cubierta de vuelo*

333 m de eslora

Lleva *30 helicópteros o bien 12 helicópteros y 12 aviones Harrier*

Rampa de salto *para asistir en el despegue*

Biplanos bombarderos *entre el máximo de 74 aviones a bordo*

Juan Carlos I *España, 2003*

230,8 m de eslora

La grúa *subía y bajaba barcos al agua*

Las hélices *impulsan a una velocidad de 56 km/h*

USS *GEORGE WASHINGTON*

30 autobuses

Los portaaviones expresamente diseñados para ello, como el **HMS *Illustrious*** y el **USS *Hornet***, tenían catapultas hidráulicas o de vapor para propulsar los aviones, además de hangares de aparcamiento bajo la cubierta. Los portaaviones llevan mucha tripulación; 1580 en el caso del

HMS *Ark Royal*. No obstante, esta figura parece pequeña en comparación con los más de 6000 tripulantes del portaaviones Clase Nimitz **USS *George Washington*.** Con 94 000 toneladas, lleva hasta 90 aeronaves, desde aviones y helicópteros de reconocimiento hasta cazas y bombarderos.

Barcos de guerra modernos

Helicóptero Merlin

Torreta con dos cañones de 113 mm con un alcance máximo de 18 km

Dos hélices

HMS *Diamond* Reino Unido, 1952

D 35

119 m de eslora

Grúa para desplegar equipamiento o recuperar minas

Antena de seguimiento para recibir datos de satélites o cohetes

46 m de eslora

Tripulación de 120 personas y hasta 100 expertos técnicos

M1157

Dos hélices propulsadas por un motor diésel

HMS *Kirkliston*
Reino Unido, 1954

Los misiles Tomahawk del barco tienen un alcance de más de **1300 km**.

Monge A601 Francia, 1990   225 m de eslora

USS *Arleigh Burke*
Estados Unidos, 1991

Los misiles Tomahawk se pueden lanzar verticalmente

Helicóptero Sikorsky SH-60 Seahawk en el helipuerto

51

154 m de eslora

Los portaaviones y los submarinos han sustituido a los barcos de guerra como las naves más grandes y letales de las flotas navales. Sin embargo, los barcos más pequeños tienen aún asignadas tareas muy importantes.

Las fragatas, como la **HMS *Lancaster*** y la **HMCS *Vancouver***, son polivalentes: pueden proteger y escoltar a otros barcos, patrullar por la costa, interceptar barcos sospechosos y entrar en combate contra submarinos. El destructor **USS *Arleigh Burke*** también puede enfrentarse

Chimenea

Mástil de radar y electrónica

Sistema antiaéreo de misiles: el barco está armado con misiles antiaéreos y torpedos

F229

HMS *Lancaster* Reino Unido, 1992 · 133 m de eslora

Helicóptero Sea King en la popa

Antena del radar

El helipuerto de popa sirve para que lleguen médicos o para evacuar personal herido

Grúa para cargar y descargar un máximo de 24 contenedores de víveres

A 511

134 m de eslora

HMCS *Vancouver*
Canadá, 1993

101 m de eslora · **Clase Elbe** Alemania, 1993

151 m de eslora

Destructor clase Murasame
Japón, 1994

Cubierta de vuelo con capacidad para 6-8 reactores Harrier II

Bodega de desembarque para 40 vehículos anfibios de asalto

257 m de eslora

USS *Iwo Jima* Estados Unidos, 2000

Casco de camuflaje

Los dos motores diésel activan cuatro propulsores de chorro de agua para hacer avanzar el barco

USS *IWO JIMA*

23 autobuses

Barco de misiles Tipo 022
China, 2004 · 42 m de eslora

a submarinos, además de atacar otros objetivos con misiles guiados. Algunos barcos tienen tareas especializadas. El **HMS *Kirkliston*** se encargaba de buscar minas en aguas costeras. El *Monge* **A601** controla los cielos con sus 14 antenas y otros sistemas electrónicos para seguir misiles y misiones espaciales. El **barco de misiles Tipo 022** puede permanecer oculto a los sistemas de localización del enemigo para lanzar ataques, y el **USS *Iwo Jima*** puede hacer misiones en tierra firme y llevar 1900 marines, 30 helicópteros y un gran número de naves de desembarque anfibio.

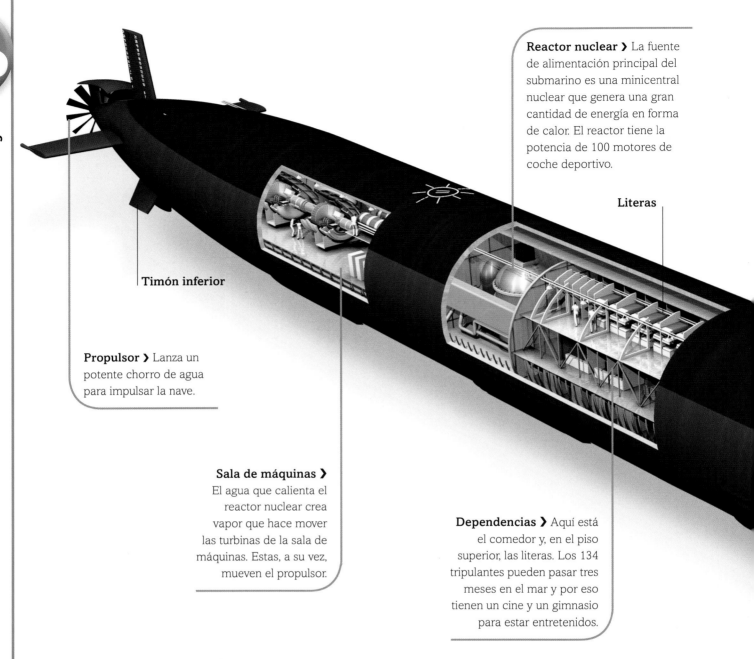

Reactor nuclear > La fuente de alimentación principal del submarino es una minicentral nuclear que genera una gran cantidad de energía en forma de calor. El reactor tiene la potencia de 100 motores de coche deportivo.

Literas

Timón inferior

Propulsor > Lanza un potente chorro de agua para impulsar la nave.

Sala de máquinas > El agua que calienta el reactor nuclear crea vapor que hace mover las turbinas de la sala de máquinas. Estas, a su vez, mueven el propulsor.

Dependencias > Aquí está el comedor y, en el piso superior, las literas. Los 134 tripulantes pueden pasar tres meses en el mar y por eso tienen un cine y un gimnasio para estar entretenidos.

Submarino

Los submarinos pueden ajustar su flotabilidad (si flotan o se hunden) con depósitos que llenan de aire o de agua de mar. Gracias a ellos, se hunden por debajo del nivel del mar, avanzan sin ser vistos bajo el agua o suben a la superficie. El **submarino clase Virginia**, de 115 m, forma parte de la marina de Estados Unidos. Se tarda unos nueve millones de horas en construir uno de ellos con todos sus avanzados sistemas.

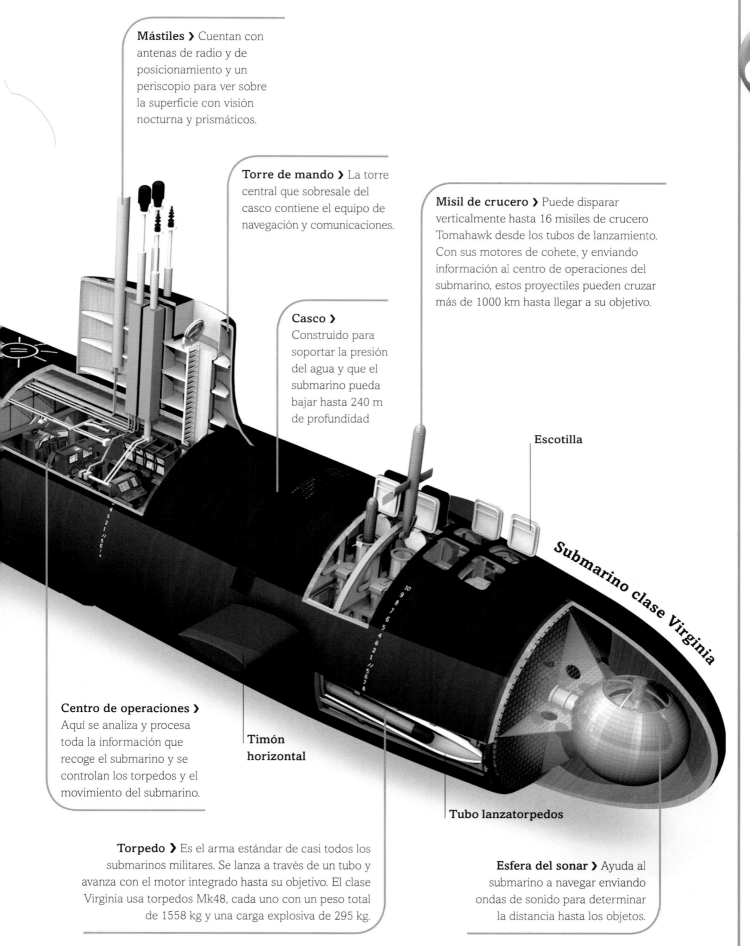

Mástiles ❯ Cuentan con antenas de radio y de posicionamiento y un periscopio para ver sobre la superficie con visión nocturna y prismáticos.

Torre de mando ❯ La torre central que sobresale del casco contiene el equipo de navegación y comunicaciones.

Misil de crucero ❯ Puede disparar verticalmente hasta 16 misiles de crucero Tomahawk desde los tubos de lanzamiento. Con sus motores de cohete, y enviando información al centro de operaciones del submarino, estos proyectiles pueden cruzar más de 1000 km hasta llegar a su objetivo.

Casco ❯ Construido para soportar la presión del agua y que el submarino pueda bajar hasta 240 m de profundidad

Escotilla

Submarino clase Virginia

Centro de operaciones ❯ Aquí se analiza y procesa toda la información que recoge el submarino y se controlan los torpedos y el movimiento del submarino.

Timón horizontal

Tubo lanzatorpedos

Torpedo ❯ Es el arma estándar de casi todos los submarinos militares. Se lanza a través de un tubo y avanza con el motor integrado hasta su objetivo. El clase Virginia usa torpedos Mk48, cada uno con un peso total de 1558 kg y una carga explosiva de 295 kg.

Esfera del sonar ❯ Ayuda al submarino a navegar enviando ondas de sonido para determinar la distancia hasta los objetos.

Más abajo

Tres Aichi M6A almacenados y lanzados desde este submarino

Escotilla de acceso

19,5 m de eslora

HMS Holland n.° 1 Reino Unido, 1901

U-9 Alemania, 1910

La hélice impulsa a una velocidad de 15 km/h bajo el agua

57,4 m de eslora

Turtle Estados Unidos, 1776

Pedales para accionar la hélice

1,8 m de alto

Cañón de 2 cm

77 m de eslora

Tipo VIIC Alemania, 1940

Los tubos lanzatorpedos lanzan los 14 torpedos para hundir los barcos enemigos

Hélice cubierta para reducir el sonido y hacer que el submarino sea más difícil de detectar

Casco presurizado con espacio para 60 tripulantes

USS Gato Estados Unidos, 1941

Tubos lanzatorpedos

Tubos lanzatorpedos

95 m de eslora

YURI DOLGORUKI

15,4 autobuses

Timón superior para hacer virar el submarino

170 m de eslora

Con su capacidad de estar semanas bajo el agua, los submarinos pueden ser un arma muy letal. Los sumergibles son naves mucho más pequeñas para investigaciones científicas bajo el agua y para ejecutar tareas de rescate y salvamento.

El **Turtle** fue el primer submarino que entró en combate, cuando intentó colocar explosivos en el casco de los barcos enemigos en la guerra de Secesión de Estados Unidos. Antes de la Primera Guerra Mundial los submarinos nunca habían sido útiles en la guerra. El **U-9** alemán hundió 16 barcos,

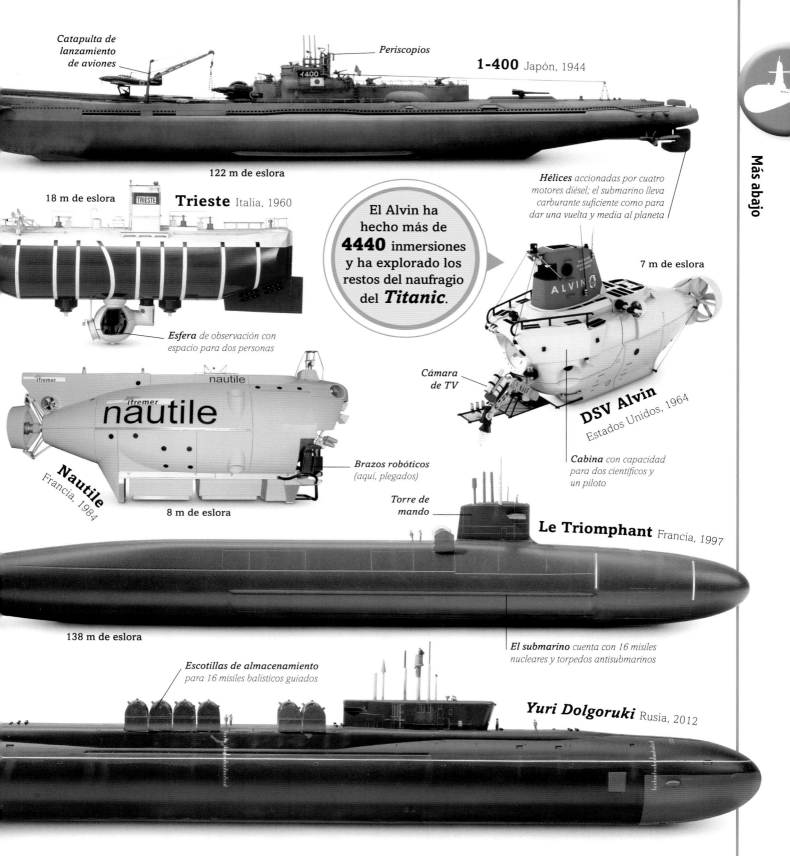

Catapulta de lanzamiento de aviones

Periscopios

1-400 Japón, 1944

122 m de eslora

Hélices *accionadas por cuatro motores diésel; el submarino lleva carburante suficiente como para dar una vuelta y media al planeta*

18 m de eslora

TRIESTE

Trieste Italia, 1960

El Alvin ha hecho más de **4440** inmersiones y ha explorado los restos del naufragio del ***Titanic***.

7 m de eslora

ALVIN

Esfera *de observación con espacio para dos personas*

Cámara de TV

DSV Alvin Estados Unidos, 1964

Cabina *con capacidad para dos científicos y un piloto*

nautile

Ifremer

nautile

Ifremer

Brazos robóticos *(aquí, plegados)*

Nautile Francia, 1984

8 m de eslora

Torre de mando

Le Triomphant Francia, 1997

138 m de eslora

El submarino *cuenta con 16 misiles nucleares y torpedos antisubmarinos*

Escotillas de almacenamiento *para 16 misiles balísticos guiados*

Yuri Dolgoruki Rusia, 2012

y el **U-boat Tipo VIIC** bajó a 150 m. El **USS Gato** tenía una autonomía de 20 000 km. Los de clase **1-400**, de la Segunda Guerra Mundial, eran tan grandes que en su cubierta podrían despegar aviones. Con la energía nuclear, los submarinos modernos como el **Le Triomphant** y el *Yuri*

Dolgoruki pueden patrullar durante meses sin parar. Los pequeños sumergibles de investigación tienen poca autonomía, pero realizan hazañas increíbles. El **DSV Alvin** baja hasta 6400 m, y el **Trieste** llegó a la parte más profunda del océano Pacífico, a 10 911 m bajo el nivel del mar.

A toda máquina

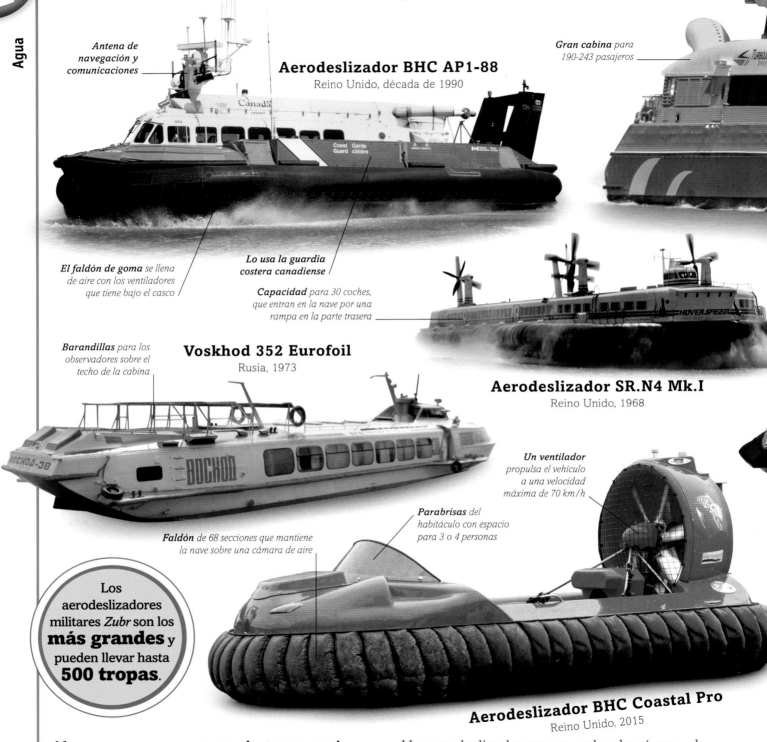

Antena de navegación y comunicaciones

Aerodeslizador BHC AP1-88
Reino Unido, década de 1990

Gran cabina para 190-243 pasajeros

El faldón de goma se llena de aire con los ventiladores que tiene bajo el casco

Lo usa la guardia costera canadiense

Capacidad para 30 coches, que entran en la nave por una rampa en la parte trasera

Barandillas para los observadores sobre el techo de la cabina

Voskhod 352 Eurofoil
Rusia, 1973

Aerodeslizador SR.N4 Mk.I
Reino Unido, 1968

Un ventilador propulsa el vehículo a una velocidad máxima de 70 km/h

Parabrisas del habitáculo con espacio para 3 o 4 personas

Faldón de 68 secciones que mantiene la nave sobre una cámara de aire

Los aerodeslizadores militares *Zubr* son los **más grandes** y pueden llevar hasta **500 tropas**.

Aerodeslizador BHC Coastal Pro
Reino Unido, 2015

Algunas naves navegan sin tocar casi el agua, por lo que pueden desplazarse con una mayor rapidez. ¡Las naves de superficie, como los aerodeslizadores y los hidroplaneadores, se mueven a toda velocidad!

Un aerodeslizador avanza sobre la cámara de aire que generan los ventiladores que tiene bajo el casco, lo que le permite desplazarse por tierra y agua. El **aerodeslizador SR.N4 Mk. I** tenía capacidad para 254 pasajeros y se desplazaba a más de 100 km/h. La guardia costera canadiense

Manillar con palancas para acelerar y frenar

Puente desde donde se controla la nave

Sea-Doo® Spark™ Canadá, 2013

Boeing 929 Jetfoil
Estados Unidos, 1974

El K7 fijó el récord del mundo de velocidad sobre agua en **444km/h** en 1964.

Cúpula de plexiglás para proteger la cabina

Carrocería de aluminio sobre chasis de acero

Bluebird K7
Reino Unido, 1955

Manillar con sistema de sonido y altavoces

Kawasaki Ultra 310LX Japón, 2015

Casco en forma de V idóneo para cruzar aguas agitadas con elegancia

Retrovisor

S. SUTTIPUN

Carrocería aerodinámica de fibra de carbono, ligera y resistente

Lancha motora de F1 Estados Unidos, 2014

Diseño de catamarán con dos cascos flotantes

usaba el **aerodeslizador BHC AP1-88** para misiones de rescate. Los hidroplaneadores, como el **Voskhod 352 Eurofoil**, tienen unas láminas en forma de ala bajo el casco que levantan la nave del agua. Los deslizadores son hidroplaneadores que usan chorros de agua para impulsarse, como el **Boeing 929 Jetfoil**, a una velocidad de 80 km/h. Las motos de agua, como la **Sea-Doo® Spark™** y la **Kawasaki Ultra 310LX**, también emplean propulsores de agua, y los botes más rápidos del mundo, las **lanchas motoras de F1**, utilizan hélices para lanzarse a más de 200 km/h.

Barcos recreativos

Motor trasero que hace girar la hélice

Motora Estados Unidos, década de 1950

Casco hinchable de 2,2 m de eslora, listo en menos de 90 segundos.

Casco de seguridad obligatorio, igual que el chaleco salvavidas

Balsa ligera Estados Unidos

Barca de aguas bravas Estados Unidos

Argolla de amarre

Toldo flexible que se puede retirar cuando hace buen tiempo

Los dos cascos hacen que este yate parezca un catamarán

1200 botes hinchables bajaron por el río Aar, en Suiza, en 2011.

Yate Estados Unidos

Chimenea

Neumáticos en los laterales para evitar los golpes contra el muelle

Barcaza Reino Unido, década de 1960

¡No hay nada como divertirse en el agua! Hay todo tipo de embarcaciones distintas, de todos los tamaños y formas, para divertirse en ríos, lagos y mares, explorar la naturaleza, y participar en carreras y competiciones.

Una **balsa ligera** es un bote hinchable pequeño que se puede llevar en una mochila. Las robustas **barcas de aguas bravas** son más grandes y sirven para bajar rápidos y pequeños saltos de agua. Las **canoas** y los **kayaks** usan palas, a diferencia de los **botes de remos**. Los **veleros**

Gran ventilador protegido con una jaula de seguridad. El motor lo hace girar para impulsar el bote

¡En 2013 un aerobote alcanzó una **velocidad** de **163,5 km/h**!

Velero RNSA 14 Reino Unido, década de 1920

Gran vela de algodón en el mástil

Casco plano para cruzar ciénagas

Aerobote Estados Unidos

Casco de paneles de madera solapados sobre armazón de madera

Caña

Bote de remos Boy Albert
Reino Unido, década de 1920

Remos en los escálamos

Timón de metal controlado por la caña

Botavara para agarrarse y ganar estabilidad, así como para ajustar el ángulo de la vela con el viento

Pala doble para que el kayakista pueda remar continuamente sin tener que cambiar de lado

El kayakista va en un asiento cerrado

Kayak

Cuerda para sacar la embarcación del agua

El mástil se fija en el enganche de la tabla

Pala simple para empujar el agua hacia atrás

Windsurf Estados Unidos

Canoa

se usan para enseñar a navegar, mientras que los **aerobotes** son una descarga de pura adrenalina cuando se lanzan a toda velocidad propulsados por un gran ventilador que hace girar un motor de coche o de avión. Antes de la aparición de las redes viarias y ferroviarias, las **barcazas** se usaban para transportar carbón, algodón y otros productos por los canales. Hoy en día, en cambio, cuentan con camas y cocinas, y se usan para realizar viajes de ocio. También se puede vivir a bordo de un **yate**, que puede navegar en aguas abiertas y en canales.

VUELO TRIUNFAL
La lancha motora de F1 de Guido Cappellini vuela en la bahía de Doha en el Gran Premio de Qatar de lanchas motoras de F1 de 2009. Este catamarán de carreras va a más de 200 km/h por un circuito de boyas. En cada carrera participan hasta 24 lanchas, que se enfrentan por conseguir la mejor posición y suman puntos para hacerse con el deseado título del Mundial.

Las lanchas motoras de F1 son las máquinas de velocidad definitivas sobre el agua. Equipadas con unos monstruosos motores de 425 CV, pesan unos 500 kg, pueden acelerar de 0 a 160 km/h en solo 4 segundos y llegan a velocidades máximas de 225 km/h. Bajo su estilizada carrocería de fibra de carbono, el cinturón de seguridad sujeta con firmeza al piloto, que, dentro de una jaula de protección, acelera al límite. No cuentan con cambio de marchas ni freno y las embarcaciones toman curvas cerradas a 100-150 km/h. Cappellini ganó esta carrera y cuatro más en la temporada 2009 y acabó coronándose campeón del mundo por décima vez, todo un récord.

AIRE

Aeroplano

Los aeroplanos pesan más que el aire y por eso deben superar la fuerza de la gravedad, que tira de ellos hacia el suelo. Para conseguirlo, tienen alas curvadas que producen una fuerza hacia arriba, la sustentación, a medida que el avión avanza por el aire. La mayoría de los aviones actuales son monoplanos, es decir, que solo tienen un conjunto de alas. Este **de Havilland DH60 Gipsy Moth** es un biplano, con dos pares de alas y una cabina abierta con dos asientos.

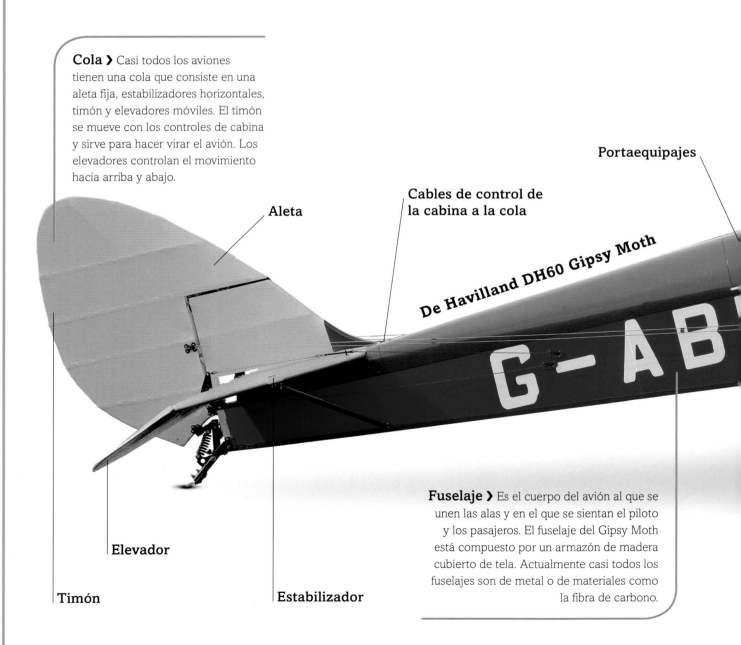

Cola > Casi todos los aviones tienen una cola que consiste en una aleta fija, estabilizadores horizontales, timón y elevadores móviles. El timón se mueve con los controles de cabina y sirve para hacer virar el avión. Los elevadores controlan el movimiento hacia arriba y abajo.

Aleta

Cables de control de la cabina a la cola

Portaequipajes

De Havilland DH60 Gipsy Moth

G - AB

Elevador

Timón

Estabilizador

Fuselaje > Es el cuerpo del avión al que se unen las alas y en el que se sientan el piloto y los pasajeros. El fuselaje del Gipsy Moth está compuesto por un armazón de madera cubierto de tela. Actualmente casi todos los fuselajes son de metal o de materiales como la fibra de carbono.

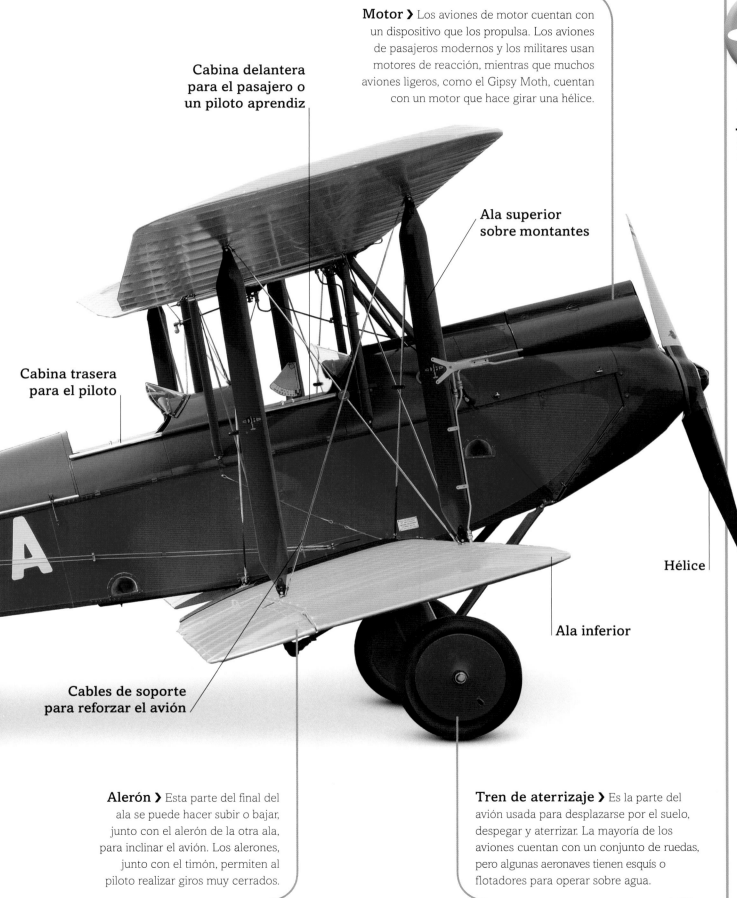

Motor ❯ Los aviones de motor cuentan con un dispositivo que los propulsa. Los aviones de pasajeros modernos y los militares usan motores de reacción, mientras que muchos aviones ligeros, como el Gipsy Moth, cuentan con un motor que hace girar una hélice.

Cabina delantera para el pasajero o un piloto aprendiz

Ala superior sobre montantes

Cabina trasera para el piloto

Hélice

Ala inferior

Cables de soporte para reforzar el avión

Alerón ❯ Esta parte del final del ala se puede hacer subir o bajar, junto con el alerón de la otra ala, para inclinar el avión. Los alerones, junto con el timón, permiten al piloto realizar giros muy cerrados.

Tren de aterrizaje ❯ Es la parte del avión usada para desplazarse por el suelo, despegar y aterrizar. La mayoría de los aviones cuentan con un conjunto de ruedas, pero algunas aeronaves tienen esquís o flotadores para operar sobre agua.

La conquista de los cielos

Globo aerostático Montgolfier Francia, 1783

La Charlière de J. A. C. Charles y hermanos Robert Francia, 1783

Alas _de lino tensado sobre cañas de bambú fijadas con cables_

Globo dirigible de Jean-Pierre Blanchard Francia, 1/8

Cesto _para los pasajeros y un fuego con paja para crear más aire caliente_

Globo _de seda recubierta de goma y lleno de hidrógeno en gas_

Palas _para hacer virar el globo_

¡El hidrógeno se obtenía vertiendo ácido sulfúrico sobre media tonelada de chatarra de hierro!

Ala _de tela tensada sobre cañas_

Planeador Cayley
Reino Unido, 1849

Normal Apparatus de Lilienthal Alemania, 1894

Durante miles de años se soñó con poder volar, pero dejar el suelo fue imposible hasta la invención de las naves más ligeras que el aire, como los globos y las aeronaves, y la investigación de los inicios del vuelo con planeadores.

En 1783, tras un vuelo de prueba con una oveja, un pato y un gallo, el **globo aerostático de los Montgolfier** despegó en París, Francia, con dos pasajeros humanos. Solo diez días después la ciudad fue testigo del lanzamiento del primer globo de hidrógeno, el _La Charlière_, y, en 1898,

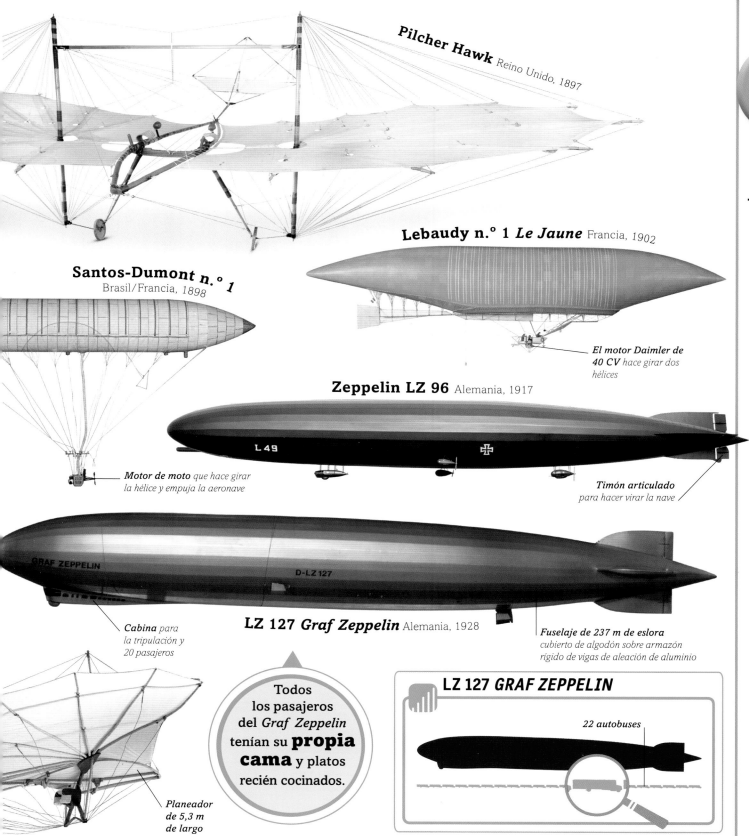

Pilcher Hawk Reino Unido, 1897

Lebaudy n.º 1 *Le Jaune* Francia, 1902

Santos-Dumont n.º 1
Brasil/Francia, 1898

El motor Daimler de 40 CV hace girar dos hélices

Zeppelin LZ 96 Alemania, 1917

Motor de moto que hace girar la hélice y empuja la aeronave

Timón articulado para hacer virar la nave

LZ 127 *Graf Zeppelin* Alemania, 1928

Cabina para la tripulación y 20 pasajeros

Fuselaje de 237 m de eslora cubierto de algodón sobre armazón rígido de vigas de aleación de aluminio

Todos los pasajeros del *Graf Zeppelin* tenían su **propia cama** y platos recién cocinados.

Planeador de 5,3 m de largo

LZ 127 *GRAF ZEPPELIN*

22 autobuses

del primer vuelo de la aeronave **Santos-Dumont n.º 1**. En Alemania, las grandes aeronaves, como el **Zeppelin LZ 96**, exploraban y lanzaban bombas en la Primera Guerra Mundial, y las aeronaves de posguerra, como el *Graf Zeppelin*, permitían a los más ricos hacer largas distancias. Otros inventores,

en cambio, creían que los planeadores iban a ser los triunfadores. En la década de 1890, el ingeniero alemán Otto Lilienthal realizó muchos vuelos con planeadores, como el *Normal Apparatus*. Su obra inspiró otros planeadores, y a los hermanos Wright para crear una aeronave de motor.

Primeros aviones

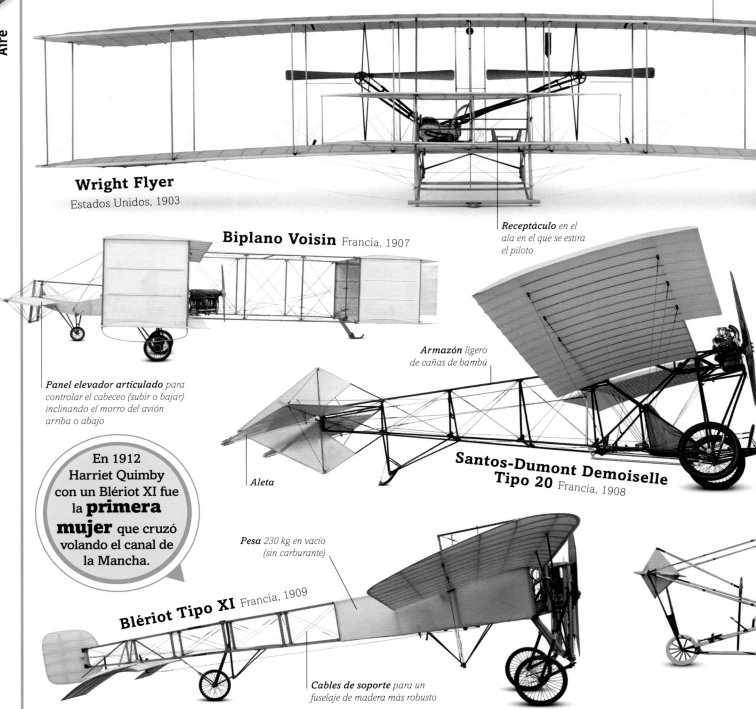

Alas de 12,3 m de envergadura sobre varios montantes

Wright Flyer
Estados Unidos, 1903

Biplano Voisin Francia, 1907

Receptáculo en el ala en el que se estira el piloto

Panel elevador articulado para controlar el cabeceo (subir o bajar) inclinando el morro del avión arriba o abajo

Armazón ligero de cañas de bambú

Aleta

Santos-Dumont Demoiselle Tipo 20 Francia, 1908

En 1912 Harriet Quimby con un Blériot XI fue la **primera mujer** que cruzó volando el canal de la Mancha.

Pesa 230 kg en vacío (sin carburante)

Blériot Tipo XI Francia, 1909

Cables de soporte para un fuselaje de madera más robusto

El 17 de diciembre de 1903, el fabricante de bicicletas estadounidense Orville Wright se elevó en el aire con una aeronave de motor. El primer vuelo duró 12 segundos y cubrió pocos metros, pero marcó el inicio de una nueva era.

Dos hermanos construyeron el **Wright Flyer**, un biplano con dos grupos de alas y dos hélices girando detrás. El **Voisin Biplane and Shorts S27** copió el diseño de hélices traseras, pero otros aviones, como el **Santos-Dumont Demoiselle**, montaron el motor y la hélice en

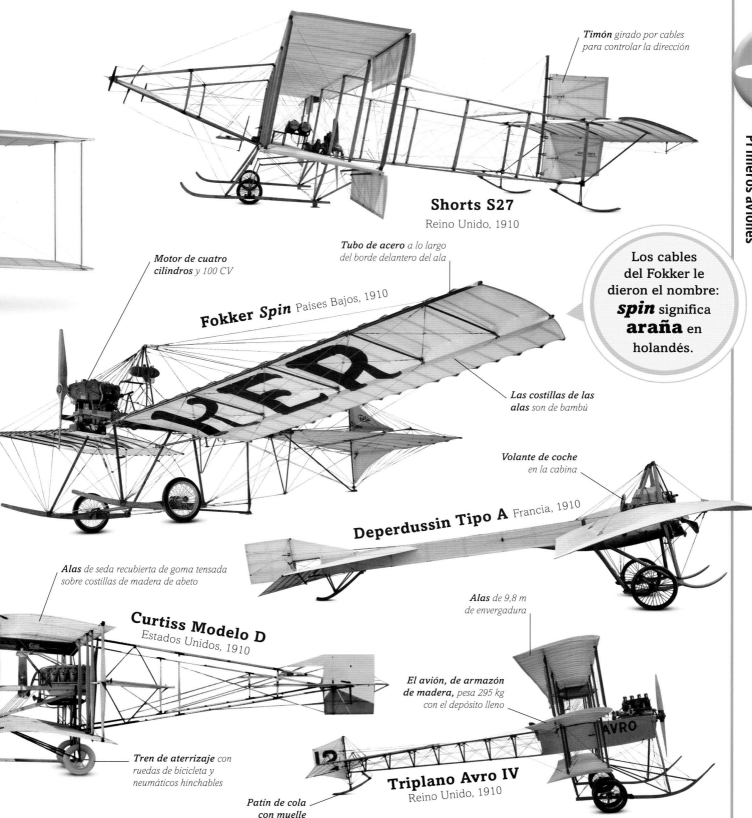

Timón *girado por cables para controlar la dirección*

Shorts S27
Reino Unido, 1910

Tubo de acero *a lo largo del borde delantero del ala*

Motor de cuatro cilindros *y 100 CV*

Fokker *Spin* Países Bajos, 1910

Las costillas de las alas *son de bambú*

Los cables del Fokker le dieron el nombre: ***spin*** significa **araña** en holandés.

Volante de coche *en la cabina*

Deperdussin Tipo A Francia, 1910

Alas *de seda recubierta de goma tensada sobre costillas de madera de abeto*

Alas *de 9,8 m de envergadura*

Curtiss Modelo D
Estados Unidos, 1910

El avión, de armazón de madera, *pesa 295 kg con el depósito lleno*

Tren de aterrizaje *con ruedas de bicicleta y neumáticos hinchables*

Triplano Avro IV
Reino Unido, 1910

Patín de cola *con muelle*

la parte delantera, o eran monoplanos, con un solo par de alas. Los primeros aviones eran ligeros, se fabricaban con madera, alas con cubierta de tela y cable para reforzar sus estructuras. El aviador francés Louis Blériot pilotó el **Blériot XI** en el primer vuelo de Francia a Inglaterra a través del canal de la Mancha en el año 1909. En 1911 el **Deperdussin Tipo A** voló, con dos personas a bordo, 100 km a una velocidad de récord: 99 km/h. Este, y otros ejemplares de récord, contribuyeron a demostrar que los aviones podían ser un medio de transporte práctico.

NERVIOS DE ACERO
Lilian Boyer se cuelga del ala de un biplano Curtiss JN-4 Jenny sin arnés de seguridad. Volar era una gran novedad en la década de 1920 y montarse en un biplano podía ser una experiencia inquietante para algunos, aunque estuvieran bien fijados a sus asientos. Por eso las multitudes se fascinaban con los circos volantes que ejecutaban increíbles hazañas en el cielo.

En 1921, Boyer, una camarera de 20 años, demostró ser muy intrépida cuando en su segundo vuelo en avión, abandonó el asiento y se subió al ala. Ese mismo año hizo equipo con Billy Brock, un antiguo piloto de la Primera Guerra Mundial. Realizaron 352 espectáculos por Norteamérica en la década de 1920, encandilando a las multitudes con sus hazañas.

Boyer se quedaba de pie en el ala del avión mientras el piloto ejecutaba un rizo en el aire, o se quedaba colgando del ala agarrada con una mano, ¡o mordiendo una cuerda! También saltaba de un coche a un avión, lo que hizo 143 veces antes de que en 1929 se prohibieran los vuelos rasantes. Por raro que parezca, Boyer vivió hasta los 88 años.

Aviones de combate

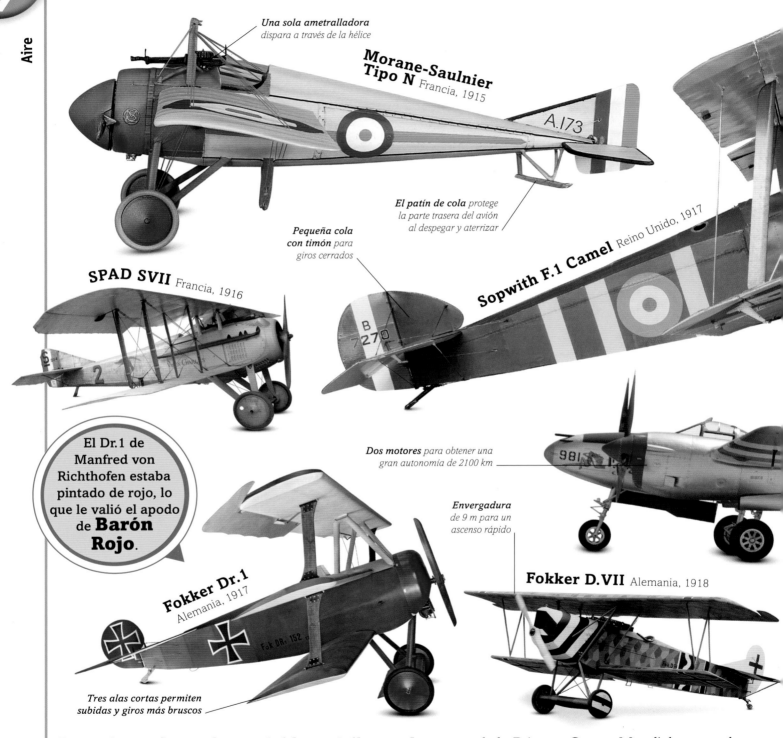

Una sola ametralladora *dispara a través de la hélice*

Morane-Saulnier Tipo N Francia, 1915

A.173

El patín de cola protege la parte trasera del avión al despegar y aterrizar

Pequeña cola con timón para giros cerrados

SPAD SVII Francia, 1916

Sopwith F.1 Camel Reino Unido, 1917

B 7270

El Dr.1 de Manfred von Richthofen estaba pintado de rojo, lo que le valió el apodo de **Barón Rojo**.

Dos motores para obtener una gran autonomía de 2100 km

981

Envergadura de 9 m para un ascenso rápido

Fokker Dr.1 Alemania, 1917

Fokker D.VII Alemania, 1918

Tres alas cortas permiten subidas y giros más bruscos

Los aviones de combate, rápidos y ágiles, se convirtieron en cazadores letales de las fuerzas aéreas en las guerras mundiales. Sus armas –cañones o ametralladoras– se montaban en el morro o las alas para abatir a los aviones enemigos.

Los cazas de la Primera Guerra Mundial, como el **Morane-Saulnier Tipo N**, atacaban a los lentos bombarderos, a menudo sin armar, y a aviones de reconocimiento. Al cabo de poco fueron superados por naves más rápidas, como el **Sopwith Camel** y el **Fokker D.VII**, que se enzarzaban en furiosos

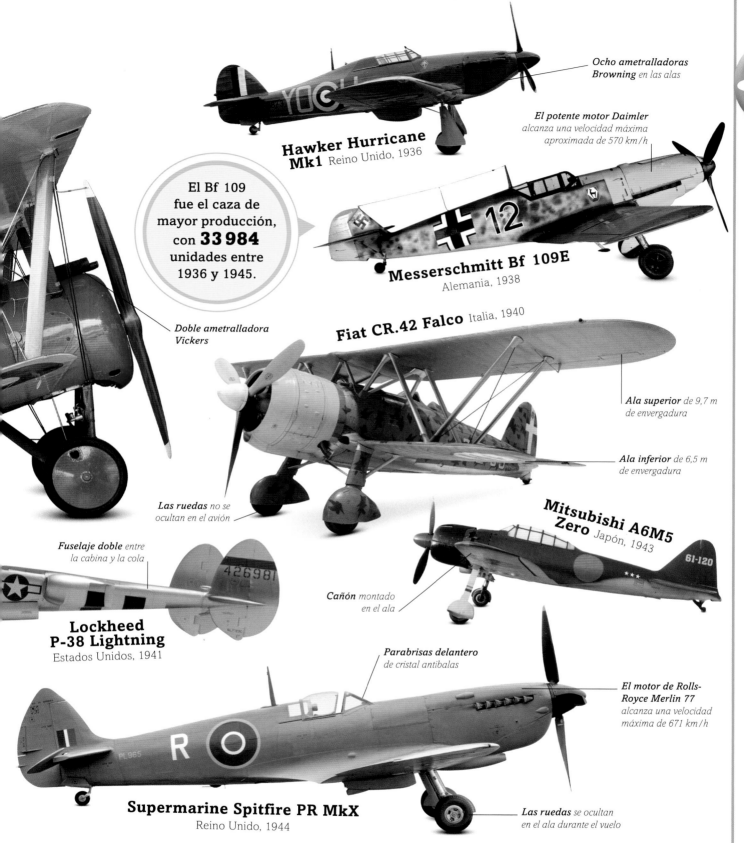

Hawker Hurricane Mk1 Reino Unido, 1936

Ocho ametralladoras *Browning* en las alas

El potente motor Daimler *alcanza una velocidad máxima aproximada de 570 km/h*

El Bf 109 fue el caza de mayor producción, con **33 984** unidades entre 1936 y 1945.

Messerschmitt Bf 109E Alemania, 1938

Doble ametralladora *Vickers*

Fiat CR.42 Falco Italia, 1940

Ala superior *de 9,7 m de envergadura*

Ala inferior *de 6,5 m de envergadura*

Las ruedas *no se ocultan en el avión*

Mitsubishi A6M5 Zero Japón, 1943

Cañón *montado en el ala*

Fuselaje doble *entre la cabina y la cola*

Lockheed P-38 Lightning Estados Unidos, 1941

Parabrisas delantero *de cristal antibalas*

El motor de Rolls-Royce Merlin 77 *alcanza una velocidad máxima de 671 km/h*

Supermarine Spitfire PR MkX Reino Unido, 1944

Las ruedas *se ocultan en el ala durante el vuelo*

combates aéreos cerrados. El famoso as del aire alemán, el barón Manfred von Richthofen, logró 19 de sus 80 «bajas» en su **triplano Fokker Dr.1**. Tras la Primera Guerra Mundial el diseño de los cazas cambió los biplanos (dos pares de alas) por monoplanos (un solo par de alas). Aviones como

el **Hawker Hurricane Mk1** y el **Messerschmitt Bf 109E** copaban las batallas. Algunos cazas, como el **Mitsubishi A6M5 Zero**, también actuaban como bombarderos, y el **Supermarine Spitfire PR MkX** confiaba en su velocidad para evitar otros cazas mientras tomaba fotografías.

Fuerza de ataque

Armazón de madera cubierto de lona

Avro 504 Reino Unido 1913

H1968

El patín de cola ayuda a frenar el avión al aterrizar

Hélice de tres palas

Junkers Ju87 Stuka Alemania, 1935

Electrónica en la cola para confundir el radar enemigo y detectar misiles acercándose

LA 058

Cola con timón

Torreta inferior operada por el mismo tripulante encargado de lanzar bombas

124485

A★DE

Boeing B-17G Flying Fortress Estados Unidos, 1935

Heinkel He111 Alemania, 1940

Velocidad máxima de 434 km/h

83 BK

Escapes para liberar los gases del motor Rolls-Royce Merlin

Depósitos de combustible en las alas y el fuselaje

De Havilland DH98 Mosquito Reino Unido, 1940

AZ

El **B-2** *Spirit* es el avión más caro: ¡cada unidad cuesta **2110 millones de euros**!

Estos aviones atacan objetivos con bombas o misiles. Los primeros bombarderos eran aviones normales desde los que se tiraban pequeñas bombas con la mano. Al final de la Primera Guerra Mundial aparecieron nuevos bombarderos especializados.

Algunos bombarderos de la Segunda Guerra Mundial, como el **Junkers Ju87 Stuka**, se lanzaban en picado para bombardear al enemigo. Otros operaban a gran altura, hasta los 9000 m en el caso del **Boeing B-17G Flying Fortress**. El **Avro Lancaster** había más que doblado la

Cabina con asientos para cuatro de los siete tripulantes. Un quinto va en el morro

Torreta media armada con una ametralladora doble

Avro Lancaster Reino Unido, 1941

B-29A Superfortress Estados Unidos, 1944

Los motores Rolls-Royce Merlin alcanzan una velocidad máxima de 454 km/h

Boeing B-52H Stratofortress
Estados Unidos, 1961

Los dos motores turbofán alcanzan una velocidad máxima de 2300 km/h

Tupolev Tu-22M3 Rusia, 1978

Podía transportar hasta 31 500 kg de armas

Podía llevar 10 misiles o 15 000 kg de bombas

Morro con radar para detectar cazas enemigos a 100 km de distancia

Mikoyan-Gurevich MiG-29 Rusia, 1982

Cápsula de cohetes para que el avión sea polivalente

Northrop Grumman B-2 Spirit Estados Unidos, 1990

BOEING B-52H STRATOFORTRESS

48,5 m de eslora, como cuatro autobuses

Elevones para que el avión gire, suba y baje

capacidad de carga de bombas del B-17G y de él se fabricaron más de 7000. Ambos iban armados con ametralladoras. El **De Havilland DH98 *Mosquito***, de madera, era veloz y ágil. Unos cincuenta años más tarde, el **Northrop Grumman B-2 *Spirit*** usa tecnología de invisibilidad para atacar objetivos sin ser detectado. Algunos reactores bombarderos podían cubrir largas distancias, como el **Tupolev Tu-22M3**, con una autonomía de 6800 km y el **Boeing B-52H Stratofortress**, que con sus ocho motores era capaz de volar más de 16 000 km.

Velocidad y récords

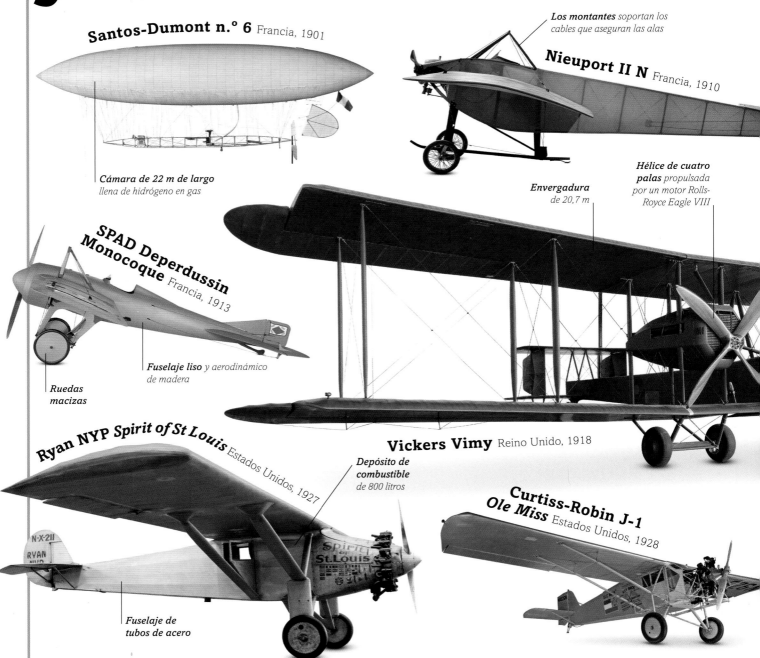

Santos-Dumont n.° 6 Francia, 1901

Cámara de 22 m de largo llena de hidrógeno en gas

Los montantes soportan los cables que aseguran las alas

Nieuport II N Francia, 1910

Hélice de cuatro palas propulsada por un motor Rolls-Royce Eagle VIII

Envergadura de 20,7 m

SPAD Deperdussin Monocoque Francia, 1913

Fuselaje liso y aerodinámico de madera

Ruedas macizas

Vickers Vimy Reino Unido, 1918

Ryan NYP *Spirit of St Louis* Estados Unidos, 1927

Depósito de combustible de 800 litros

Curtiss-Robin J-1 Ole Miss Estados Unidos, 1928

Fuselaje de tubos de acero

Surcar los cielos no era suficiente. Había que llevar los aviones al límite y volar más arriba, más rápido, durante más tiempo que nadie. Se celebraron carreras y se batieron récords al mejorar la resistencia, potencia y fiabilidad de los aviones.

En 1901, el **Santos-Dumont n.° 6** ganó uno de los primeros premios de aviación: 100 000 francos franceses por volar alrededor de la torre Eiffel. En 1919, el **Vickers Vimy** hizo el primer vuelo sin escalas a través del Atlántico. El aviador estadounidense Charles Lindbergh completó un

Supermarine S6B Reino Unido, 1930

Macchi Castoldi M.C.72 Italia, 1931

Flotadores diseñados para emitir calor y refrigerar los líquidos del motor

Gee Bee Modelo Z Super Sportster Estados Unidos, 1931

El hidroavión de hélice más rápido es el M.C.72, con una velocidad de **709 km/h**.

Ruedas con carenado aerodinámico

Timón articulado en la cola para virar

Alas lisas de 12 m de envergadura

Percival P10 Vega Gull Reino Unido, 1935

El motor ofrece una velocidad máxima de 220 km/h

El avión solo puede usar los cohetes para subir durante 7,5 minutos

Cubierta corredera de cristal; cabina con capacidad para el piloto y tres pasajeros

Patín de aterrizaje, pues las ruedas quedaban en tierra al despegar

Bücker Bü133C Jungmeister Alemania, 1936

Messerschmitt Me163 Komet Alemania, 1944

vuelo sin escalas en solitario de 33 horas y media desde Nueva York a París en 1927 en el *Spirit of St Louis*. En 1935, el **Curtiss-Robin J-1** *Ole Miss* estuvo en vuelo 27 días, tras varios repostajes en el aire. A medida que el diseño aeronáutico iba avanzando, se batían los récords de velocidad.

El **SPAD Deperdussin Monocoque** marcó un récord de 210 km/h, y el **Supermarine S6B** y el **Macchi Castoldi M.C.72** superaron los 600 y los 700 km/h respectivamente. Más rápido incluso era el **Messerschmitt Me163 Komet**, que alcanzó los 1005 km/h en 1941.

Cazas de reacción

Messerschmitt Me262 Schwalbe Alemania, 1942

El turborreactor del ala alcanza una velocidad máxima de 900 km/h

Gloster Meteor Reino Unido, 1943

Estabilizador en la parte superior de la cola para evitar los escapes del motor

Las ruedas se ocultan en el fuselaje durante el vuelo

Republic F-84C Thunderjet Estados Unidos 1946

Morro con cuatro ametralladoras

Escape para eliminar los gases residuales del turborreactor

Mikoyan-Gurevich MiG-15 Rusia, 1949

El diseño de cola en flecha coincide con el de las alas

El **MiG-15** podía ascender desde el nivel del mar hasta 5000 m en **2 min**.

Morro con siete cámaras para misiones de reconocimiento

North American F-86A Sabre Estados Unidos, 1949

Saab J35E Draken Suecia, 1955

Casi todos los cazas de combate, desde la Segunda Guerra Mundial, son monoplazas rápidos y ligeros con un gran abanico de armas, desde cañones a misiles. Atacan y se deshacen de los cazas enemigos para conseguir la superioridad aérea.

Los **F-86A Sabre** y los **MiG-15** se enfrentaron en la guerra de Corea de 1950. El **Republic F-84C Thunderjet** hizo 86 408 misiones en esa misma guerra y fue el primer caza de combate producido en masa capaz de repostar en vuelo a través de un avión cisterna. El **MiG-23** y el

Dassault Mirage III Francia, 1960

Cabina *para dos personas*

Ala en delta *de 8,2 m de envergadura máxima*

Se construyeron **5195** F-4 Phantom, más que ningún otro reactor supersónico estadounidense.

Asiento delantero *para el piloto*

McDonnell Douglas F-4 Phantom II Estados Unidos, 1960

English Electric Lightning F53 Reino Unido, 1970

Gran depósito de combustible externo

Mikoyan-Gurevich MiG-23 Rusia, 1970

Depósitos externos *de más de 1000 litros de capacidad*

Lockheed Martin F-22 Raptor Estados Unidos, 2005

Morro *con seis ametralladoras Browning M3*

Cabina con asiento eyectable

Eurofighter Typhoon FGR4 Multinacional, 2007

Mirage III podían actuar como cazabombarderos y llevar armas bajo el fuselaje y las alas para atacar objetivos en tierra. Diseñado para operaciones rápidas, el **Saab J35E Draken** podía rearmarse en solo 10 minutos. Además de poder despegar desde un campo de aviación, también podía hacerlo desde la carretera. Los aviones de guerra modernos, como el **Lockheed Martin F-22 Raptor** y el **Eurofighter Typhoon FGR4**, son versátiles. Pueden atacar objetivos en el aire y en tierra, además de realizar misiones de reconocimiento.

213

SUPERVELOZ
En esta magnífica imagen, un Grumman F-14 Tomcat de Estados Unidos acelera a tan solo 150 m de la superficie del Pacífico. Se forma una nube de vapor de agua, conocida como cono de vapor, alrededor del avión. En un abrir y cerrar de ojos el avión será supersónico y volará más rápido que el sonido, lo que suele ir acompañado de un ruido estridente, que se conoce como explosión sónica.

Cuando un avión muy rápido vuela, genera ondas de presión en el aire que viajan a la velocidad del sonido, unos 1225 km/h a nivel del mar y un poco menos a mayor altura. Al aumentar la velocidad del avión, las ondas se ven obligadas a formar una única onda expansiva, que emite una explosión parecida a un trueno cuando se libera. La mayoría de las explosiones

sónicas duran entre 0,1 y 0,5 s. El primer vuelo supersónico se realizó en 1947. Hoy muchos reactores militares viajan a velocidades supersónicas. El F-14 tiene una velocidad máxima de más de 2400 km/h a gran altura. Solo ha habido dos aviones de pasajeros supersónicos en la historia: el Tupolev Tu-144 ruso y el Concorde franco-británico.

Hidroaviones

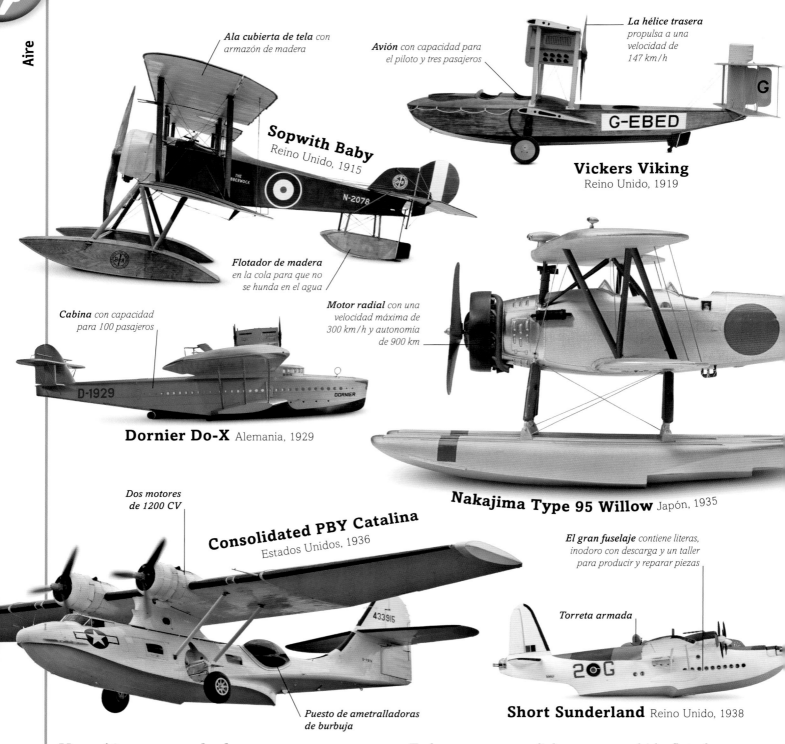

Ala cubierta de tela con armazón de madera

Avión con capacidad para el piloto y tres pasajeros

La hélice trasera propulsa a una velocidad de 147 km/h

Sopwith Baby
Reino Unido, 1915

THE JABBERWOCK

N-2078

Vickers Viking
Reino Unido, 1919

G-EBED

G

Flotador de madera en la cola para que no se hunda en el agua

Cabina con capacidad para 100 pasajeros

Motor radial con una velocidad máxima de 300 km/h y autonomía de 900 km

D-1929

DORNIER

Dornier Do-X Alemania, 1929

Nakajima Type 95 Willow Japón, 1935

Dos motores de 1200 CV

Consolidated PBY Catalina
Estados Unidos, 1936

El gran fuselaje contiene literas, inodoro con descarga y un taller para producir y reparar piezas

Torreta armada

433915

Puesto de ametralladoras de burbuja

2 G

Short Sunderland Reino Unido, 1938

Un avión que puede despegar y amarar en el agua, se conoce como hidroavión. Los hay de dos tipos: los hidroflotadores, que flotan en el agua sobre grandes flotadores, y las hidrocanoas, con fuselaje impermeable parecido al de un barco.

En las guerras mundiales se usaron hidroflotadores. El **Sopwith Baby** patrullaba en la Primera Guerra Mundial. El **Nakajima Tipo 95 Willow** volaba y actuaba como bombardero ligero en la Segunda Guerra Mundial, cuando hidrocanoas, como la **Short Sunderland and Consolidated PBY**

Alas plegables de 14 m de envergadura para aparcar el avión en un barco

Cubierta frontal para que la tripulación pueda amarrar el avión

Supermarine Walrus
Reino Unido, 1939

Timón de cola

Las ruedas se ocultan en el fuselaje durante el vuelo o al desplazarse por el agua

Cabina para 10 pasajeros

De Havilland DHC-3 Otter Canadá, 1953

La envergadura de 17,6 m es perfecta para despegar con poca distancia

El motor turbohélice ofrece una velocidad máxima de 530 km/h

El cono del morro contiene el sistema de radar

Beriev Be-12 *Chaika*
Rusia, 1960

Este avión puede captar **5000 litros** de agua de un lago en **10 s.**

La hélice trasera empuja el aire atrás y hace que el avión avance

Ala

Gran flotador bajo el ala

Lake LA-4
Estados Unidos, 1967

Tren de aterrizaje retráctil

Canadair CL-215
Canadá, 1967

Catalina, patrullaban, atacaban a submarinos y escoltaban barcos. Otras hidrocanoas, como la **Dornier Do-X** de 12 motores, llevaba pasajeros a gran distancia. Algunos hidroaviones son anfibios y pueden operar tanto desde tierra como desde el agua. El **Supermarine Walrus** podía despegar desde un barco de guerra y amarrar, y una grúa lo devolvía al barco. Se usaba en Canadá junto con otros hidroaviones, como el **De Havilland Otter** y el **Canadair CL-215**. Este está diseñado para efectuar vuelos rasantes sobre lagos y ríos para recoger agua y lanzarla sobre fuegos forestales.

Aviación ligera

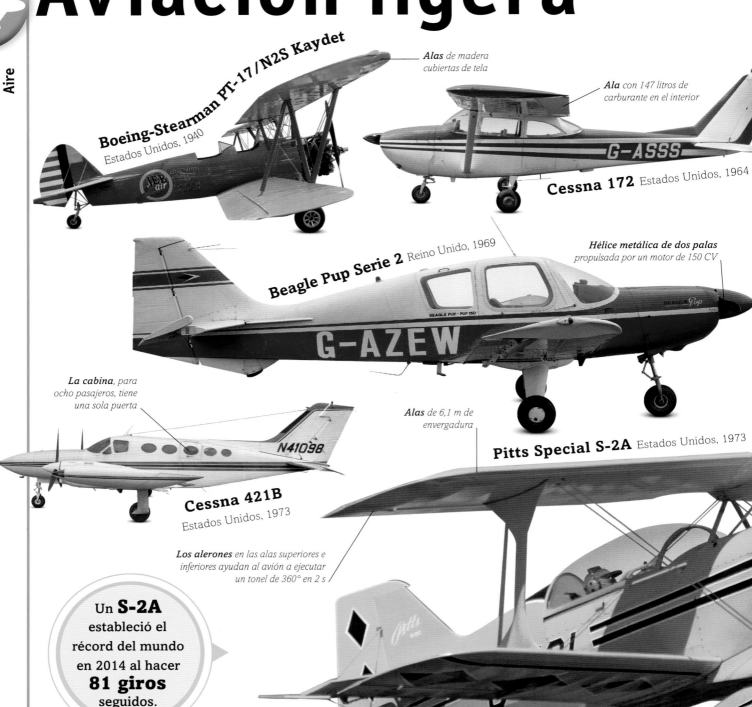

Boeing-Stearman PT-17/N2S Kaydet Estados Unidos, 1940

Alas de madera cubiertas de tela

Ala con 147 litros de carburante en el interior

Cessna 172 Estados Unidos, 1964

Beagle Pup Serie 2 Reino Unido, 1969

Hélice metálica de dos palas propulsada por un motor de 150 CV

G-AZEW

La cabina, para ocho pasajeros, tiene una sola puerta

Alas de 6,1 m de envergadura

Pitts Special S-2A Estados Unidos, 1973

Cessna 421B Estados Unidos, 1973

Los alerones en las alas superiores e inferiores ayudan al avión a ejecutar un tonel de 360° en 2 s

Un **S-2A** estableció el récord del mundo en 2014 al hacer **81 giros** seguidos.

La aviación ligera consiste en pequeñas aeronaves civiles con uno o dos motores y menos de 5670 kg, carga incluida. Se usan para viajar, aprender a volar o realizar acrobacias. También para llevar correo, fumigar o como ambulancias.

Algunos de estos aviones son muy ligeros, como el **Bede BD-5J**, que solo pesa 162,7 kg en vacío, lo que lo convierte en el reactor más ligero del mundo, y el **Flight Design CTSW**, que pesa 318,4 kg en vacío y tiene un sistema de paracaídas capaz de llevar la nave entera hasta

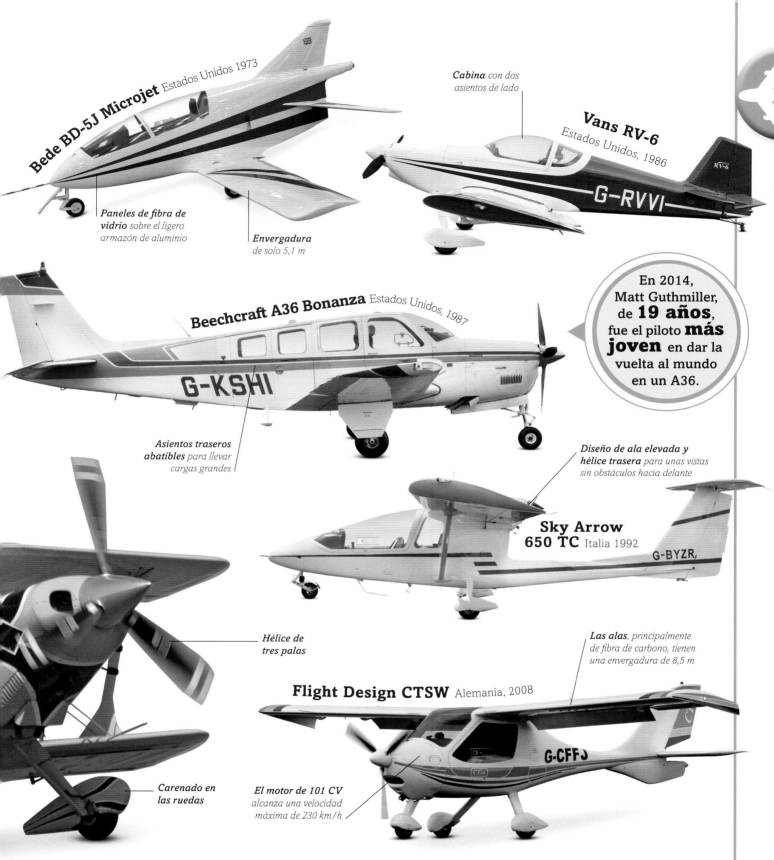

Bede BD-5J Microjet Estados Unidos 1973

Paneles de fibra de vidrio sobre el ligero armazón de aluminio

Envergadura de solo 5,1 m

Cabina *con dos asientos de lado*

Vans RV-6
Estados Unidos, 1986

G-RVVI

Beechcraft A36 Bonanza Estados Unidos, 1987

G-KSHI

Asientos traseros abatibles para llevar cargas grandes

En 2014, Matt Guthmiller, de **19 años**, fue el piloto **más joven** en dar la vuelta al mundo en un A36.

Diseño de ala elevada y hélice trasera para unas vistas sin obstáculos hacia delante

Sky Arrow 650 TC Italia 1992

G-BYZR

Hélice de tres palas

Las alas, principalmente de fibra de carbono, tienen una envergadura de 8,5 m

Flight Design CTSW Alemania, 2008

G-CFFJ

Carenado en las ruedas

El motor de 101 CV alcanza una velocidad máxima de 230 km / h

el suelo en caso de emergencia. El **Beagle Pup Serie 2** se usaba en vuelos turísticos y acrobáticos, y el biplaza **Pitts Special S-2A**, que puede girar, voltear y subir de manera brusca, solo se usa para realizar acrobacias. Los primeros aviones Pitts se vendían para montarlos en casa, igual que el

Vans RV-6, íntegramente de aluminio. En cambio, el **Beechcraft A36 Bonanza** es uno de los más de 17 000 Bonanza construidos en fábricas. La aeronave ligera más fabricada de todas es el **Cessna 172**, un cuatro plazas del que se han producido más de 43 000 unidades.

Aviones de pasajeros

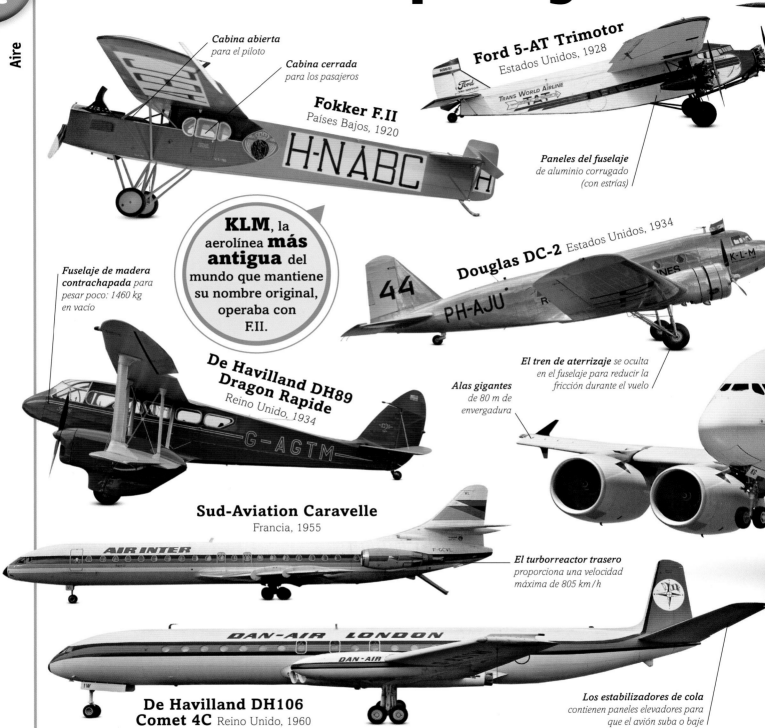

Cabina abierta para el piloto

Cabina cerrada para los pasajeros

Fokker F.II
Países Bajos, 1920

H·NABC

Ford 5-AT Trimotor
Estados Unidos, 1928

Paneles del fuselaje de aluminio corrugado (con estrías)

KLM, la aerolínea **más antigua** del mundo que mantiene su nombre original, operaba con F.II.

Douglas DC-2 Estados Unidos, 1934

PH-AJU

Fuselaje de madera contrachapada para pesar poco: 1460 kg en vacío

El tren de aterrizaje se oculta en el fuselaje para reducir la fricción durante el vuelo

Alas gigantes de 80 m de envergadura

De Havilland DH89 Dragon Rapide
Reino Unido, 1934

G·AGTM

Sud-Aviation Caravelle
Francia, 1955

AIR INTER

El turborreactor trasero proporciona una velocidad máxima de 805 km/h

DAN·AIR LONDON

DAN·AIR

De Havilland DH106 Comet 4C Reino Unido, 1960

Los estabilizadores de cola contienen paneles elevadores para que el avión suba o baje

Los primeros aviones de pasajeros eran aviones militares reconvertidos. Los que ya se construyeron para llevar viajeros llegaron en las décadas de 1920 y 1930. Hoy el avión se ha convertido en un medio de transporte rápido, cómodo y habitual.

El **Fokker F.II** solo llevaba 4 pasajeros, mientras que el **Ford 5-AT** Trimotor podía llevar 13 y 2 tripulantes. El **Douglas DC-2** podía llevar un pasajero más y lo utilizaban más de 30 aerolíneas, como el robusto **De Havilland DH89 Dragon Rapide**. Los grandes aviones de pasajeros con

Alas en flecha de 37,5 m de envergadura

Tres turborreactores, que le dan una velocidad máxima de 900 km/h

Tupolev Tu-154 Rusia, 1969

Gran cola con timón articulado

Cabina con asientos para el piloto y el copiloto

Dornier Do228-101 Alemania, 1985

Puntas de las alas hacia arriba, conocidas como aletas

Airbus A320-214 Multinacional, 1995

Airbus A380-800 Multinacional, 2005

Hoy en día 25 000 aviones transportan más de **3400 millones de pasajeros** al año.

Cola a 24,5 m del suelo

Los motores le dan una velocidad de crucero máxima de 945 km/h

Boeing 787-8 Dreamliner Estados Unidos, 2009

AIRBUS A380-800

El Airbus A380-800 es tan largo como 6,6 autobuses

72,7 m de eslora

Las ventanillas transparentes se pueden tintar para filtrar la luz

motores de reacción aparecieron tras la Segunda Guerra Mundial. El primero de ellos, el **Sud-Aviation Caravelle**, transportaba 80 pasajeros, mientras que el **Tupolev Tu-154** podía llevar hasta 180. Actualmente el más grande es el **Airbus A380-800**: sus dos cubiertas tienen capacidad para 853 personas. Algunos aviones de pasajeros modernos pueden cubrir grandes distancias sin tener que aterrizar para repostar. El **Boeing 787-8 Dreamliner** puede volar hasta 13 000 km sin escalas, una autonomía suficiente para viajar de Estados Unidos a China.

VUELO RASANTE
Los veraneantes que se broncean en la isla caribeña de San Martín sacan sus cámaras cuando se acerca un Airbus A330 de Air Caraïbes para aterrizar en el Aeropuerto Internacional Princesa Juliana. Esta increíble estampa se repite sobre la playa de Maho varias veces al día, pues el aeropuerto de la isla caribeña registra más de 58 000 movimientos (despegues o aterrizajes) al año.

Los 2300 m de la pista de aterrizaje del aeropuerto quedan cortos para los estándares modernos, y se acercan mucho al extremo del aeropuerto que toca con la playa. Un Airbus A330 con más de 200 pasajeros necesita al menos 1000 m, y a poder ser más, para detenerse tras haber tocado el suelo. Los pilotos realizan la aproximación sobre el agua cristalina del Caribe a la menor altura posible para que las ruedas del avión puedan tocar el asfalto cuanto antes. Los aviones pueden pasar a solo 20-30 m del suelo cuando sobrevuelan la playa. Maho no es la mejor playa de la isla, pero atrae grandes multitudes de aficionados a la aviación deseosos de ver de cerca grandes aviones de pasajeros en pleno vuelo.

Verticales y supersónicos

Bell X-1
Estados Unidos, 1946

Morro en forma de bala

Sonda para determinar el desplazamiento lateral del avión

El Bell X-1 recibió el apodo de *Glamorous Glennis* en honor a la esposa del piloto.

Fairey Delta 2 Reino Unido, 1954

WG777

Versión biplaza usada como avión de entrenamiento

McDonnell F-101 Voodoo
Estados Unidos, 1957

Happy Hooligans
60312

U.S. AIR FORCE

Depósitos de combustible internos de 7771 litros

La aleta de cola tiene la antena de radio

NASA/ARMY
703
N703NA

Lockheed F-104G Starfighter Estados Unidos, 1958

Depósitos de combustible en la punta de las alas

Fuselaje estrecho y circular con alas pequeñas para cortar el aire

El afán por conseguir más velocidad trajo los aviones supersónicos, capaces de superar la velocidad del sonido, 1235 km/h en el nivel del mar. También se han creado naves capaces de despegar y aterrizar verticalmente como los aviones VTOL.

El primer avión supersónico fue el **Bell X-1**, propulsado por un cohete; a los mandos se sentó el piloto estadounidense Charles «Chuck» Yeager. Con las mejoras en los motores de reacción se vieron velocidades cada vez más altas. El **Fairey Delta 2** fue el primero en superar los 1609 km/h;

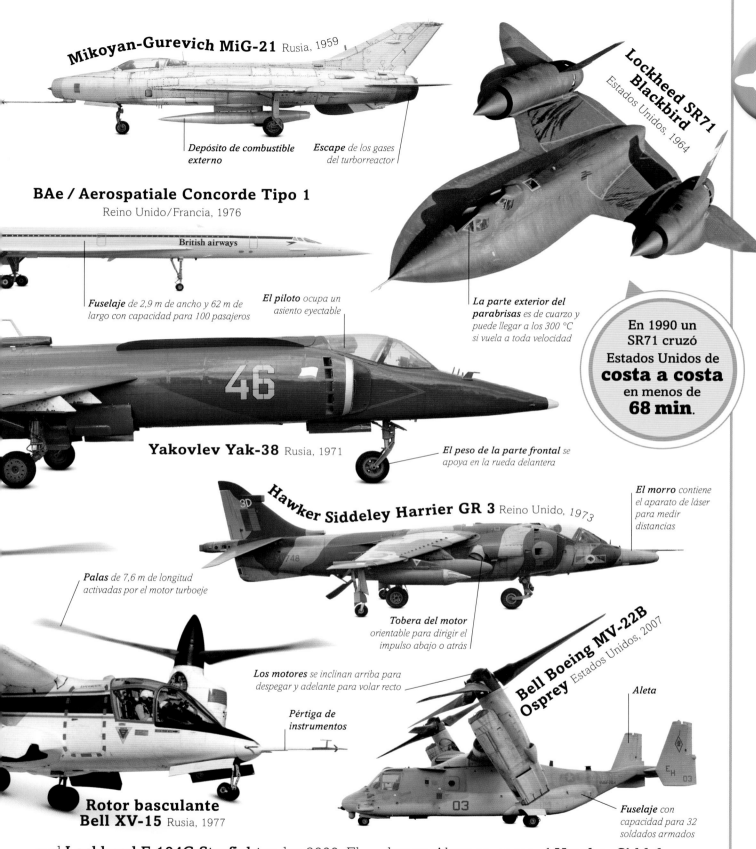

Mikoyan-Gurevich MiG-21 Rusia, 1959

Depósito de combustible externo

Escape de los gases del turborreactor

Lockheed SR71 Blackbird Estados Unidos, 1964

BAe / Aerospatiale Concorde Tipo 1
Reino Unido/Francia, 1976

British airways

Fuselaje de 2,9 m de ancho y 62 m de largo con capacidad para 100 pasajeros

El piloto ocupa un asiento eyectable

La parte exterior del parabrisas es de cuarzo y puede llegar a los 300 °C si vuela a toda velocidad

En 1990 un SR71 cruzó Estados Unidos de **costa a costa** en menos de **68 min**.

46

Yakovlev Yak-38 Rusia, 1971

El peso de la parte frontal se apoya en la rueda delantera

El morro contiene el aparato de láser para medir distancias

Hawker Siddeley Harrier GR 3 Reino Unido, 1973

Palas de 7,6 m de longitud activadas por el motor turboeje

Tobera del motor orientable para dirigir el impulso abajo o atrás

Los motores se inclinan arriba para despegar y adelante para volar recto

Pértiga de instrumentos

Bell Boeing MV-22B Osprey Estados Unidos, 2007

Aleta

Rotor basculante Bell XV-15 Rusia, 1977

Fuselaje con capacidad para 32 soldados armados

y el **Lockheed F-104G Starfighter**, los 2000. El **MiG-21** alcanzó una velocidad de 2380 km/h. En 1976, el **Lockheed SR71 Blackbird**, un reactor espía, fijó el récord en 3529 km/h, que nadie ha logrado batir hasta hoy. Los aviones VTOL se usan en lugares sin pistas de aterrizaje largas. Algunos, como el **Hawker Siddeley Harrier GR 3** y el **Yakovlev Yak-38**, tienen toberas que se mueven para dirigir el impulso hacia abajo o hacia atrás. Los aviones con rotor basculante, como el **Bell XV-15**, hacen girar el motor entero, para despegar y para volar.

Ver desde el cielo

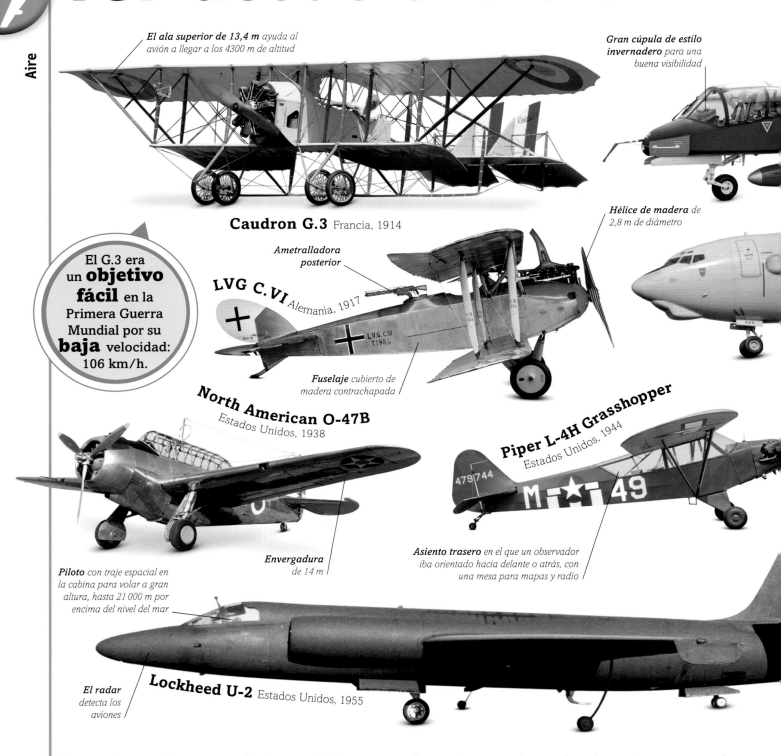

El ala superior de 13,4 m ayuda al avión a llegar a los 4300 m de altitud

Gran cúpula de estilo invernadero para una buena visibilidad

Caudron G.3 Francia, 1914

Ametralladora posterior

Hélice de madera de 2,8 m de diámetro

LVG C.VI Alemania, 1917

El G.3 era un **objetivo fácil** en la Primera Guerra Mundial por su **baja** velocidad: 106 km/h.

Fuselaje cubierto de madera contrachapada

North American O-47B Estados Unidos, 1938

Piper L-4H Grasshopper Estados Unidos, 1944

Envergadura de 14 m

Asiento trasero en el que un observador iba orientado hacia delante o atrás, con una mesa para mapas y radio

Piloto con traje espacial en la cabina para volar a gran altura, hasta 21 000 m por encima del nivel del mar

El radar detecta los aviones

Lockheed U-2 Estados Unidos, 1955

Los aviones de reconocimiento vigilan desde las alturas. Algunos van más allá y usan teleobjetivos y otras herramientas para descubrir posiciones de tropas y detectar armas, instalaciones o cualquier otra actividad del enemigo en tierra.

Los primeros aviones de avistamiento, como el **Caudron G.3** y el **LVG C.VI**, se usaron para detectar tropas y artillería enemiga. Los posteriores, como el **OV-10 Bronco** podían controlar el territorio y llevar armas. Además, podían despegar desde una carretera y volar más de 2200 km.

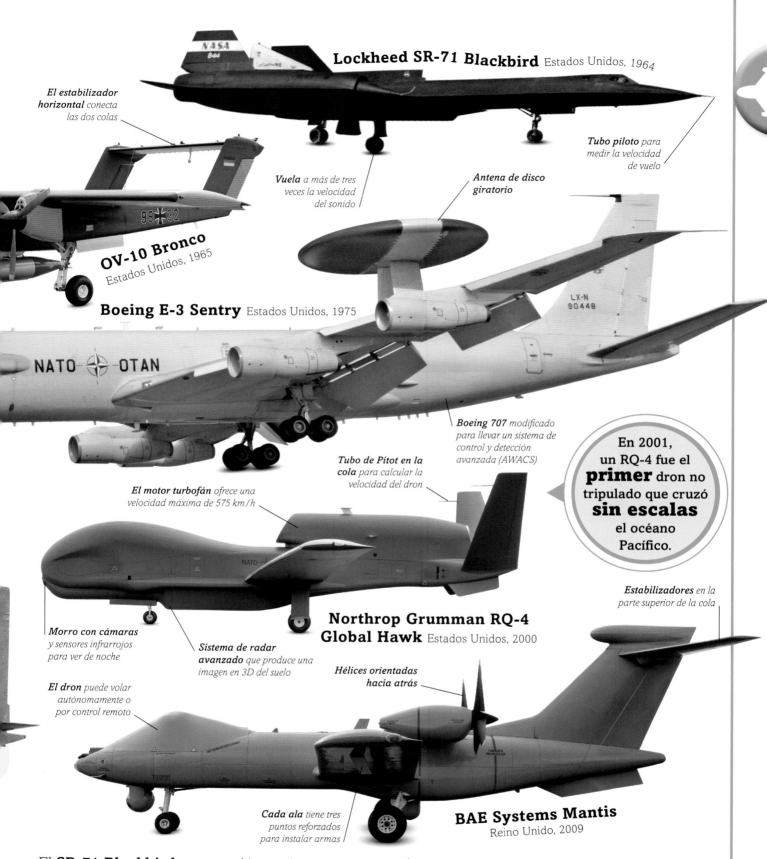

Lockheed SR-71 Blackbird Estados Unidos, 1964

El estabilizador horizontal conecta las dos colas

Tubo piloto para medir la velocidad de vuelo

Vuela a más de tres veces la velocidad del sonido

Antena de disco giratorio

OV-10 Bronco
Estados Unidos, 1965

Boeing E-3 Sentry Estados Unidos, 1975

NATO ✦ OTAN

LX-N 90448

Boeing 707 modificado para llevar un sistema de control y detección avanzada (AWACS)

Tubo de Pitot en la cola para calcular la velocidad del dron

El motor turbofán ofrece una velocidad máxima de 575 km/h

En 2001, un RQ-4 fue el **primer** dron no tripulado que cruzó **sin escalas** el océano Pacífico.

Estabilizadores en la parte superior de la cola

Morro con cámaras y sensores infrarrojos para ver de noche

Sistema de radar avanzado que produce una imagen en 3D del suelo

Northrop Grumman RQ-4 Global Hawk Estados Unidos, 2000

Hélices orientadas hacia atrás

El dron puede volar autónomamente o por control remoto

Cada ala tiene tres puntos reforzados para instalar armas

BAE Systems Mantis
Reino Unido, 2009

El **SR-71 Blackbird** era un avión espía que funcionaba a gran velocidad y altura, fuera del alcance de los misiles tierra-aire del enemigo. Las fuerzas enemigas jamás consiguieron abatir un Blackbird. Los cazas avanzados cuentan con una tecnología de invisibilidad que confunde los radares y otros sensores para espiar sin ser vistos. Los vehículos aéreos no tripulados, o drones, como el **BAE Systems Mantis**, pueden ejecutar largas misiones de vuelo recogiendo información sin poner en riesgo las vidas de los pilotos. El Mantis puede volar hasta 30 horas seguidas.

Helicóptero

Las palas del rotor de un helicóptero son curvas, como las alas de un avión. Cuando el motor las hace girar rápidamente, se mueven y, como un avión, crean sustentación. Su capacidad para despegar y aterrizar en vertical, y de permanecer estático en pleno vuelo, hace que el helicóptero sea muy útil en tareas militares y policiales, así como en misiones de búsqueda y rescate, como las que realiza este Sea King.

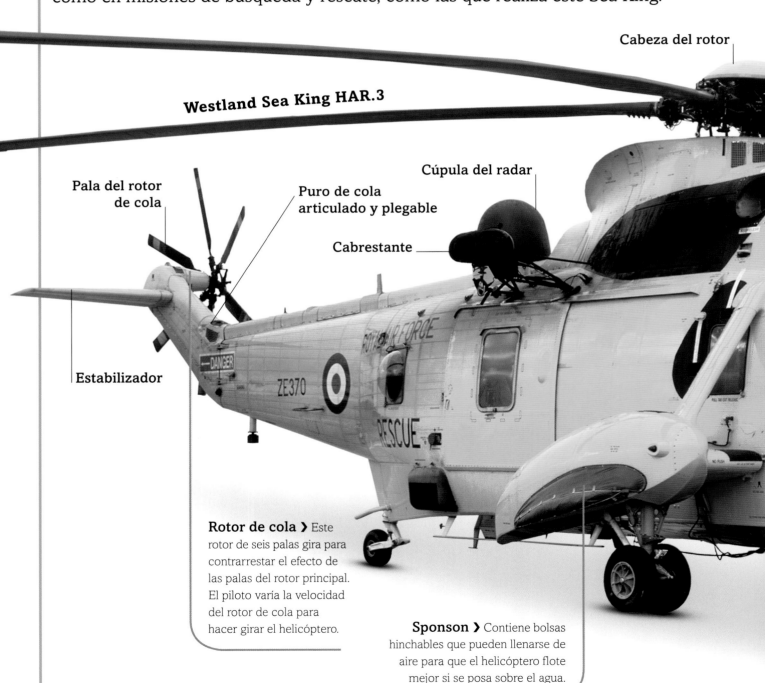

Cabeza del rotor

Westland Sea King HAR.3

Pala del rotor de cola

Puro de cola articulado y plegable

Cúpula del radar

Cabrestante

Estabilizador

ZE370

RESCUE

Rotor de cola › Este rotor de seis palas gira para contrarrestar el efecto de las palas del rotor principal. El piloto varía la velocidad del rotor de cola para hacer girar el helicóptero.

Sponson › Contiene bolsas hinchables que pueden llenarse de aire para que el helicóptero flote mejor si se posa sobre el agua.

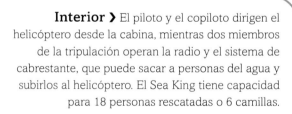

Motor de la turbina ❯ Los dos motores turboeje Rolls-Royce Gnome del helicóptero hacen girar la cabeza del rotor, que se puede inclinar para que el helicóptero cambie de dirección. El Sea King tiene una velocidad de crucero de 208 km/h y una autonomía de 1230 km.

Pala del rotor ❯ Las palas del rotor se unen en la cabeza de este, que hace girar el motor para generar sustentación. El Sea King puede ganar altura a una velocidad de 10 m/s. Las palas se pueden plegar para aparcar el helicóptero en un barco o en un hangar.

Interior ❯ El piloto y el copiloto dirigen el helicóptero desde la cabina, mientras dos miembros de la tripulación operan la radio y el sistema de cabrestante, que puede sacar a personas del agua y subirlos al helicóptero. El Sea King tiene capacidad para 18 personas rescatadas o 6 camillas.

Potente foco hacia delante

Casco y aviónica ❯ El fuselaje en forma de casco del Sea King le permite flotar en el agua. En el morro lleva la radio y la electrónica de navegación para encontrar barcos con problemas y personas en el mar.

Ruedas del tren de aterrizaje

Rotores

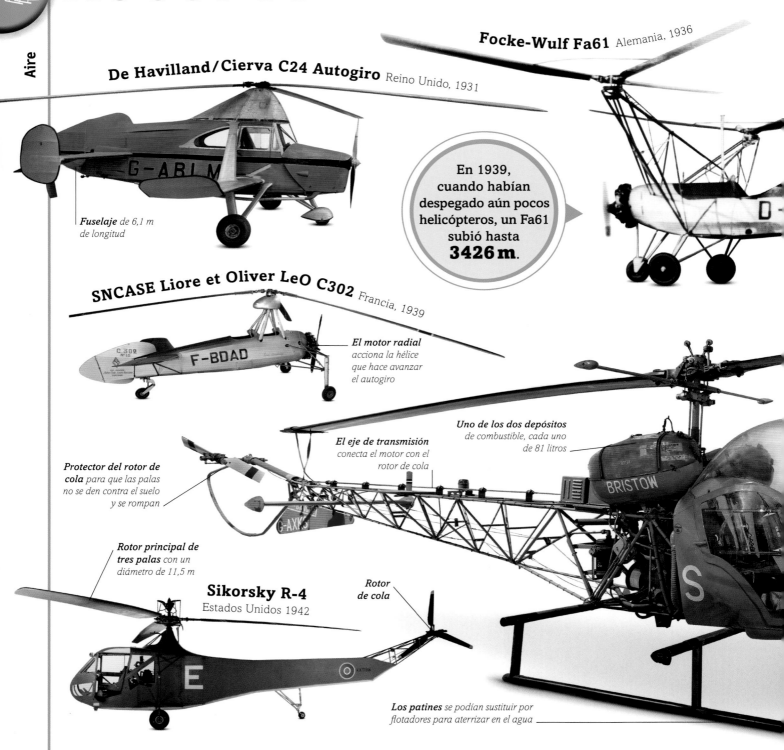

De Havilland/Cierva C24 Autogiro Reino Unido, 1931

Focke-Wulf Fa61 Alemania, 1936

Fuselaje de 6,1 m
de longitud

En 1939,
cuando habían
despegado aún pocos
helicópteros, un Fa61
subió hasta
3426 m.

SNCASE Liore et Oliver LeO C302 Francia, 1939

El motor radial
acciona la hélice
que hace avanzar
el autogiro

El eje de transmisión
conecta el motor con el
rotor de cola

Uno de los dos depósitos
de combustible, cada uno
de 81 litros

*Protector del rotor de
cola* para que las palas
no se den contra el suelo
y se rompan

*Rotor principal de
tres palas* con un
diámetro de 11,5 m

Sikorsky R-4
Estados Unidos 1942

*Rotor
de cola*

Los patines se podían sustituir por
flotadores para aterrizar en el agua

Los primeros autogiros y helicópteros,
con sus largas palas, provocaban una
gran sensación cada vez que levantaban
el vuelo. Estas versátiles aeronaves
aparecieron por primera vez durante
las décadas de 1930 y 1940.

El autogiro, como el **Cierva C24**, se sustenta con
un rotor, pero también tienen una hélice delantera
para obtener impulso, con el que podía alcanzar
una velocidad de 177 km/h. El **Focke-Wulf Fa61**
experimental contaba con dos grupos de rotores
para aumentar la sustentación, pero fabricaron

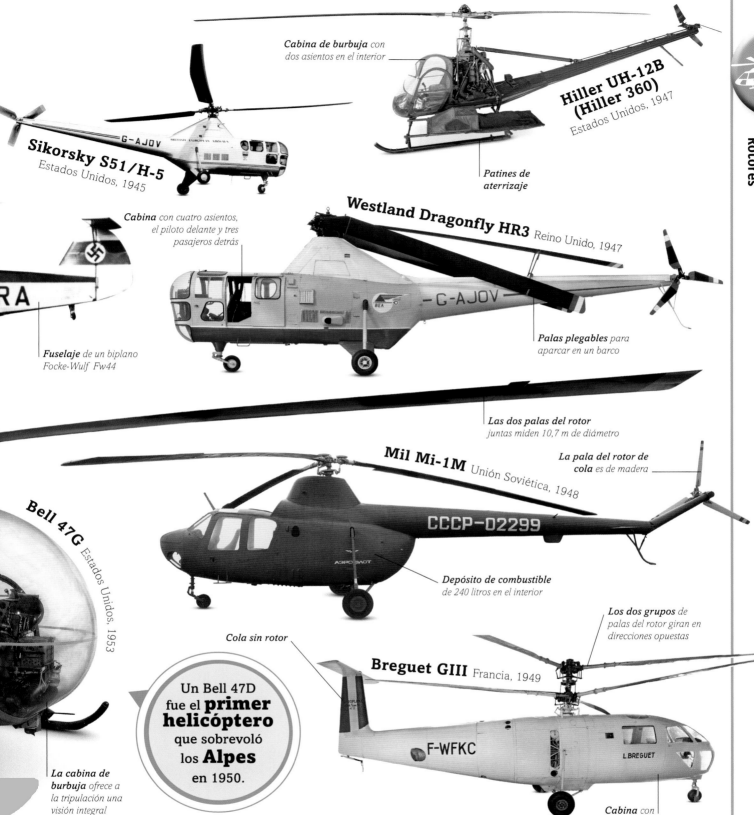

Cabina de burbuja con dos asientos en el interior

Hiller UH-12B (Hiller 360) Estados Unidos, 1947

Patines de aterrizaje

Sikorsky S51/H-5 Estados Unidos, 1945

G-AJOV

Cabina con cuatro asientos, el piloto delante y tres pasajeros detrás

Westland Dragonfly HR3 Reino Unido, 1947

RA

Fuselaje de un biplano Focke-Wulf Fw44

-G-AJOV-

Palas plegables para aparcar en un barco

Las dos palas del rotor juntas miden 10,7 m de diámetro

Mil Mi-1M Unión Soviética, 1948

La pala del rotor de cola es de madera

CCCP-02299

Bell 47G Estados Unidos, 1953

Cola sin rotor

Depósito de combustible de 240 litros en el interior

Los dos grupos de palas del rotor giran en direcciones opuestas

Breguet GIII Francia, 1949

Un Bell 47D fue el **primer helicóptero** que sobrevoló los **Alpes** en 1950.

F-WFKC

L.BREGUET

La cabina de burbuja ofrece a la tripulación una visión integral

Cabina con cinco asientos

solo dos. En cambio, se construyeron más de 5600 helicópteros Bell 47 entre 1946 y 1974, entre los que estaba el **Bell 47G**, famoso por las evacuaciones médicas, tarea que también hacía el **Westland Dragonfly HR3**, que fue el primero en operar un servicio de helicóptero programado del mundo desde 1950. El **Sikorsky R-4** fue el primer helicóptero de los ejércitos de Estados Unidos y Gran Bretaña para rescatar heridos de accidentes aéreos en 1944, mientras que el primer helicóptero de producción de la Unión Soviética fue el **Mil Mi-1M**, con 2500 unidades.

Usos especiales

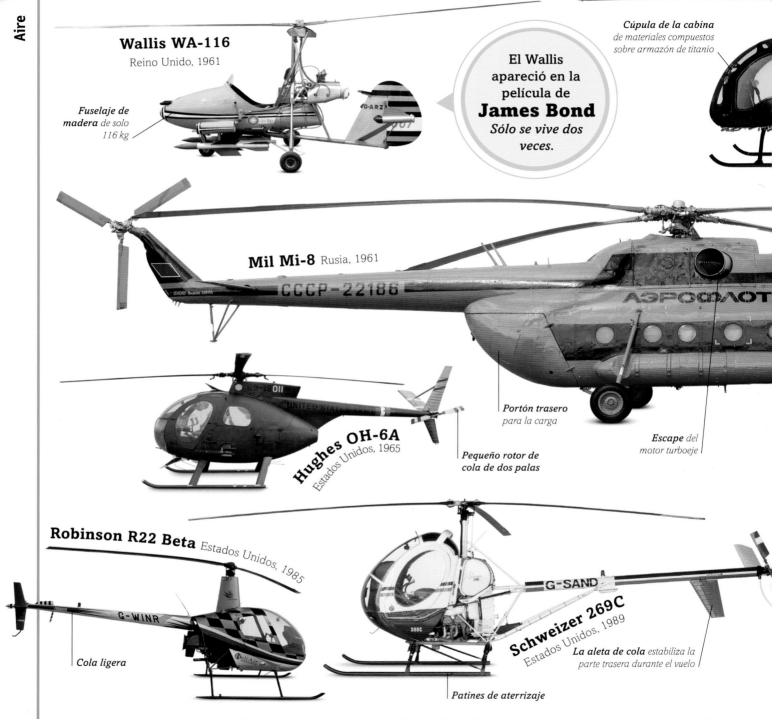

Wallis WA-116
Reino Unido, 1961

Fuselaje de madera de solo 116 kg

El Wallis apareció en la película de **James Bond** *Sólo se vive dos veces.*

Cúpula de la cabina de materiales compuestos sobre armazón de titanio

Mil Mi-8 Rusia, 1961

CCCP-22186

АЭРОФЛОТ

Portón trasero para la carga

Escape del motor turboeje

Hughes OH-6A Estados Unidos, 1965

Pequeño rotor de cola de dos palas

Robinson R22 Beta Estados Unidos, 1985

G-WINR

Cola ligera

G-SAND

Schweizer 269C Estados Unidos, 1989

La aleta de cola estabiliza la parte trasera durante el vuelo

Patines de aterrizaje

Poder estar estático en el aire hace de los helicópteros plataformas ideales para la fotografía aérea y las misiones de rescate y reconocimiento. También pueden operar en áreas aisladas y helipuertos urbanos para transportar personas y productos.

En la década de 1960 se produjeron tanto autogiros como grandes helicópteros. El monoplaza **Wallis WA-116** tenía una longitud total de solo 3,4 m, pero podía volar más de 200 km, y el **Mil Mi-8**, con sus 18,2 m, podía transportar 27 personas o 3000 kg de carga. El más grande es el **Mil Mi-26**,

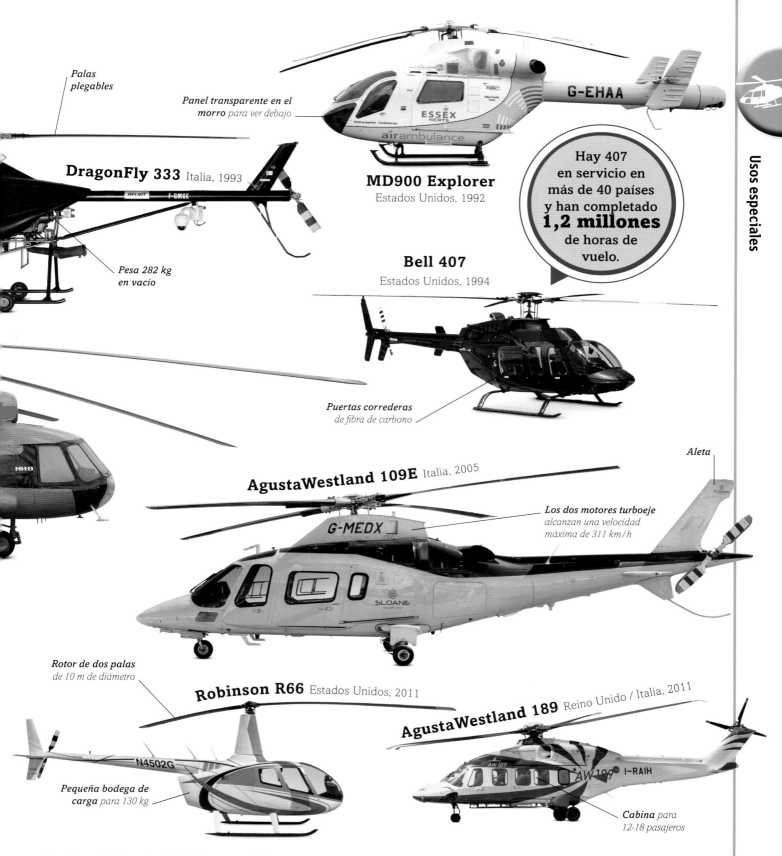

Palas plegables

Panel transparente en el morro para ver debajo

DragonFly 333 Italia, 1993

MD900 Explorer
Estados Unidos, 1992

Hay 407 en servicio en más de 40 países y han completado **1,2 millones** de horas de vuelo.

Pesa 282 kg en vacío

Bell 407
Estados Unidos, 1994

Puertas correderas de fibra de carbono

Aleta

AgustaWestland 109E Italia, 2005

Los dos motores turboeje alcanzan una velocidad máxima de 311 km/h

Rotor de dos palas de 10 m de diámetro

Robinson R66 Estados Unidos, 2011

AgustaWestland 189 Reino Unido / Italia, 2011

Pequeña bodega de carga para 130 kg

Cabina para 12-18 pasajeros

de 40 m de longitud. El **DragonFly 333** se pensó para cineastas y arqueólogos, para hacer estudios aéreos, mientras que el **Robinson R22 Beta** se usaba para patrullar por oleoductos y gasoductos y para desplazarse por grandes granjas o ranchos. Los guardacostas y la policía usan el **MD900**

Explorer, que también sirve como ambulancia aérea, como algunos **Bell 407** de siete plazas. Otros 407 llevan trabajadores a plataformas petrolíferas marítimas, y algunas variantes del **Schweizer 269C** se han usado para entrenar a más de 60 000 pilotos militares.

Apoyo aéreo

Aire

Bell AH-1 Cobra Estados Unidos, 1965

Rotor de cola de dos palas

Torreta móvil con ametralladora doble o lanzagranadas

Kamov Ka-25PL Rusia, 1965

Mil Mi-24A Hind-A Rusia, 1971

Palas de titanio

Ala corta con puntos de montaje para armas, como cañones

Cabina con asientos para el piloto y el copiloto

SA Gazelle Francia, 1973

Fenestron protegido (ventilador en la aleta de cola)

Palas del rotor de 21,3 m de diámetro

Mil Mi-14 BT Rusia, 1973

Sponson (área de almacenamiento)

Las ruedas traseras se ocultan en el sponson para que el helicóptero pueda aterrizar en el agua

Equipo de radar en el carenado del fuselaje

Los helicópteros militares, con su gran capacidad para aterrizar en espacios reducidos, permanecer en el aire y entregar suministros de manera precisa tienen un valor inestimable en el campo de batalla, así como tras las líneas.

Muchos helicópteros militares, como el **Sikorsky S-70i** *Black Hawk*, son polivalentes y tanto sirven para mover tropas y equipo como para detectar amenazas por tierra o mar. Algunos, como el **Bell AH-1 Cobra** y el **Kamov Ka-52** *Alligator*, se han diseñado principalmente para atacar objetivos en

234

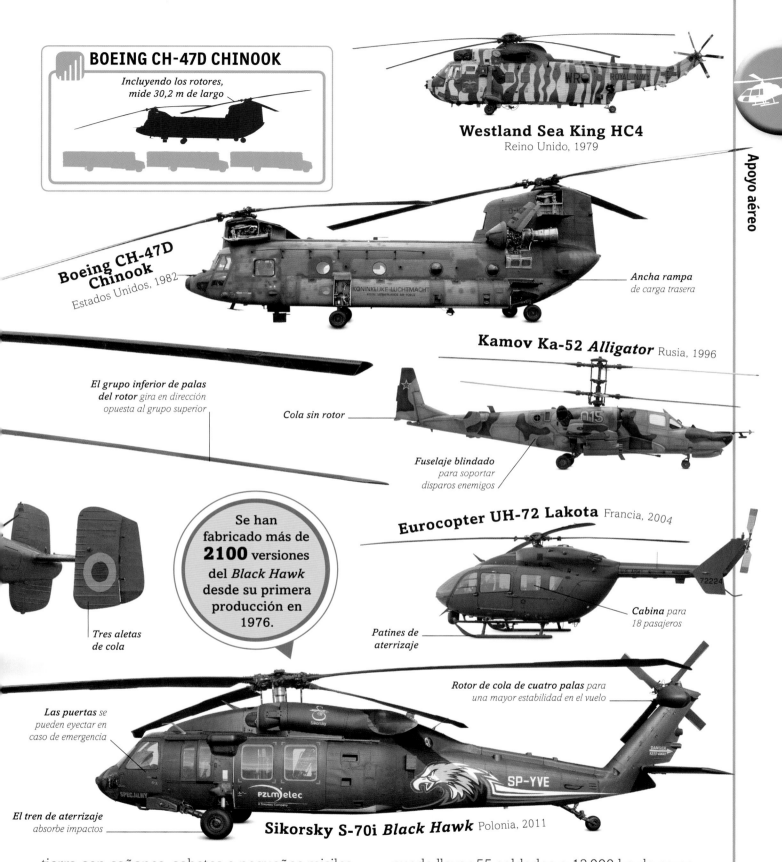

BOEING CH-47D CHINOOK

Incluyendo los rotores, mide 30,2 m de largo

Westland Sea King HC4
Reino Unido, 1979

Boeing CH-47D Chinook
Estados Unidos, 1982

Ancha rampa de carga trasera

Kamov Ka-52 *Alligator* Rusia, 1996

El grupo inferior de palas del rotor gira en dirección opuesta al grupo superior

Cola sin rotor

Fuselaje blindado para soportar disparos enemigos

Eurocopter UH-72 Lakota Francia, 2004

Se han fabricado más de **2100** versiones del *Black Hawk* desde su primera producción en 1976.

Tres aletas de cola

Cabina para 18 pasajeros

Patines de aterrizaje

Rotor de cola de cuatro palas para una mayor estabilidad en el vuelo

Las puertas se pueden eyectar en caso de emergencia

El tren de aterrizaje absorbe impactos

Sikorsky S-70i *Black Hawk* Polonia, 2011

tierra con cañones, cohetes o pequeños misiles. Los helicópteros más grandes pueden desplegar tropas, suministros o equipo, o evacuar a heridos o civiles de una zona de guerra. El **Westland Sea King HC4** puede transportar hasta 28 miembros de un comando, y el **Boeing CH-47D Chinook** puede llevar 55 soldados o 12 000 kg de carga. El **Kamov Ka-25PL**, con dos grupos de rotores, uno sobre el otro, está diseñado para buscar y atacar submarinos enemigos. El **Mil Mi-14 BT**, con capacidad para un torpedo u ocho cargas de profundidad, desempeña la misma función.

Nave espacial

Las naves espaciales son máquinas que, propulsadas por cohetes, llegan al espacio. Muchas son sondas no tripuladas que se envían a explorar partes del sistema solar. Eso sí, ha habido un pequeño número de naves tripuladas que han llevado a más de 500 personas al espacio. En 1969 un cohete Saturno V lanzó la nave espacial estadounidense *Apolo 11*, que puso a tres astronautas en la órbita de la Luna. Dos de ellos bajaron en el módulo lunar hasta la superficie del satélite.

Nave espacial *Apolo 11*

Tobera del motor

Módulo de servicio ❯
Contenía los sistemas de soporte vital, daba energía y en él estaba el motor principal de la nave espacial.

Depósitos de combustible ❯
El carburante del motor principal salía de los depósitos del módulo de servicio.

Propulsores ❯
Unos pequeños propulsores iban ajustando con precisión los movimientos de la nave espacial.

Módulo de mando ❯
Con 3,2 m de altura, fue la única parte de la *Apolo* que volvió a la Tierra. Se quedó orbitando la Luna mientras los astronautas completaban el viaje de ida y vuelta hasta su superficie en el módulo lunar, para separarse del módulo de servicio y volver a la Tierra.

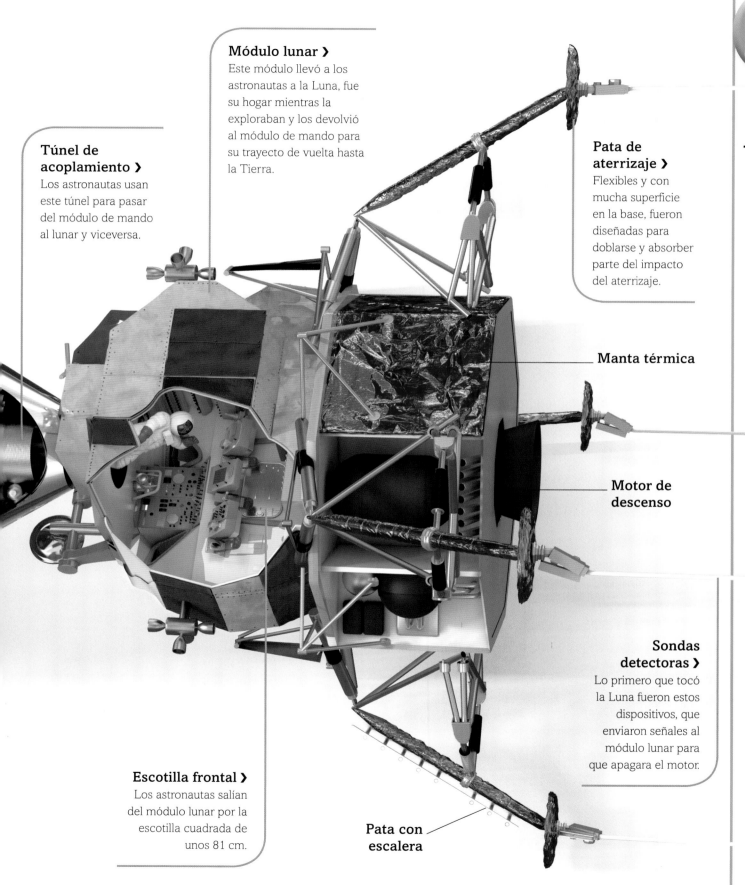

Túnel de acoplamiento ›

Los astronautas usan este túnel para pasar del módulo de mando al lunar y viceversa.

Módulo lunar ›

Este módulo llevó a los astronautas a la Luna, fue su hogar mientras la exploraban y los devolvió al módulo de mando para su trayecto de vuelta hasta la Tierra.

Pata de aterrizaje ›

Flexibles y con mucha superficie en la base, fueron diseñadas para doblarse y absorber parte del impacto del aterrizaje.

Manta térmica

Motor de descenso

Sondas detectoras ›

Lo primero que tocó la Luna fueron estos dispositivos, que enviaron señales al módulo lunar para que apagara el motor.

Escotilla frontal ›

Los astronautas salían del módulo lunar por la escotilla cuadrada de unos 81 cm.

Pata con escalera

Vehículos de lanzamiento

Vostok-K Rusia, 1960

Cono del morro

Segunda etapa

Cuando la segunda etapa se separa de la primera, se enciende un solo motor cohete

Primera etapa

Saturno V Estados Unidos, 1966

Módulo lunar de la nave espacial Apolo

La tercera etapa se separa de la segunda 9 minutos después del despegue

El vehículo de lanzamiento pesa 2,8 millones de kilos

Transbordador espacial Discovery Estados Unidos, 1990

Cabina con capacidad para 5-7 astronautas

Los tres motores cohete del transbordador lo propulsan a una velocidad de más de 27 000 km/h

Larga Marcha 2F China, 1999

La carga útil de hasta 8,5 toneladas

Los cinco cohetes del Saturno V gastaban **12 710 litros** de carburante por segundo.

El avión de doble fuselaje White Knight lleva al SpaceShipTwo a la altura de lanzamiento

El SpaceShipTwo se libera a 15 000 m

LONGITUD De más corto a más largo

Soyuz FG	49,5 m
Ariane 5	46-52 m
Saturno V	110,6 m

Se necesita una potencia enorme para superar la gravedad y viajar al espacio, por eso los satélites y las naves espaciales usan cohetes de lanzamiento. Mientras que los cohetes son de un solo uso, los transbordadores espaciales son reutilizables.

Para llevar cargamentos pesados al espacio se usan vehículos de lanzamiento de varias etapas, como el **Larga Marcha 2F** de dos etapas, que transportó la nave espacial **Shenzhou** en 2003, o los **Ariane 5**, con más de 75 lanzamientos con éxito. Cada etapa de un vehículo de lanzamiento

Morro con la nave espacial Soyuz o Progress

Soyuz FG Rusia, 2001

La cofia protege la carga útil durante el lanzamiento y se abre para liberar la nave o el satélite cuando entra en órbita

Atlas V Estados Unidos, 2002

Los potentes aceleradores se separan cuatro minutos después del lanzamiento

Sistema de escape de emergencia

¡Un solo Delta IV Heavy pesa más que **200 elefantas!**

Delta IV Heavy Estados Unidos, 2004

Ariane 5 Multinacional, 2005

Cada cohete acelerador pesa 277 toneladas, carburante incluido

Los cuatro cohetes aceleradores de 19,6 m se encienden en el lanzamiento

Los cohetes aceleradores duran menos de 90 s desde el lanzamiento

Virgin Galactic SpaceShipTwo Estados Unidos, 2010

Dream Chaser Estados Unidos, en desarrollo

Ala hacia arriba para volver a la Tierra planeando

tiene su propio cohete, que se desacopla tras consumir su carburante para que el resto siga el viaje. El vehículo de lanzamiento más potente actual es el **Delta IV Heavy**, capaz de poner 28 toneladas de carga en órbita terrestre, lo que es solo la cuarta parte de la carga del **Saturno V**, el cohete de tres etapas usado para mandar el *Apolo* a la Luna. Los aviones espaciales, como el **transbordador espacial *Discovery*** y el **SpaceShipTwo**, cuentan con motores cohete, pero utilizan unas alas para poder volver a la Tierra planeando tras completar su misión.

Sondas espaciales

Aire

Lunokhod 1
Rusia, 1970

Ocho ruedas *controladas desde la Tierra*

Pioneer 10
Estados Unidos, 1972

Antena de radio *para enviar y recibir información*

Fuente de alimentación

Parabólica de radio *de 2,7 m de diámetro*

Brazo de 3 m de longitud

Las Voyager 1 y 2 llevan un disco con datos sobre la Tierra, ¡por si la encuentran los **alienígenas**!

Detector de rayos cósmicos

Viking 1
Estados Unidos, 1975

Sensor meteorológico

La sonda Galileo se acabó estrellando contra la atmósfera de Júpiter a una velocidad de **48 km/s**.

Voyager 1
Estados Unidos, 1977

Fuente de energía nuclear

Patas de aterrizaje *con sensores de temperatura*

Brazo robótico *para explorar el suelo de Marte*

Magnetómetro *para detectar campos magnéticos*

Cassini-Huygens
Multinacional, 1997

Galileo Estados Unidos, 1989

Cámara digital *para sacar fotos de Júpiter*

Las sondas espaciales son naves robóticas no tripuladas que exploran planetas, lunas, asteroides y cometas, y envían datos e imágenes a la Tierra a través de ondas de radio. Gracias a ellas estamos pudiendo comprender mejor el sistema solar.

Las sondas pueden sobrevolar, orbitar o aterrizar en su objetivo. La **Viking 1** fue la primera sonda de largo alcance que aterrizó en Marte; envió datos hasta 1982. El **Lunokhod 1** fue el primer róver que logró desplazarse por la Luna, recorrió 10,5 km por su superficie. El **róver Curiosity**

240

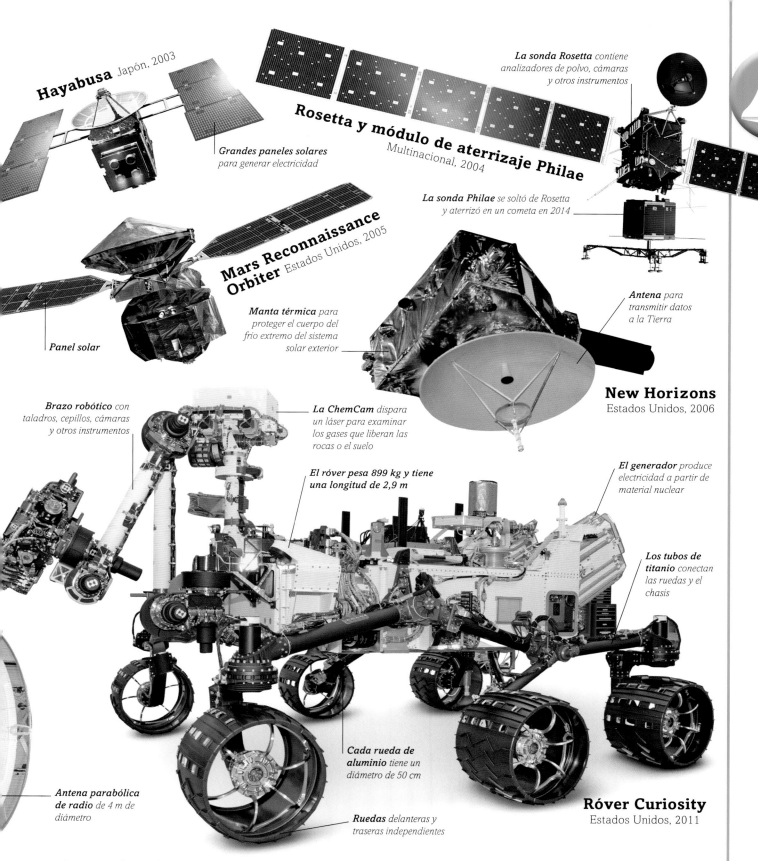

Hayabusa Japón, 2003

Grandes paneles solares *para generar electricidad*

Rosetta y módulo de aterrizaje Philae
Multinacional, 2004

La sonda Rosetta contiene analizadores de polvo, cámaras y otros instrumentos

La sonda Philae se soltó de Rosetta y aterrizó en un cometa en 2014

Mars Reconnaissance Orbiter Estados Unidos, 2005

Manta térmica para proteger el cuerpo del frío extremo del sistema solar exterior

Panel solar

Antena para transmitir datos a la Tierra

New Horizons
Estados Unidos, 2006

Brazo robótico *con taladros, cepillos, cámaras y otros instrumentos*

La ChemCam dispara un láser para examinar los gases que liberan las rocas o el suelo

El róver pesa 899 kg y tiene una longitud de 2,9 m

El generador produce electricidad a partir de material nuclear

Los tubos de titanio conectan las ruedas y el chasis

Antena parabólica de radio *de 4 m de diámetro*

Cada rueda de aluminio *tiene un diámetro de 50 cm*

Ruedas *delanteras y traseras independientes*

Róver Curiosity
Estados Unidos, 2011

continúa analizando las rocas y el suelo de Marte con su laboratorio. La **Pioneer 10** se convirtió en la primera sonda que viajó más allá del cinturón de asteroides en su trayecto hacia Júpiter. Más tarde, la **Galileo** orbitó el planeta 34 veces y envió muchas fotos y datos durante los 14 años que duró su misión. La **New Horizons** llegó a Plutón el 2015, tras un viaje de 9 años y medio, mientras que la **Voyager 1**, lanzada en 1977, está hoy a más de 1900 millones de kilómetros de la Tierra y, junto con la Voyager 2 y las Pioneer 10 y 11, ha abandonado nuestro sistema solar.

Más allá de la Tierra

Escotilla *que se abre para liberar el paracaídas durante la reentrada a la Tierra*

La antena de radio *envía señales a la Tierra*

La nave espacial *tiene un diámetro de 3 m y capacidad para dos astronautas*

Mercury Estados Unidos, 1961

Gemini Estados Unidos, 1965

Vostok 1 Rusia, 1961

La cápsula esférica de descenso *lleva a un solo cosmonauta en un asiento eyectable*

El compartimento de recuperación *libera los paracaídas principales y de reserva para que la cápsula vuelva a la Tierra*

La ISS mide 108,5 m de ancho

La cápsula principal *mide 2 m de ancho y 3,5 m de alto*

Paneles solares *unidos al observatorio solar, con cámaras que sacan fotos del Sol*

Soyuz Rusia, 1967

En el módulo orbital *viven los cosmonautas durante la misión*

Skylab Estados Unidos, 1973

Tras perder un panel solar, los astronautas levantaron un gran **parasol** para refrigerar el Skylab.

Módulo de descenso *para que los cosmonautas vuelvan a la Tierra*

Taller orbital *con las camas de la tripulación, una ducha y un inodoro*

Menos de 600 personas han ido al espacio. Los primeros astronautas, conocidos como cosmonautas en Rusia, orbitaron la Tierra en cápsulas minúsculas. Más tarde, los astronautas fueron a la Luna y a estaciones espaciales en órbita.

En 1961 Yuri Gagarin fue la primera persona en el espacio, con un vuelo de 108 minutos en la cápsula de una nave espacial **Vostok 1**. Al cabo de un mes, Estados Unidos envió a Alan Shepard al espacio a bordo de la **Mercury**. Más adelante, tres tripulaciones de tres miembros cada una

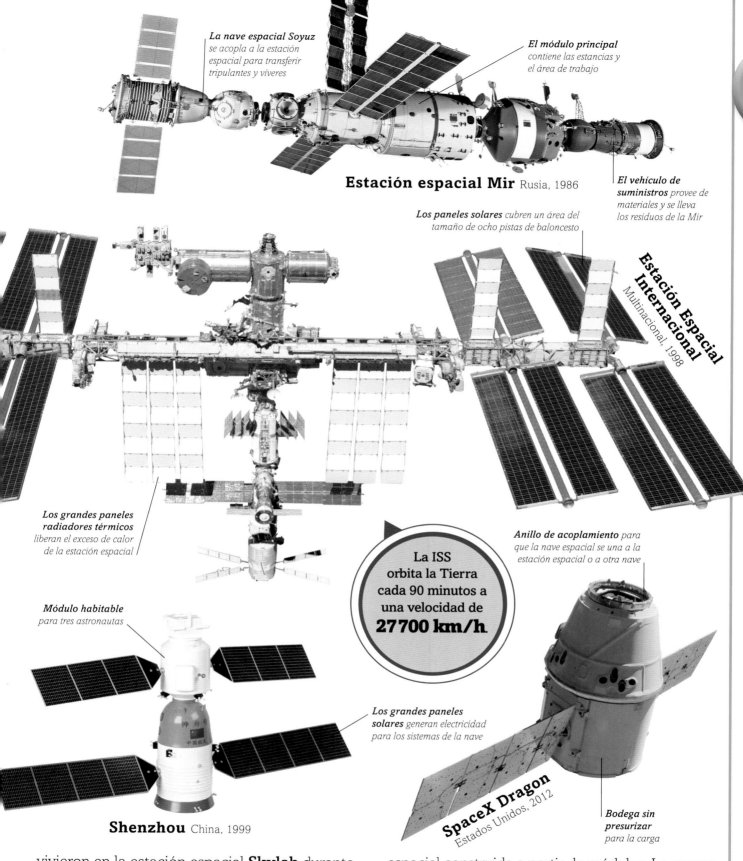

La nave espacial Soyuz se acopla a la estación espacial para transferir tripulantes y víveres

El módulo principal contiene las estancias y el área de trabajo

Estación espacial Mir Rusia, 1986

El vehículo de suministros provee de materiales y se lleva los residuos de la Mir

Los paneles solares cubren un área del tamaño de ocho pistas de baloncesto

Estación Espacial Internacional Multinacional, 1998

Los grandes paneles radiadores térmicos liberan el exceso de calor de la estación espacial

La ISS orbita la Tierra cada 90 minutos a una velocidad de **27 700 km/h.**

Anillo de acoplamiento para que la nave espacial se una a la estación espacial o a otra nave

Módulo habitable para tres astronautas

Los grandes paneles solares generan electricidad para los sistemas de la nave

Shenzhou China, 1999

SpaceX Dragon Estados Unidos, 2012

Bodega sin presurizar para la carga

vivieron en la estación espacial **Skylab** durante un total de 171 días y medio, y realizaron 300 experimentos. Los cosmonautas habitaron la **estación espacial Mir** durante 12 años y medio; Valeri Polyakov pasó 437 días y 18 horas seguidos, un récord absoluto. La Mir fue la primera estación espacial construida a partir de módulos. La mayor estación espacial hasta hoy es la **Estación Espacial Internacional** (ISS, por sus siglas en inglés); han hecho falta más de 100 vuelos espaciales, y 1000 horas de paseos espaciales, para montarla. Tiene tripulantes desde el 2000.

¡DESPEGUE!

2000 toneladas de nave espacial y carburante salen al espacio, cuando el transbordador espacial *Endeavour* deja la plataforma de lanzamiento del Centro Espacial Kennedy, en Florida, en 2009. Entre 1982 y 2011, los transbordadores hicieron más de 130 vuelos.

Cada uno de los dos grandes cohetes aceleradores de un transbordador contiene 450 000 kilos de carburante, que se consumen en los dos primeros minutos. Los motores principales del transbordador continúan quemando los 2 millones de litros de carburante que contiene el gran depósito de combustible exterior naranja durante 8 minutos, cuando el transbordador viaja a más de 27 000 km/h. La misión llevó a 7 astronautas a la Estación Espacial Internacional; volvieron a la Tierra a los 17 días.

Acelerar
Aumentar la velocidad.

Acrobacias
Maniobras realizadas por aviones en espectáculos o competiciones.

Aerodinámico o hidrodinámico
Objeto con curvas estilizadas de manera que el aire o el agua lo rodee con facilidad, lo que aumenta su movimiento.

Aleación
Mezcla de elementos, uno de ellos metal. Las aleaciones suelen presentar propiedades útiles, diferentes a las de los elementos que las componen.

Alerón
Dispositivo en un coche o una aeronave, normalmente en forma de ala, que altera el flujo aerodinámico alrededor del vehículo para generar más fricción o presión aerodinámica.

Anfibio
Vehículo que se puede desplazar por tierra y agua.

Autogiro
Aeronave con un rotor, para la sustentación, y una hélice para el empuje hacia delante.

Avión VTOL
Sigla en inglés de despegue y aterrizaje vertical; se refiere a las aeronaves que usan el empuje para despegar como un helicóptero.

Barra antivuelco
Armazón o tubo sobre la cabeza de un piloto que lo protege en caso de vuelco.

Batería
Conjunto de sustancias químicas en un recipiente que da electricidad a un circuito.

Bauprés
Palo que sale de la proa de un barco hacia delante.

Caballo (CV)
Medida habitual para indicar la potencia que tiene el motor de un vehículo.

Cabina
Parte de un tren o camión donde va el maquinista o el conductor.

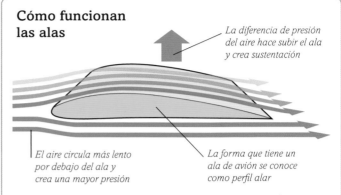

Cómo funcionan las alas

La diferencia de presión del aire hace subir el ala y crea sustentación

El aire circula más lento por debajo del ala y crea una mayor presión

La forma que tiene un ala de avión se conoce como perfil alar

Sustentación
Cuando el ala, curvada, avanza en el aire, el aire que pasa por encima se mueve más rápido que el que pasa por debajo. El aire que se mueve rápido tiene la presión más baja. Es el aire más lento, de alta presión, bajo el ala, el que la fuerza a subir.

Caldera
Parte de la máquina de vapor en que se produce el vapor.

Caña
Barra o asa horizontal unida al timón del barco con la que el marinero hace que vire.

Capó
Panel de la carrocería, normalmente de metal, que tapa el motor o el maletero del vehículo.

Carga
Artículos transportados en camión, tren, barco o avión.

Carga útil
Carga que lleva una aeronave o un vehículo de lanzamiento espacial, que incluye tanto los pasajeros como la carga.

Casco
Cuerpo principal de un bote o un barco.

Clase
Grupo de locomotoras que tienen un diseño común.

Coche compacto
Coche pequeño con portón trasero y ventana tapando el maletero.

Contaminación
Productos residuales que llegan al aire, al agua o al suelo y que pueden ser perjudiciales para el medio ambiente o la salud de los seres vivos.

Convoy
Grupo de barcos o vehículos que van juntos en formación.

Destructor
Barco de guerra pequeño y rápido que está armado con cañones, torpedos o misiles guiados.

Desviador
Parte de la bicicleta que desplaza la cadena de un piñón a otro cuando el ciclista cambia de marcha.

Diésel
Combustible producido a partir del petróleo, usado en muchos vehículos de motor.

John Deere 6150 RH

Cómo suben o bajan los aviones

El elevador de cola controla el cabeceo

Cabeceo
Para controlar el cabeceo (subir o bajar el morro), el piloto empuja o tira de la columna de control, lo que hace subir o bajar los flaps del avión.

Balanceo
En el balanceo, el piloto mueve la columna de control a la derecha o a la izquierda para elevar los alerones de un ala y bajar los de la otra.

Los alerones controlan el balanceo

El timón de cola controla la guiñada

Guiñada
Para la guiñada (girar) a derecha o izquierda, el piloto gira el timón vertical de la cola del aeroplano.

Dron
También conocido como vehículo no tripulado. Máquina voladora autónoma o controlada de manera remota.

Electroimán
Imán accionado por la electricidad; se puede activar o desactivar.

Elevador
Superficie de control de una aeronave que hace que suba o baje el morro y gane o pierda altura.

Empuje
Fuerza que empuja a una aeronave de motor por el aire, normalmente generada por un motor.

Enganchador de vagones
Pequeña locomotora usada para mover vagones o coches por la estación de tren. También se conoce como conmutador.

Enganche
Partes, o mecanismo, que hace que las locomotoras de tren se puedan acoplar.

Escape
Tubo que retira los gases residuales del motor de un vehículo y los libera en el aire.

Estabilizador
Barra que sale del lateral de algunos vehículos, como grúas o canoas, para dar más apoyo y equilibrio al vehículo.

Excavadora
Vehículo usado en obras para cavar agujeros con una pala de acero unida a un largo brazo.

Flap
Parte móvil del extremo trasero del ala que aumenta la sustentación a una velocidad baja.

Freno de disco
Tipo de freno que usa pastillas para ejercer presión contra un disco giratorio y crear fricción para reducir la velocidad del vehículo.

Fricción
Fuerza que frena el movimiento entre dos objetos que se rozan. Los frenos crean mucha fricción para bajar la velocidad de un vehículo.

Fuera de pista
Desplazarse en un vehículo por lugares que no son la carretera: caminos, sendas o terreno abierto.

Fuselaje
Cuerpo principal de una aeronave, al que se unen las alas y la cola.

Galera
Barco de batalla propulsado por remos, y a veces vela, usado antiguamente en el mar Mediterráneo.

Generador
Máquina que crea electricidad.

GPS
Siglas en inglés de sistema de posicionamiento global. Se refiere a un sistema de navegación que usa señales de satélites para calcular la posición de un vehículo en la superficie terrestre.

Hélice
Conjunto de palas que hace girar un motor para mover un vehículo.

Híbrido
Vehículo que cuenta con un motor de gasolina y otra fuente de potencia, como un motor eléctrico.

Hidráulico
Sistema que usa líquidos para transferir fuerza de un lugar a otro, por ejemplo, para activar los frenos de un vehículo.

Hidrodinámico
Ver Aerodinámico o hidrodinámico.

Homologado
Coche, moto o camión equipado con todas las características necesarias para que pueda circular por vías públicas.

Horno
Parte de la caldera de una locomotora de vapor donde se quema el combustible para calentar el agua.

Jaula de seguridad
Armazón resistente en el interior de un vehículo que protege a sus ocupantes.

Ducati 916SPS

Un coche por dentro

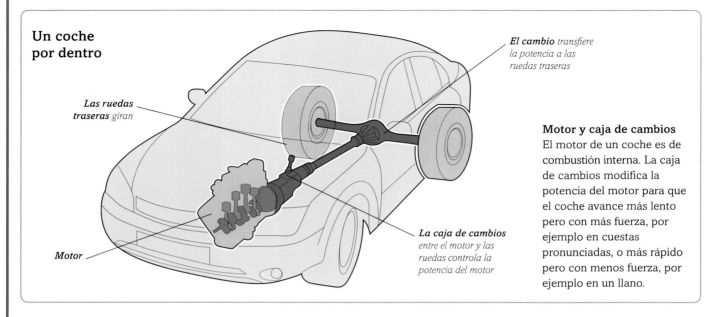

El cambio transfiere la potencia a las ruedas traseras

Las ruedas traseras giran

Motor

La caja de cambios entre el motor y las ruedas controla la potencia del motor

Motor y caja de cambios
El motor de un coche es de combustión interna. La caja de cambios modifica la potencia del motor para que el coche avance más lento pero con más fuerza, por ejemplo en cuestas pronunciadas, o más rápido pero con menos fuerza, por ejemplo en un llano.

Línea de flotación
Nivel que queda bajo el agua en el casco de un barco.

Locomotora
Vehículo con ruedas que tira de un tren. Las eléctricas dependen de la electricidad de una fuente externa, y las de vapor y diésel generan su propia fuerza.

Maletero
Espacio para almacenar cosas en un coche.

Marcha
Engranajes usados en camiones y coches para modificar la velocidad o la fuerza que se emplea para hacer girar las ruedas.

Motocross
Deporte de motocicleta en el que los pilotos compiten dando vueltas en un circuito de tierra lleno de saltos y desniveles.

Motor cohete
Motor que consume carburante y oxígeno o un oxidante (un agente químico que produce oxígeno) para generar un chorro de gases. El motor cohete cuenta con su propio suministro de oxígeno u oxidante.

Motor de combustión interna
Tipo de motor en el que el carburante se mezcla con aire y se quema dentro de cilindros para producir potencia.

Motor fueraborda
Motor desmontable situado en la popa de una embarcación.

NASCAR
Tipo popular de carreras de coches y camionetas en circuitos en Norteamérica.

Órbita
Trayectoria que describe un objeto alrededor de otro más grande bajo la influencia de su gravedad, como una sonda espacial alrededor de un planeta.

Palas del rotor
Alas de perfil largo y fino que hacen girar el helicóptero, u otras naves con rotor, para producir sustentación.

Panel solar
Dispositivo que convierte la energía de la luz del sol en electricidad.

Parachoques
Barra de metal, goma o plástico en la parte frontal o trasera de un vehículo que lo protege en caso de choque.

Pilotaje electrónico
Sistema de control de vuelo usado en aviones en lugar de controles mecánicos u operados por máquinas.

Popa
Parte trasera de un barco.

Proa
Parte delantera de un barco.

Puente
Parte de un barco desde la que el capitán controla la nave.

Radar
Sistema de ondas de radio que rebotan en objetos para determinar su distancia, o para descubrir objetos que no se pueden ver.

Radios
Barras que conectan el centro, o buje, de la rueda con la llanta.

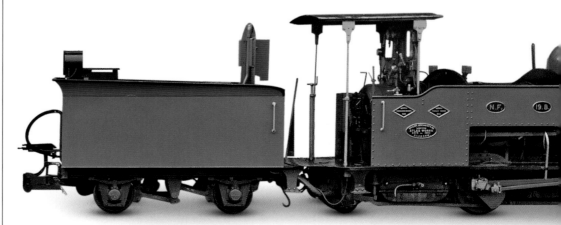

DHR B Clase n.º 19

Barco de carga japonés

Roce
Fuerza de resistencia sobre un vehículo que se mueve por el aire o el agua, y que lo frena.

Sillín
Asiento de bicicleta en el que se sienta el ciclista.

Sonar
Sistema para detectar y ubicar objetos, especialmente bajo el agua, usando ondas de sonido.

Sonda
Vehículo no tripulado que viaja por el espacio hasta un planeta, luna, cometa u otro cuerpo para recoger datos.

Supersónico
Que viaja más rápido que la velocidad del sonido, unos 1236 km/h a nivel del mar.

Suspensión
Sistema de muelles y amortiguadores de un vehículo para avanzar con suavidad sobre baches e irregularidades.

Sustentación
Fuerza creada por el aire al desplazarse sobre un ala o pala de rotor que hace que una aeronave suba en el aire.

Timón
Placa vertical que se puede mover para hacer virar una nave o aeronave.

Timonera
Parte de una nave que contiene el timón. En barcos grandes, la timonera forma parte del puente.

Tonelada
Unidad de medida equivalente a 1000 kg.

Topera
Amortiguador que reduce el impacto de los vehículos ferroviarios al engancharse.

Torpedo
Arma subacuática autopropulsada dotada de una cabeza explosiva que se lanza desde un barco o un submarino y viaja hacia un objetivo.

Tracción integral (4x4)
Cuando el motor se usa para hacer girar al mismo tiempo tanto las ruedas delanteras de un vehículo como las traseras.

Tren articulado
Tren con coches unidos por un único punto de enganche pivotante.

Tren de levitación magnética
Tren que funciona elevado sobre una vía especial y que avanza gracias a la potencia de electroimanes.

Trinquete
Mástil más cercano a la parte delantera del barco.

Turbocompresor
Dispositivo que aprovecha los gases residuales para aumentar la potencia de un motor.

Verga
Travesaño largo unido al mástil de una nave al que se fija la parte superior de una vela cuadrada.

Cómo baja y sube un submarino

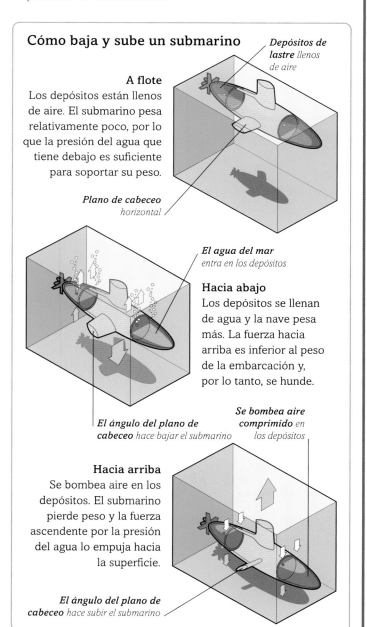

Depósitos de lastre llenos de aire

A flote
Los depósitos están llenos de aire. El submarino pesa relativamente poco, por lo que la presión del agua que tiene debajo es suficiente para soportar su peso.

Plano de cabeceo horizontal

El agua del mar entra en los depósitos

Hacia abajo
Los depósitos se llenan de agua y la nave pesa más. La fuerza hacia arriba es inferior al peso de la embarcación y, por lo tanto, se hunde.

El ángulo del plano de cabeceo hace bajar el submarino

Se bombea aire comprimido en los depósitos

Hacia arriba
Se bombea aire en los depósitos. El submarino pierde peso y la fuerza ascendente por la presión del agua lo empuja hacia la superficie.

El ángulo del plano de cabeceo hace subir el submarino

Índice

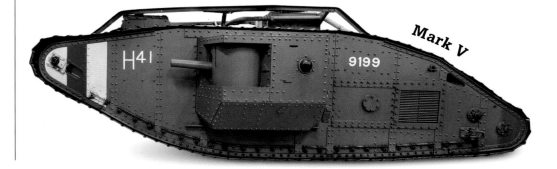

Mark V

RMS Titanic

Kenworth C540

Dhow para recoger perlas

JCB 3CX

Piper L-4h Grasshopper

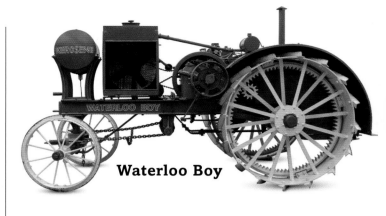

Waterloo Boy

LSER Clase 395 *Javelin*

AGRADECIMIENTOS

Revisor de la Smithsonian Institution:
Dr. F. Robert van der Linden, Conservador de Transporte Aéreo y Aeronaves Especiales en el National Air and Space Museum, Smithsonian

DK quiere agradecer a los siguientes:
Devika Awasthi, Siddhartha Barik, Sanjay Chauhan, Meenal Goel, Anjali Sachar, Mahua Sharma, Neha Sharma, Sukriti Sobti por su asistencia en el diseño; Kealy Gordon de la Smithsonian Institution; Carron Brown por la revisión; Jackie Brind por el índice; Simon Mumford por el trabajo de photoshop; Nic Dean por la documentación gráfica adicional; Charlie Galbraith por su asistencia editorial; Scotford Lawrence del National Cycle Museum, Gales.

Los editores agradecen a los siguientes su permiso para la reproducción de sus fotografías:

(Clave: a: arriba; b: bajo/debajo; c: centro; d: derecha; e: extremo; i: izquierda; s: superior)

1 **Dreamstime.com:** Swisshippo. 4 **Dorling Kindersley:** James River Equipment (bd). 5 **Dorling Kindersley:** IFREMER, París (ci); Museo Estatal de Aviación de Ucrania (bd). 6 **Dorling Kindersley:** National Motor Museum, Beaulieu (sc, bd); Trevor Pope Motorcycles (si); Adrian Shooter. **New Holland Agriculture:** (sd). 7 **Dorling Kindersley:** Musée Air & Space Paris, Le Bourget (sd); Sr. R. A. Fleming, The Real Aeroplane Company (sc); James River Equipment (bd). **Foto usada con permiso de BRP:** (bc). 8 **Alamy Images:** Trinity Mirror / Mirrorpix (cd). **Dorling Kindersley:** R. Florio (bd); The National Motor Museum, Beaulieu (ca). 9 **Alamy Images:** World History Archive (cda). 10 **Dorling Kindersley:** The National Railway Museum, York / Science Museum Group (c). **Science & Society Picture Library:** National Railway Museum (bi). 10-11 **Dorling Kindersley:** The National Railway Museum, York (bc). 11 **Alamy Images:** epa european pressphoto agency b.v (bd); Geoff Marshall (si); Colin Underhill (sd). 12 **Dorling Kindersley:** The Mary Rose Trust, Portsmouth (cib); The National Maritime Museum, Londres (c, bc). 13 **Dorling Kindersley:** The Royal Navy Submarine Museum, Gosport (bi); The Fleet Air Arm Museum (cia). **Getty Images:** Philippe Petit / Paris Match (sd). **Science Photo Library:** Mikkel Juul Jensen (bd). 14 **Dorling Kindersley:** The Shuttleworth Collection, Bedfordshire (cda); The Shuttleworth Collection (bd). 15 **Alamy Images:** B Christopher (bi). **Dorling Kindersley:** Brooklands Museum (cb); Yorkshire Air Museum (si). **ESA:** ATG medialab (bd). **Getty Images:** Education Images / UIG (sd). 16-17 **Alamy Images:** Sergii Kotko. 18 **Corbis:** John Harper (cb). **Dorling Kindersley:** B&O Railroad Museum (ci). 19 **Dorling Kindersley:** The National Railway Museum, York / Science Museum Group (cd). 20-21 **Corbis:** Christophe Boisvieux / Hemis. 24 **Corbis:** Hulton-Deutsch Collection (sd). **Dorling Kindersley:** The National Cycle Collection (cda, cib). 25 **Dorling Kindersley:** The National Cycle Collection (cda, c). **Getty Images:** Science & Society Picture Library (si, sd, cd). **Science & Society Picture Library:** (cb). 26 **Dorling Kindersley:** The National Cycle Collection (sd). **MARIN BIKES:** (cib). 27 **Dorling Kindersley:** The National Cycle Collection (sd). 28-29 **Getty Images:** AFP / Pascal Pavani. 30 **Corbis:** Ashley Cooper (sd). **Dorling Kindersley:** The National Railway Museum, York (si); The Combined Military Services Museum (CMSM) (ci). 31 **Dorling Kindersley:** The National Cycle Collection (si). **Dreamstime.com:** Hupeng (cdb). **Getty Images:** Peter Adams (cd). **iStockphoto.com:** DNHanlon (sd). 33 **Pashley Cycles:** (cd). 34 **Dorling Kindersley:** Trek UK Ltd (cib). **First Flight Bicycles:** (sd). 35 **Alamy Images:** pzechner (cib). **Gary Sansom, owner of bmxmuseum.com:** (cdb). **MARIN BIKES:** (sd). 36-37 **Getty Images:** Tommaso Boddi. 38-39 **Dorling Kindersley:** David Farnley. 40 **Dorling Kindersley:** The Motorcycle Heritage Museum, Westerville, Ohio (c). **Getty Images:** Science & Society Picture Library (sd). 41 **Dorling Kindersley:** Phil Crosby and Peter Mather (cda); The Motorcycle Heritage Museum, Westerville, Ohio (cib). 42 **Dreamstime.com:** Photo1269 (si). 42 **Don Morley:** (ci). 42-43 **Dorling Kindersley:** The National Motorcycle Museum (cdb). 43 **Dorling Kindersley:** The National Motorcycle Museum (s, ca, cd, cb); The Motorcycle Heritage Museum, Westerville, Ohio (ci). 44-45 **Dorling Kindersley:** Micheal Penn (s); Scootopia (cb). 44 **Dorling Kindersley:** Stuart Lanning (c); The Motorcycle Heritage Museum, Westerville, Ohio (cia). 45 **Dorling Kindersley:** George and Steven Harmer (cib, cd); Neil Mort, Mott Motorcycles (cb). **Alamy Images:** imageBROKER (cdb). **BMW Group:** (cda). **Honda (Reino Unido):** (sd). 46 **Dorling Kindersley:** (sd); National Motor Museum, Beaulieu (si); Micheal Penn (cdb); Tony Dowden (cib). 47 **Carver Technology BV:** (sd). **Corbis:** Transtock (ci). **Dorling Kindersley:** Alan Peters (si). **Dreamstime.com:** Amnarj2006 (cdb). 48 **Dorling Kindersley:** Carl M Booth (cdb); The National Motorcycle Museum (sc); Charlie Owens (c); Charlie Garratt (cd, cib); Rick Sasnett (ci). 49 **Dorling Kindersley:** George Manning (ci, cd, cdb); Harley-Davidson (sd); Ian Bull (cib). 50 **Roland Brown:** Riders for Health (cib). **Dorling Kindersley:** The Deutsches Zweiradmuseum und NSU-Museum, Neckarsulm, Alemania (c). **Honda (Reino Unido):** (cdb). 51 **Dorling Kindersley:** Adam Atherton (ci); The Deutsches Zweiradmuseum und NSU-Museum, Neckarsulm, Alemania (s); Mark Hatfield (c); Palmers Motor Company (cdb/Aprilia). **Honda (Reino Unido):** (cdb). 52-53 **Corbis:** Erik Tham. 54 **Dorling Kindersley:** The Motorcycle Heritage Museum, Westerville, Ohio (si); The National Motorcycle Museum (sd); Trevor Pope Motorcycles (cdb). 55 **Dorling Kindersley:** National Motor Museum, Beaulieu (ci); The Motorcycle Heritage Museum, Westerville, Ohio (s); Neil Mort, Mott Motorcycles (cd); Trevor Pope Motorcycles (cib, cdb). 56 **Dorling Kindersley:** Brian Chapman y Chris Illman (c); The Motorcycle Heritage Museum, Westerville, Ohio (si); The National Motorcycle Museum (sd); National Motorcycle Museum, Birmingham (cda). 56-57 **American Motorcyclist Association:** (b). **www.ackattackracing.com:** (cdb). 57 **Dorling Kindersley:** Beaulieu National Motor Museum (sd); Pegasus Motorcycles (cdb). **Marine Turbine Technologies, LLC (www.marineturbine.com):** (cd). 58 **Dorling Kindersley:** The National Motorcycle Museum (si); The Motorcycle Heritage Museum, Westerville, Ohio (sd); Tony Dowden (b). 59 **Dorling Kindersley:** Alan Purvis (cia); Michael Delaney (si); Wayne MacGowan (sd); Phil Davies (cib). **ECOSSE Moto Works, Inc.:** (cib/Ecosse). **Honda (Reino Unido):** (cdb). **MV Agusta Motor SpA:** (cd). 60-61 **Giles Chapman Library**. 62 **Alamy Images:** Werner Dieterich (ci). 63 **Dorling Kindersley:** Colin Laybourn / P&A Wood (sd); National Motor Museum, Beaulieu (si); Haynes International Motor Museum (b). **Getty Images:** Print Collector (ci). 64-65 **Getty Images:** ullstein bild / Robert Sennecke. 66 **Alamy Images:** pbpgalleries (cdb). **Art Tech Picture Agency:** (cib). **Corbis:** Car Culture (c). **Dorling Kindersley:** Ivan Dutton (bd). 67 **Dorling Kindersley:** National Motor Museum, Beaulieu (si). **Louwman Museum-The Hague:** (cdb). 68 **Dorling Kindersley:** Colin Spong (cib); The Titus & Co. Museum for Vintage & Classic Cars (c). **Louwman Museum-The Hague:** (sd). 69 **Alamy Images:** Tom Wood (c). **Art Tech Picture Agency:** (b). **Dorling Kindersley:** National Motor Museum, Beaulieu (s). 70 **Alamy Images:** Esa Hiltula (ci). **Dorling Kindersley:** The Titus & Co. Museum for Vintage & Classic Cars (cia). 70-71 **Dorling Kindersley:** The Titus & Co. Museum for Vintage & Classic Cars (s). 71 **Corbis:** Car Culture (cib). 72 **Alamy Images:** Phil Talbot (ci). 73 **Dorling Kindersley:** National Motor Museum, Beaulieu (sd). **Getty Images:** Heritage Images (cdb). 74-75 **Alamy Images:** ImageGB (s). **Courtesy Mercedes-Benz Cars, Daimler AG:** (b). 74 **Alamy Images:** pbpgalleries (cib). 75 **Alamy Images:** Tribune Content Agency LLC (c). **Dreamstime.com:** Warren Rosenberg (ca). **Cortesía de Volkswagen:** (cd). 76-77 **Corbis:** Transtock. 78-79 **Dreamstime.com:** Len Green (c). 78 **Alamy Images:** Mark Scheuern (cib). **Art Tech Picture Agency:** (ca). **Suzuki Motor Corporation:** (c). 79 **Art Tech Picture Agency:** (cda, sd). 80 **Alamy Images:** Buzz Pictures (cib); ZUMA Press, Inc (cia). **Dorling Kindersley:** Chris Williams (c). **Louwman Museum-The Hague:** (sd). 80-81 **Alamy Images:** Mark Scheuern (c). **Getty Images:** Jason Kempin (cdb). 81 **Dreamstime.com:** Ermess (cdb). **Getty Images:** UK Press / Justin Goff (si). **Rex Features:** Andy Willsheer (ca). **Terrafugia/www.terrafugia.com:** (c). **Toyota (GB) PLC:** (cdb/Toyota FV2). 82-83 **WATERCAR**. 84-85 **Art Tech Picture Agency:** (c). 85 **Alamy Images:** Motoring Picture Library (cd). 86-87 **Alamy Images:** Mark Scheuern (c). 86 **Art Tech Picture Agency:** (cdb). **LAT Photographic:** (ci). **Giles Chapman Library:** (cia, cd). **Louwman Museum-The Hague:** (sd). 87 **Corbis:** Car Culture (ca). **Volvo Car Group:** (sd). 88 **Alamy Images:** Phil Talbot (b). 89 **Alamy Images:** Motoring Picture Library (ca). **Dorling Kindersley:** Brands Hatch Morgans (cdb); Gilbert and Anna East (c). 90 **Alamy Images:** West Country Images (cia). **Dorling Kindersley:** National Motor Museum, Beaulieu (sd, cdb). **Louwman Museum-The Hague:** (cb). 90-91 **Alamy Images:** Shaun Finch - Coyote-Photography.co.uk (b). 91 **Giles Chapman Library:** (si). **Malcolm McKay:** (cda). **Renault:** (cdb). **Tata Limited:** (cd). 92-93 **Alamy Images:** KS_Autosport. 94 **Dorling Kindersley:** Peter Harris (sd). **www.mclaren.com:** (c). 95 **© 2015 Hennessey Performance:** (cdb). **Dreamstime.com:** Swisshippo (cib). 96 **Dorling Kindersley:** The Titus & Co. Museum for Vintage & Classic Cars (s). **Dreamstime.com:** Ddcoral (cia). 97 **Art Tech Picture Agency:** (cda). **Dreamstime.com:** Olga Besnard (cd). 98 **Giles Chapman Library:** (cd). **Cortesía de Mercedes-Benz Cars, Daimler AG:** (ci). 98-99 **Flock London:** (cb). 99 **Corbis:** Bettmann (sd); Reuters / Kieran Doherty (c); Car Culture (cib). **Getty Images:** Science & Society Picture Library (si). 100-101 **Corbis:** Leo Mason. 104 **Alamy Images:** Car Collection (cib). **Corbis:** Ecoscene / John Wilkinson (cdb). **Dorling Kindersley:** Milestone Museum (sd, cia). 105 **Alamy Images:** Colin Underhill (s). **Dorling Kindersley:** DAF Trucks N.V. (c); DaimlerChrysler AG (cib). 106 **Dorling Kindersley:** Yorkshire Air Museum (cia); The Tank Museum (sd). 107 **Daimler AG:** (sd). **Dorling Kindersley:** James River Equipment (c). **Max-Holder:** (cdb). 108-109 **Corbis:** Reuters / Rick Fowler. 110 **Corbis:** Demotix / pqneiman (sd). **Dorling Kindersley:** Newbury Bus Rally (ci, b). **Rex Features:** Roger Viollet (si). 110-111 **Foremost, http://foremost.ca/:** (c). 111 **Alamy Images:** Oliver Dixon (cb). **Corbis:** Reuters / Brazil / Stringer (s). 112-113 **Dorling Kindersley:** Chandlers Ltd. 114 **Dorling Kindersley:** Paul Rackham (ci, cib); Roger y Fran Desborough (cia, cd). **David Peters:** (cdb). 114-115 **Dorling Kindersley:** The Shuttleworth Collection (s). 115 **AGCO Ltd:** (cda). **Dorling Kindersley:** David Wakefield (s); Doubleday Holbeach Depot (ci); Lister Wilder (cd). **John Deere:** (cib). **New Holland Agriculture:** (cdb). 116 **Dorling Kindersley:** David Bowman (s); Doubleday Swineshead Depot (ci). **John Deere:** (cib). 116-117 **Dorling Kindersley:** Doubleday Swineshead Depot (b). 117 **AGCO Ltd:** (si). **Hagie Manufacturing Company:** (cdb). **New Holland Agriculture:** (cia, sd, cd). 118-119 **Action Plus**. 120-121 **Getty Images:** AFP / Viktor Drachev (c). 121 **Dorling Kindersley:** DaimlerChrysler AG (si); James River Equipment (cdb). 122 **Dorling Kindersley:** Royal Armouries, Leeds (cda); The Second Guards Rifles Division (cd); The Tank Museum (cia, ci, sd). 122-123 **Dorling Kindersley:** The Tank Museum (b). 123 **Dorling Kindersley:** Royal Armouries, Leeds (ci, cda); The Tank Museum (si, sd, cdb, cdb/Leopard C2). 124-125 **Dorling Kindersley:** B&O Railroad Museum. 126 **Dorling Kindersley:** Railroad Museum of Pennsylvania (c); The Science Museum, Londres (sd, cib); The National Railway Museum, York (cb). **Science & Society Picture Library:** National Railway Museum (cia). 126-127 **Dorling Kindersley:** The National Railway Museum, York / Science Museum Group (c). 127 **colour-rail.com:** (cda). **Dorling Kindersley:** B&O Railroad Museum (si, sd, bd); The National Railway Museum, York (cd). 128 **Dorling Kindersley:** B&O Railroad Museum (ca); The National Railway Museum, New Dehli (cb). 128-129 **Dorling Kindersley:** Adrian Shooter (cb); The National Railway Museum, York (ca, cb/Mallard). 129 **Dorling Kindersley:** Railroad Museum of Pennsylvania (bd). 130-131 **Corbis:** Milepost 92 1 / 2 / W. A. Sharman. 132-133 **Dorling Kindersley:** Ribble Steam Railway / Science Museum Group. 134 **Dorling Kindersley:** Musée du Chemin de Fer, Mulhouse (si). **Steam Picture Library:** (bi). 134-135 **Dorling Kindersley:** B&O Railroad Museum (bc); Harzer Schmalspurbahnen (c, sc). 135 **Corbis:** Bettmann / Philip Gendreau (sd). **Dorling Kindersley:** Virginia Museum of Transportation (cd, cdb). 136 **Dorling Kindersley:** B&O Railroad Museum (ci, cb); Virginia Museum of Transportation (cia). 136-137 **Dorling Kindersley:** Ribble Steam Railway / Science Museum Group (s); Virginia Museum of Transportation (ca). **Keith Fender:** (c). 137 **colour-rail.com:** (cdb). **Dorling Kindersley:** The DB Museum, Nürnberg, Alemania (sd). **Keith Fender:** (cib). 138 **Dorling Kindersley:** Didcot Railway Centre (si); The National Railway Museum, York / Science Museum Group (ci); Railroad Museum of Pennsylvania (cib); The Verkehrshaus der Schweiz, Luzern, Switzerland (c). 138-139 **Dorling Kindersley:** Ffestiniog & Welsh Highland Railways (sd). 139 **Dorling Kindersley:** B&O Railroad Museum (c); Didcot Railway Centre (cd); Eisenbahnfreunde Traditionsbahnbetriebswerk Stassfurt (cib). **Keith Fender:** (cdb). 140 **Dorling Kindersley:** B&O Railroad Museum (si); Eisenbahnfreunde Traditionsbahnbetriebswerk Stassfurt (cdb); Railroad Museum of Pennsylvania (cib); The National Railway

Museum, York (ca). 140-141 **Dorling Kindersley:** The National Railway Museum, India (s). 141 **Dorling Kindersley:** DB Schenker (b); Musée du Chemin de Fer, Mulhouse (sd); Railroad Museum of Pennsylvania (cda); Eisenbahnfreunde Traditionsbahnbetriebswerk Stassfurt (cb). 142 **Alamy Images:** Kevin Foy (cd); Colin Underhill (si). **colour-rail.com:** (ci). **Keith Fender:** (cda). **Brian Stephenson/RAS:** (b). 143 **Alamy Images:** epa european pressphoto agency b.v (cdb); Iain Masterton (sd). **Dorling Kindersley:** Hitachi Rail Europe (cda). **Dreamstime.com:** Tan Kian Yong (ci). **Keith Fender:** (cd, cib). 144-145 **Alamy Images:** Sean Pavone. 146 **Alamy Images:** Danita Delimont (ci); Alan Moore (cib). **Brian Stephenson/RAS:** (cib/u-bahn de Berlín). 146-147 **Dreamstime.com:** Alarico (cb). **Siemens AG:** (s). 147 **Alamy Images:** dpict (ci); Newscom (sd). **Bombardier Transportation, Bombardier Inc.:** (cd). **WSW mobil GmbH:** büro+staubach (cdb). 148 **Alamy Images:** Jon Sparks (cib). **Dreamstime.com:** Yulia Belousova (cdb). 149 **Alamy Images:** RIA Novosti (bd). **CAF, Construcciones y Auxiliar de Ferrocarriles, S.A.:** (cda). **Fotografía facilitada por Transport for Greater Manchester y tomada por Lesley Chalmers.:** (si). 150-151 **Corbis:** Stringer / India / Reuters. 152-153 **Alamy Images:** Tracey Whitefoot. 154 **Dorling Kindersley:** Exeter Maritime Museum, The National Maritime Museum, Londres (ci); National Maritime Museum, Londres (b). **National Maritime Museum, Greenwich, Londres:** (cda). 155 **Dorling Kindersley:** Exeter Maritime Museum, The National Maritime Museum, Londres (ca, cib); National Maritime Museum, Londres (s). **National Maritime Museum, Greenwich, Londres:** (c, b). 156 **Dorling Kindersley:** National Maritime Museum, Londres (cia, bi, cd, cdb). 156-157 **Dorling Kindersley:** Exeter Maritime Museum, The National Maritime Museum, Londres (ca). 157 **Alamy Images:** Eye Ubiquitous (cd). **Dorling Kindersley:** Maidstone Museum and Bentliff Art Gallery (s); National Maritime Museum, Londres (cdb). **National Maritime Museum, Greenwich, Londres:** (cib). 158-159 **Lane Jacobs**. 160-161 **Dorling Kindersley:** National Maritime Museum, Londres. 162 **Dorling Kindersley:** National Maritime Museum, Londres (cib); The Science Museum, Londres (cia). **Getty Images:** DEA / G. Nimatalah (cdb). **Science & Society Picture Library:** (cd). 162-163 **Dorling Kindersley:** National Maritime Museum, Londres (s). 163 **Dorling Kindersley:** Pitt Rivers Museum, Universidad de Oxford (cb). **National Maritime Museum, Greenwich, Londres:** (cdb). 164 **Dorling Kindersley:** The National Maritime Museum, Londres (cia, c); Virginia Museum of Transportation (cib). **Rex Features:** Ilpo Musto (cdb). 164-165 **Dorling Kindersley:** National Maritime Museum, Londres (c). 165 **Dorling Kindersley:** National Maritime Museum, Londres (cb); National Maritime Museum, Londres (cd). **The Fram Museum, http://www.frammuseum.no/:** (sd); **Michael Czytko, www.modelships.de:** (si). 166-167 **Dorling Kindersley:** National Maritime Museum, Londres (ca). 166 **John Hamill:** (si). **National Maritime Museum, Greenwich, Londres:** (bi). **www.modelshipmaster.com:** (cdb). 167 **Dorling Kindersley:** Fleet Air Arm Museum (c). **National Maritime Museum, Greenwich, Londres:** (si, bd). **www.modelshipmaster.com:** (cib). 168-169 **Gilles Martin-Raget / www.martin-raget.com**. 170-171 **National Maritime Museum, Greenwich, Londres**. 172 **Dorling Kindersley:** National Maritime Museum, Londres (cia, cb). **Getty Images:** Science & Society Picture Library (s). 172-173 **Getty Images:** Science & Society Picture Library (c). **National Maritime Museum, Greenwich, Londres:** (cb). 173 **National Maritime Museum, Greenwich, Londres:** (s, cd, cb, cdb). 174 **Dorling Kindersley:** National Maritime Museum, Londres (cib); RNLI - Royal National Lifeboat Institution (cd). **National Maritime Museum, Greenwich, Londres:** (cia, ci). 174-175 **National Maritime Museum, Greenwich, Londres:** (cb). 175 **Dorling Kindersley:** National Maritime Museum, Londres (c, cb). **National Maritime Museum, Greenwich, Londres:** (s). 176 **Dorling Kindersley:** National Maritime Museum, Londres (s). **National Maritime Museum, Greenwich, Londres:** (ca, cib). 176-177 **Dreamstime.com:** Jhamlin (cdb). 177 **National Maritime Museum, Greenwich, Londres:** (s). **Used with permission of Royal Caribbean Cruises Ltd.:** (c). 178-179 **Corbis:** Joe Skipper / Reuters. 180 **Dorling Kindersley:** Fleet Air Arm Museum (cb); The Fleet Air Arm Museum (cia). **National Maritime Museum, Greenwich, Londres:** (ci). 180-181 **National Maritime Museum, Greenwich, Londres:** (c, cb). **SD Model Makers:** (s, ca). 181 **Dorling Kindersley:** Scale Model World (cb). **SD Model Makers:** (cd, sd). 182 **SD Model Makers:** (cia, ca, cib). 182-183 **Dorling Kindersley:** Model Exhibition, Telford (c, cdb); Fleet Air Arm Museum (s); USS George Washington and the US Navy (ca). 183 **Alamy Images:** David Acsota Allely (cb). 184 **Alamy Images:** Joel Douillet (cd). **Dorling Kindersley:** Fleet Air Arm Museum (ca, ci). **SD Model Makers:** (cb). 184-185 **Dorling Kindersley:** Fleet Air Arm Museum (s). 185 **Alamy Images:** Jim Gibson (cd); Stocktrek Images, Inc. (ci). **Dorling Kindersley:** Scale Model World (cb). **Press Association Images:** (cib). **SD Model Makers:** (cia). 188 **Dorling Kindersley:** Fleet Air Arm Museum (cb); The Royal Navy Submarine Museum, Gosport (cia); Scale Model World (c). **National Maritime Museum, Greenwich, Londres:** (sd). **SD Model Makers:** (cda). 188-189 **Dorling Kindersley:** The Fleet Air Arm Museum (b). 189 **Dorling Kindersley:** IFREMER, Paris (ci); Scale Model World (s); The Science Museum, Londres (cia); Fleet Air Arm Museum (cb). **TurboSquid:** wdc600 (cd). 190-191 **Alamy Images:** Glyn Genin (s). 190 **British Hovercraft Company Ltd.:** (b). **Dorling Kindersley:** Search and Rescue Hovercraft, Richmond, British Columbia (ca). **LenaTourFlot LLC.:** (ci). 191 **123RF.com:** Suttipon Thanarakpong (cdb). **Getty Images:** Science & Society Picture Library (cd). **Kawasaki Motors Europe N.V.:** (cib). **Foto usada con permiso de BRP:** (sd). 192 **123RF.com:** Richard Pross (cd). **Alpacka Raft LLC:** (sd). **Chris-Craft:** (si). **Dreamstime.com:** Georgesixth (cb). 193 **Hamant Airboats, LLC:** (si). **National Maritime Museum, Greenwich, Londres:** (sd, ci). 194-195 **Corbis:** Chen Shaojin / Xinhua Press. 196-197 **Dreamstime.com:** Bigknell. 198-199 **Dorling Kindersley:** Roy Palmer. 200 **Dorling Kindersley:** Musée Air & Space Paris, Le Bourget (ci, c, cd); The Real Aeroplane Company (cib). 200-201 **Dorling Kindersley:** The Shuttleworth Collection (b). 201 **Dorling Kindersley:** Musée Air & Space Paris, Le Bourget (cda, ci, c); The Planes of Fame Air Museum, Chino, California (s); Nationaal Luchtvaart Themapark Aviodome (cb). 202 **Dorling Kindersley:** Brooklands Museum (cia); The Shuttleworth Collection, Bedfordshire (s); Flugausstellung (cd); The Shuttleworth Collection (b). 203 **Dorling Kindersley:** Fleet Air Arm Museum (s); Nationaal Luchtvaart Themapark Aviodome (c); The Shuttleworth Collection (cdb, cdb/ triplano Avro). **U.S. Air Force:** (cib). 204-205 **Corbis:** Minnesota Historical Society. 206-207 **Dorling Kindersley:** Brooklands Museum (c); Planes of Fame Air Museum, Chino, California (cb). 206 **Dorling Kindersley:** Musée Air & Space Paris, Le Bourget (ci); Flugausstellung (cib). **Richard Bungay (https://www.flickr.com/photos/98961263@N00/):** (sc). 207 **Dorling Kindersley:** Royal Airforce Museum, Londres (Hendon) (c); Yorkshire Air Museum (s); Planes of Fame Air Museum, Chino, California (cdb); The Shuttleworth Collection (b). 208 **Dorling Kindersley:** Royal Airforce Museum, Londres (Hendon) (ca); The Real Aeroplane Company (sd); B17 Preservation (ci); RAF Museum, Cosford (cib). 208-209 **Alamy Images:** Anthony Kay / Flight (c). **Dorling Kindersley:** Gatwick Aviation Museum (cb). 209 **Dorling Kindersley:** Gatwick Aviation Museum (cda); Museo Estatal de Aviación de Ucrania (cd, cdb). **Getty Images:** Max Mumby / Indigo (s). 210-211 **Dorling Kindersley:** Royal Airforce Museum, Londres (Hendon) (c). 210 **©2015 National Air and Space Museum Archives, Smithsonian:** (cdb). **Alamy Images:** B. Christopher (cib). **Dorling Kindersley:** Musée Air & Space Paris, Le Bourget (cia, cda, ci). 211 **Alamy Images:** Susan & Allan Parker (cd). **Dorling Kindersley:** Musée Air & Space Paris, Le Bourget (si, sd); Sr. R. A. Fleming, The Real Aeroplane Company (cib); RAF Museum, Cosford (cdb). 212 **Dorling Kindersley:** Royal Airforce Museum, Londres (Hendon) (s, ca); March Field Air Museum, California (cd); Flugausstellung (cdb). **Dreamstime.com:** Gary Blakeley (cib). 212-213 **123RF.com. Dorling Kindersley:** Golden Apple Operations Ltd (cb). 213 **Dorling Kindersley:** RAF Coningsby (cib); Yorkshire Air Museum (s); City of Norwich Aviation Museum (cd); Flugausstellung (ci); Midlands Air Museum (ca). **Dreamstime.com:** Eugene Berman (cdb). 214-215 **Alamy Images:** A. T. Willett. 216 **Dorling Kindersley:** Flugausstellung (ci); Fleet Air Arm Museum (cia); Brooklands Museum Trust Ltd, Weybridge, Surrey (sd); Gary Wenko (cd); Gatwick Aviation Museum (cdb). **Dreamstime.com:** I4lcocl2 (cib). 217 **Alamy Images:** NielsVK (c). **Dorling Kindersley:** Musée Air & Space Paris, Le Bourget (cdb); Fleet Air Arm Museum (s); Museo Estatal de Aviación de Ucrania (cib). 218 **Dorling Kindersley:** Planes of Fame Air Museum, Valle, Arizona (si). 218-219 **Alamy Images:** Steven May (b). 219 **Alamy Images:** Susan & Allan Parker (bd). **Dorling Kindersley:** Pima Air and Space Museum, Tucson, Arizona (si); The Real Aeroplane Company (sd). 220-221 **Dreamstime.com:** Songallery (cb). 220 **AirTeamImages.com:** (cib/Sud). **Dorling Kindersley:** Flugausstellung (b); Nationaal Luchtvaart Themapark Aviodome (cia, cda). 221 **Dorling Kindersley:** Museo Estatal de Aviación de Ucrania (s). 222-223 **Alamy Images:** Jim Kidd. 224 **Dorling Kindersley:** Midlands Air Museum (cib, b); RAF Museum, Cosford (c). **Science Photo Library:** Detlev Van Ravenswaay (cia). 224-225 **NASA:** (b). 225 **Alamy Images:** NASA Archive (sd). **Dorling Kindersley:** Flugausstellung (si); Museo Estatal de Aviación de Ucrania (c); Yorkshire Air Museum (cb). 226 **Alamy Images:** Thierry GRUN - Aero (s). **Dorling Kindersley:** The Shuttleworth Collection, Bedfordshire (c); The Shuttleworth Collection (cdb). **U.S. Air Force:** (cib, b). 226-227 **Alamy Images:** aviafoto (ca); Kevin Maskell (cd). 227 **NASA:** Tony Landis (sd). 228-229 **Dorling Kindersley:** RAF Boulmer, Northumberland. 230 **Dorling Kindersley:** De Havilland Aircraft Heritage Centre (si); The Museum of Army Flying (cdb). 230-231 **aviation-images.com:** (cda). 231 **aviation-images.com:** (cia). **Dorling Kindersley:** Musée Air & Space Paris, Le Bourget (sd, cdb); RAF Museum, Cosford (ca); Museo Estatal de Aviación de Ucrania (cb, cd). 232 **Dorling Kindersley:** Norfolk and Suffolk Aviation Museum (si). 233 **Dorling Kindersley:** Musée Air & Space Paris, Le Bourget (cia). **Dreamstime.com:** Patrick Allen (cda). 234 **Dorling Kindersley:** Museo Estatal de Aviación de Ucrania (cia, cb). 234-235 **Dorling Kindersley:** Museo Estatal de Aviación de Ucrania. 238 **Corbis:** Imaginechina (d). **Dorling Kindersley:** Bob Gathany (i). **Getty Images:** Bloomberg / David Paul Morris (cdb). **NASA:** (ci, c). 239 **Alamy Images:** Konstantin Shaklein (i). **NASA:** (ci, cb); Kim Shiflett (c). **Science Photo Library:** Detlev Van Ravenswaay (d). 240 **Corbis:** Maqueta de la sonda interplanetaria enviada a Júpiter (cia). **NASA:** JPL-Caltech / University of Arizona (c); JPL-Caltech (cd); KSC (cdb). **Science Photo Library:** Ria Novosti (sd). 241 **Corbis:** JPL-Caltech (cb). **ESA:** ATG medialab (sd cda). **Getty Images:** AFP / Akihiro Ikeshita (si). **NASA:** JPL (cia); The Johns Hopkins University Applied Physics Laboratory LLC (c). 242 **Corbis:** Richard Cummins (c). **Dorling Kindersley:** Bob Gathany (ci). **NASA:** (cdb, cib); (sd). 243 **Dorling Kindersley:** ESA (s). **NASA:** (c, cdb). 244-245 **NASA:** Sandra Joseph, Kevin O'Connell. 246 **John Deere:** (bi). 247 **Dorling Kindersley:** Beaulieu National Motor Museum (bd). 248-249 **Dorling Kindersley:** Adrian Shooter (b). 249 **Dorling Kindersley:** National Maritime Museum, Londres (si). 250 **Dorling Kindersley:** The Tank Museum (bd). 251 **Dorling Kindersley:** National Maritime Museum, Londres (si). 252 **Dorling Kindersley:** National Maritime Museum, Londres (si). 253 **Dorling Kindersley:** The Shuttleworth Collection (si). 254 **Dorling Kindersley:** Hitachi Rail Europe (bi); Paul Rackham

Resto de las imágenes: © Dorling Kindersley
Para más información ver: www.dkimages.com